Mali

Wegweiser zur Geschichte

Begründet vom
Militärgeschichtlichen Forschungsamt

Herausgegeben vom
Zentrum für Militärgeschichte und
Sozialwissenschaften der Bundeswehr

Wegweiser zur Geschichte

Mali

Im Auftrag des
Zentrums für Militärgeschichte und
Sozialwissenschaften der Bundeswehr
herausgegeben von

Martin Hofbauer und Philipp Münch

FERDINAND SCHÖNINGH 2013

Paderborn • München • Wien • Zürich

Umschlagabbildung:
Malische Soldaten auf Patrouille (*picture alliance/dpa/Nic Bothma*)

Bibliografische Information der Deutschen Nationalbibliothek

Die Deutsche Nationalbibliothek verzeichnet diese Publikation
in der Deutschen Nationalbibliografie; detaillierte bibliografische
Daten sind im Internet über www.dnb.de abrufbar.

Gedruckt auf umweltfreundlichem, chlorfrei gebleichtem
und alterungsbeständigem Papier ISO ⊗ 9706

© 2013 Ferdinand Schöningh, Paderborn
(Verlag Ferdinand Schöningh GmbH & Co. KG,
Jühenplatz 1, D-33098 Paderborn)

Internet: www.schoeningh.de

Redaktion und Projektkoordination: Zentrum für Militärgeschichte und
Sozialwissenschaften der Bundeswehr, Potsdam, Schriftleitung
    Satz und Layout: Christine Mauersberger und Carola Klinke
    Karten und Grafiken: Daniela Heinicke, Bernd Nogli und
    Frank Schemmerling
    Bildrechte und Lizenzen: Marina Sandig
    Lektorat: Aleksandar-Saša Vuletić

Druck: SKN Druck und Verlag GmbH & Co., Norden

Printed in Germany

ISBN 978-3-506-77884-0

Inhalt

Einleitung

Mali ist rund dreieinhalbmal so groß wie die Bundesrepublik Deutschland und gehört mit einer Fläche von 1,24 Mio. Quadratkilometern zu den großen Ländern in Afrika. Mit einer Nord-Süd-Ausdehnung von mehr als 1600 km reicht es über mehrere Klimazonen hinweg, vom Süden der tropischen Feuchtsavanne über die Sahelzone bis zu den großen Wüstengebieten der Sahara im Norden. Die fast menschenleeren Wüstengebiete des Nordens, schließlich nehmen sie rund 60 Prozent der Landesfläche ein, sind ein wichtiger Grund, warum Mali trotz seiner geografischen Größe mit mehr als 15 Mio. Einwohnern zu den am dünnsten besiedelten Ländern Afrikas zählt. Nur 12 bis 13 Einwohner leben hier im Durchschnitt pro Quadratkilometer, wobei sich die Bevölkerung im Süden besonders entlang der Flüsse konzentriert. Im Vergleich dazu beträgt die Bevölkerungsdichte in Deutschland 230 Einwohner pro Quadratkilometer, also rund das 18-Fache im Vergleich zu Mali. Außerdem ist Mali ein Binnenland, besitzt also keinen direkten Zugang zum Meer. Seine Nachbarn sind im Norden Algerien, im Osten Niger, im Südosten Burkina Faso, im Süden Elfenbeinküste (Côte d'Ivoire) und Guinea, im Westen Senegal und im Nordwesten Mauretanien. Diese Binnenland-Lage stellt nicht nur einen geografischen Schönheitsfehler dar, sondern wirkt sich tendenziell negativ auf die politische Bedeutung des Landes in der Region wie auch auf das wirtschaftliche Entwicklungspotenzial aus. Mali bleibt ohne den direkten Zugang zu den Weltmeeren bei seinen Aus- und Einfuhren auf die Seehäfen in den Nachbarländern angewiesen. Außerdem hat sich in den vergangenen Jahren und Jahrzehnten gezeigt, dass der internationale Tourismus, der in vielen Ländern eine bedeutende Einnahmequelle für internationale Devisen ist, eher die afrikanischen Küstenländer aufsucht, die Binnenländer des Kontinents dagegen von ihm nicht im gleichen Maßstab profitieren können.

Dies alles mag, sicherlich neben anderen Ursachen, dazu geführt haben, dass über Jahrzehnte hin große Teile der deutschen Gesellschaft die Entwicklungen in der Republik Mali kaum wahrnahmen. In politisch interessierten Kreisen galt der westafrikanische Binnenstaat als politische »Vorzeigedemokratie« in Afrika. Denn nach dem Staatsstreich 1991 fand ein Jahr später die erste freie und demokratische Präsidentschaftswahl statt. Und zehn Jahre später, 2002 erfolgte der erste demokratische Führungswechsel mit der Wahl von Amadou Toumani Touré. Er wurde 2007 wiedergewählt und blieb bis zum Putsch 2012 im Amt. Gleichzeitig suchten nur wenige kulturinteressierte Reisende und moderne Abenteurer aus Deutschland die Große Moschee des UNESCO-Weltkulturerbes in Djenné auf, besuchten das legendäre Timbuktu oder ließen sich von der atemberaubenden Schönheit der unendlich wirkenden Wüste berauschen.

Mit dem Militärputsch in der Hauptstadt Bamako im März 2012 und dem Aufstand bewaffneter Gruppen im Norden des Landes änderte sich die Situation schlagartig. Der Einsatz französischer Streitkräfte im Januar 2013 schließlich dynamisierte die Situation noch weiter. Mali trat in das Blickfeld der deutschen Öffentlichkeit. Die Medien berichteten nun regelmäßig über die teils dramatischen Begebenheiten in dem westafrikanischen Land; von den revolutionären Ereignissen mit dem Sturz des Staatspräsidenten, vom schier unaufhaltsamen Vormarsch der teils islamistischen Rebellengruppen nach Süden in Richtung der Hauptstadt Bamako oder vom militärischen Gegenschlag französischer Streitkräfte Anfang 2013. Ein besonderes Augenmerk lag dabei immer wieder auf einem vordergründig nur randständigen Thema, nämlich die Plünderung und Verwüstung der weltberühmten Bibliotheken in Timbuktu durch Islamisten und die Rettung der überwiegenden Anzahl teils unersetzlicher Manuskripte durch die Bewohner der Stadt. Gerade an diesem Beispiel der Berichterstattung zeigt sich aber der eigene Blick, den die deutsche Öffentlichkeit auf dieses Land hat.

Naheliegend in breiterer Form wurde über die Vorbereitung eines Militäreinsatzes der Bundeswehr in Mali und den damit einhergehenden Diskussionsprozess in der Politik berichtet. Nur wenige Tage nachdem französisches Militär Mitte Januar in Mali eingegriffen hatte, erklärte Deutschland, dass es zwei Transportflugzeuge der Bundeswehr zur Unterstützung nach Mali entsenden werde. Nach intensiven Beratungen beschloss der Deutsche Bundestag schließlich Ende Februar zwei Mandate für einen Einsatz der Bundeswehr: Ausbildung der malischen Armee mit

bis zu 180 Soldaten und logistische Unterstützung des Kampfeinsatzes mit bis zu 150 Soldaten. Ende März traf ein größeres
Kontingent der Bundeswehr in Koulikoro, rund 60 km von der
Hauptstadt Bamako entfernt, ein und Ende April startete dort
die Ausbildung der malischen Soldaten. Damit war aus einem
für die deutsche Öffentlichkeit oftmals weitgehend unbekannten
Land ein neues Einsatzgebiet der Bundeswehr geworden. Der
vorliegende Band möchte für die deutschsprachigen Leser das
notwendige Hintergrundwissen verschaffen, ohne das die aktuellen Ereignisse in Mali und die ihnen zu Grunde liegenden
historischen Voraussetzungen nur schwer einzuordnen sind.

Diese historischen Bedingungen erklären auch, warum sich
das gegenwärtige politische Verhältnis zu Mali bei einem anderen bedeutenden Land Europas, Deutschlands großem Nachbarn Frankreich, gänzlich anders zeigt. Das heutige Mali ist un-
trennbar mit der Kolonialherrschaft Frankreichs über große Teile
Nord- und Westafrikas verbunden. Seit die Franzosen im Jahr
1830 Algerien unterworfen hatten, starteten von dort immer
wieder Expeditionen zur Erschließung und Eroberung weiterer
Gebiete. Ende des 19. Jahrhunderts drangen französische Kolonialtruppen aus dem Senegal, also von Westen, auf das Gebiet
des heutigen Mali und besetzten es. Anfang der 1890er Jahre
gründeten die Franzosen die Kolonie »Französisch-Sudan« und
gliederten diese 1895 in das Generalgouvernement »Französisch-
Westafrika« ein. Nach einer erneuten Verwaltungsumstellung
blieb das Gebiet des heutigen Mali bis zu seiner Unabhängigkeit
am 22. September 1960 unter der Bezeichnung »Französisch-
Sudan« Teil des französischen Kolonialreichs. Wurde Mali also
neben zahlreichen anderen Staaten Afrikas auch vor mehr als
50 Jahren unabhängig, so zeitigte die französische Kolonialherrschaft doch Folgen, die teilweise bis heute nachwirken.

Vergleichbar mit den meisten anderen afrikanischen Gesellschaften prägen auch die malische zahlreiche historisch ent-
standene Widersprüche. Sowohl die Kolonisierung als auch die
bereits vorher erfolgte Einbindung in den Weltmarkt brachten
einen ungleichzeitigen gesellschaftlichen Wandel mit sich. Die
Grenzen des unabhängigen Mali hatten noch die Kolonialherren
weitgehend ohne Rücksicht auf die dort lebenden lokalen Bevölkerungsgruppen gezogen. Somit entstand ein Nationalstaat,

ohne dass bereits ein entsprechendes gemeinschaftliches Nationalgefühl vorhanden war.

Ebenso fehlte dem von den Kolonialherren hinterlassenen zentralisierten, bürokratischen Staatsapparat die Akzeptanzgrundlage in der Bevölkerung. Die Regierenden unterschiedlicher Richtungen mussten somit stets bei Konflikten auf Gewalt zurückgreifen, griffen damit aber auf die koloniale Tradition ihrer Herrschaftsposition zurück. Auch die ab 1991 nach außen demokratisch-rechtsstaatliche Staatsordnung funktionierte tatsächlich zu einem Großteil im traditionalen Sinne entlang personaler Patron-Klienten-Netzwerke.

Um die für ein modernes Staatswesen erforderlichen Überschüsse zu erzielen, aber auch um konsumieren zu können, strukturierten die Verantwortlichen die zuvor überwiegend gesellschaftlich eingebettete, auf Selbstversorgung ausgerichtete Wirtschaft um. Ohne ein wettbewerbsfähiges industrielles Potenzial lief dies auf Anbau und Verkauf von absatzstarken Pflanzen hinaus. Dadurch wurde die malische Wirtschaft jedoch gleichzeitig abhängiger von den schwankenden Weltmarktpreisen und den erforderlichen Investitionskrediten.

Legitimiert durch unterschiedliche »Entwicklungs-« und Modernisierungsideologien, zu denen sowohl der Sozialismus als auch der Liberalismus zählten, machten sich die Regierenden daran, die als »rückständig« ausgemachten traditionalen Verhältnisse zu ändern. Dementsprechend am größten war der Widerstand in den am stärksten traditional geprägten Landesteilen. Dies traf vor allem auf die Siedlungsgebiete der Tuareg zu, die nun nicht nur von mehreren Staatsgrenzen zerschnitten wurden, sondern die bisher den kolonialen Modernisierungsprojekten stärker entgangen waren als der Rest Malis. So gesehen ist der Aufstand der Tuareg 2011/12 kein neuartiger oder auch nur überraschend auftretender Konflikt gewesen, sondern steht in einer mehr oder weniger direkten Folge von Aufstandsbewegungen, die Mali seit Beginn seiner Unabhängigkeit erlebte. Damit ist Mali besonders hinsichtlich seiner Geschichte auch in die Region Westafrika eingebettet. Der vorliegende Band versucht daher, wo immer möglich, die wechselseitigen Beziehungen Malis zu den benachbarten Ländern bzw. zur Region aufzuzeigen.

Trotz der überwiegend negativen kolonialen Vergangenheit, unterhalten Frankreich und Mali nach wie vor intensive Beziehungen. Bis zum gegenwärtigen Konflikt lebten rund 7000 Franzosen dort; gleichzeitig haben zahlreiche Malier ihre Heimat in Frankreich gefunden. Auch haben französische Kultur und Sprache Mali geprägt. Dies steht in einem starken Gegensatz etwa zum deutsch-malischen Verhältnis.

Diese Sachverhalte vermitteln einen Eindruck davon, wie schwierig es für die Bundesrepublik Deutschland und die Europäische Union (EU) – vergleichbar gilt dies auch für andere internationale Organisationen – sein kann, eine gemeinsame Haltung gegenüber den Ereignissen und relevanten Akteuren in Mali oder in anderen Ländern zu beziehen. Zu unterschiedlich sind die historischen Voraussetzungen und die sich daraus ableitenden außen- und sicherheitspolitischen Interessen.

Der vorliegende Band versteht sich als Wegweiser für einen breiten historisch und politisch interessierten Leserkreis. Dem Konzept der Reihe »Wegweiser-zur-Geschichte« folgend, bildet das Kapitel über die *Historischen Entwicklungen* von Mali bis zu den revolutionären Ereignissen im Jahr 2012 den Kern der Darstellung. Hierauf bauen die Ausführungen zu den *Strukturen und Lebenswelten* auf, die das heutige Leben der Bevölkerung in diesem Land prägen. Es soll also den Lesern ein breiter Ein- und Überblick in die Geschichte und Lebenswelt des westafrikanischen Staates ermöglicht sowie die Wechselwirkungen mit anderen Staaten der Region, mit einzelnen Ländern wie Deutschland und Frankreich und nicht zuletzt mit ausgewählten internationalen Organisationen und Akteuren aufgezeigt werden. Die folgenden 17 Beiträge in diesem Buch behandeln daher sowohl die Geschichte als auch die Gegenwart Malis und gehen auf historische, politische, gesellschaftliche, wirtschaftliche und kulturelle Themen ein.

Im ersten Abschnitt *Historische Entwicklungen* beschreibt zunächst *Martin Hofbauer* in einem kurzen Abriss die Geschichte der alten Reiche Ghana, Mali und Songhay. Auf dem heutigen Staatsgebiet und im näheren geografischen Umfeld entstanden im Laufe der Jahrhunderte, die in Europa als Mittelalter bezeichnet werden, so viele staatsähnliche Gebilde wie in keiner anderen Region Afrikas. Diese Geschichte hat sich in das kollektive Bewusstsein der einheimischen Bevölkerung fest eingeprägt. Noch heute besitzt sie eine hohe Symbolkraft für die Selbstidentifikation im postkolonialen Afrika. Nicht von ungefähr wählte im Jahr 1960 die neue Republik den Namen Mali und stellte sich so in die Tradition des alten Mali-Reiches.

Im Laufe des 19. Jahrhunderts wurden Nord- und Westafrika und damit auch das Gebiet des heutigen Mali zum Objekt französischer Interessen. Für rund ein Dreivierteljahrhundert kontrollierte Frankreich die Geschicke der als »Französisch-Sudan« bezeichneten Region. *Martin Rink* schildert in seinem Beitrag die Entwicklung von der schrittweisen Eroberung durch die Franzosen, über den anhaltenden Widerstand einheimischer Gruppen bis zur kolonialen Beherrschung der gesamten Region.

In den 1950er Jahren verstärkte sich die Unabhängigkeitsbewegung zur Loslösung der Kolonialgebiete von Frankreich. Diesem Themenkreis »Mali und die Entkolonialisierung« wendet sich *Bernd Lemke* zu. Schlaglichtartig umreißt er den langen und teilweise beschwerlichen Weg hin zur formalen Staatsgründung Malis am 22. September 1960. Modibo Keita, der erste Staatspräsident Malis, wählte den Weg einer sozialistisch orientierten Politik. Die Landwirtschaft wurde kollektiviert und die Gründung von industriellen Staatsbetrieben gefördert. Letzten Endes scheiterte aber die Politik Keitas. Sein Regierungsstil wurde zunehmend autoritär. Es gelang ihm nicht, aus den unterschiedlichen Bevölkerungsgruppen eine »Nation« zu schaffen. Schließlich blieben politische und vor allem auch wirtschaftliche Erfolge aus. Im Zuge eines Staatsstreichs entmachtete das Militär Keita am 19. November 1968.

Klaus Schlichte widmet sich Mali unter dem Militärregime Moussa Traorés, also der Zeit zwischen 1968 und 1991. Im Zentrum seiner Überlegungen stehen die Ausformung der politischen Herrschaft im Land, der Wandel der wirtschaftlichen Grundlage der Bevölkerung und der Konflikt zwischen der Zentralregierung in Bamako im Süden des Landes mit Teilen der Tuareg-Bevölkerung im Norden. Ebenso wichtig sind für ihn dabei die Verbindungen von Teilen der Tuareg zu den benachbarten Ländern wie Algerien oder Libyen, in denen ebenfalls Tuareg-Gruppen beheimatet sind.

Nach einem erneuten Militärputsch 1991 fand mit der Wahl Alpha Oumar Konarés 1992 die erste freie und demokratische Präsidentschaftswahl in Mali statt. *Charlotte Heyl* und *Julia Leininger* zeichnen die Entwicklungen einer jungen Demokratie in den folgenden beiden Jahrzehnten bis zum erneuten Putsch 2012 nach. Während diese Periode in Publikationen vergangener Jahre meist positiv als politische »Vorzeigedemokratie« in Afrika beurteilt wurde, sehen beide Autorinnen die innenpolitische Entwicklung durchaus differenzierter und gehen sowohl auf Erfolge als auch Schwächen dieser demokratischen Ära ein. Mit den revolutionären Ereignissen des Jahres 2012 endet der erste Abschnitt *Historische Entwicklungen*.

Der zweite Abschnitt *Strukturen und Lebenswelten* gewährt vertiefende Einblicke in zentrale Bereiche der malischen Gesellschaft und analysiert ausgewählte Aspekte sowie Problemfelder des Konflikts 2012/13. Eine konzentrierte *Länderinformation* zu Beginn bietet Zahlen, Daten und Fakten zur raschen Orientierung über Territorium und Bevölkerung, Bildung und Gesundheit, das Staatswesen sowie Wirtschaft und Außenhandel.

Dieter H. Kollmer stellt die Volkswirtschaft Malis vor, zusammengefasst als Armut zwischen nomadischer Viehhaltung und Goldrausch. Als eines der ärmsten Länder der Welt belegt Mali nach einem Bericht der Vereinten Nationen im Index der menschlichen Entwicklung für das Jahr 2011 den Platz 175 von 187. Für die überwiegende Mehrheit der Bevölkerung, rund 80 Prozent, ist die Landwirtschaft wichtigster Erwerbszweig. Geografische und klimatische Bedingungen wirken sich aber oft negativ auf eine nachhaltige Nutzung der Bodenressourcen aus. Die in den letzten Jahren anhaltend hohen Preise für Gold und Baumwolle brachten wichtige Devisen für das Land ein. Der Export dieser Güter bietet dem Land zwar einen Austausch mit den internationalen Märkten, die starke Konzentration und die damit einhergehende Weltmarktbindung macht es aber abhängig von globalen Veränderungen.

Für ein Land und seine Bevölkerung sind neben der wirtschaftlichen Lage kulturschaffende Aspekte wichtig, gerade auch im Hinblick auf die Selbstwahrnehmung und Selbstidentifikation einer von historischen Widersprüchen geprägten Gesellschaft. *Almut Seiler-Dietrich* bietet in ihrem Beitrag einen kompakten

Überblick der Literaturszene in Mali, die in ihrer verschriftlichten Form eine erst vergleichsweise junge Erscheinung ist. Bis weit in das 20. Jahrhundert hinein wurden Erzählungen und Geschichten meist mündlich überliefert. Erst im letzten Jahrhundert setzte der Trend ein, den alten und vielfältigen kulturellen Schatz schriftlich aufzuzeichnen. Seitdem gibt es eine bunte, international tätige Literaturszene im Land.

Gerald Hainzl zeigt in seinem Beitrag, dass Ethnizität bestenfalls eine Form der Identität ist, zu der sich die Menschen in Mali bekennen. Außerhalb des Tuareg-Konflikts sind ethnische Kategorien im Süden des Landes weniger bedeutend. Gleichwohl bildeten sich auch politische Gruppierungen auf ethnischer Grundlage. Hainzl bietet zudem einen Überblick der gängigsten ethnischen Kategorien des Landes. Sehr detailliert zeichnen *Georg Klute* und *Baz Lecocq* die Sezessionsbestrebungen der malischen Tuareg nach, wobei sie sich auf die Zeit ab den 1990er Jahren konzentrieren. Bereits die französischen Kolonialherren gewährten den Tuareg Sonderrechte, um sie in ihren Herrschaftsbereich integrieren zu können. In der nachkolonialen Zeit kämpften Tuareg-Gruppen immer wieder um Autonomierechte und entwickelten gleichzeitig die Idee, ein unabhängiges Gebiet namens »Azawad« zu gründen.

Martin van Vliet analysiert die von westlichen Vorstellungen abweichende Praxis des Regierens in Mali. Er geht dabei zum einen auf die Art ein, wie Politiker anhand persönlicher Netzwerke Zustimmung gewinnen. Zum anderen legt van Vliet dar, wie die Regierung den Norden größtenteils über wechselnde Bündnisse mit bewaffneten Gruppen zu beherrschen versuchte und wie dieser Versuch in jüngerer Zeit fehlschlug. In einem systematischen Überblick stellt *Wolfgang Schreiber* dar, wie die derzeit entscheidenden nicht-staatlichen bewaffneten Gruppen entstanden, wer sie unterstützt, welche Schlüsselfiguren sie prägen und in welchem Verhältnis sie zueinander stehen. Einige Gruppierungen kämpften dabei stets auf der Regierungsseite, andere agierten in unterschiedlichen Konstellationen. *Philipp Münch* widmet sich der Frage, zu welchen teilweise widersprüchlichen Handlungsweisen die Vorannahmen und Interessen internationaler Akteure in Mali führen. Dabei konzentriert er sich zum einen auf die Handlungen internationaler Organisationen, unter denen insbesondere die »Economic Community of West African States« (ECOWAS) eine Schlüsselrolle spielt. Zum anderen analysiert er die US-Politik im Zuge des »Krieges gegen den Terror« und deren nicht beabsichtigte Folgen.

Die Bundesrepublik Deutschland und Mali verbinden längere Beziehungen als den meisten bewusst ist, wie *Siegmar Schmidt* in seinem Beitrag darlegt. Gleichwohl zeigt er, dass Hoffnungen auf einen erhöhten wirtschaftlichen Austausch enttäuscht wurden. Deutsche Mali-Politik war daher in jüngerer Zeit stets in erster Linie Entwicklungspolitik. Mit Blick auf die jüngsten Ereignisse fordert Schmidt, die Politik zu konkretisieren und strategisch kohärenter zu machen.

Unbestritten ist die entscheidende Rolle Frankreichs im malischen Konflikt. *Tobias Koepf* beleuchtet die Faktoren, die zur besonderen französischen Afrika- und Mali-Politik führen. Er stellt dabei ihre historische Kontinuität, aber auch die wechselnden Begründungen und Versuche, sie multinational einzubinden, heraus. In einem weiteren Beitrag zeichnet *Wolfgang Schreiber* die hauptsächlichen Konfliktlinien in Mali seit Anfang 2012 nach. Demnach zeigte sich immer stärker, dass sowohl das Lager der Rebellen als auch das der Regierung und der internationalen Akteure von unterschiedlichen Zielen und dementsprechenden Konflikten geprägt sind.

Der zweite Teil *Strukturen und Lebenswelten* schließt mit dem Beitrag von *Peter Pannke* ab, der die Städte Bamako, Koulikoro und Ségou skizziert. Der Schwerpunkt seiner Schilderungen liegt auf Bamako, das nicht nur die Hauptstadt des Landes, sondern gleichzeitig mit mehr als 1,8 Mio. Einwohnern, also mehr als 10 Prozent der Gesamtbevölkerung, die mit Abstand einwohnerreichste Stadt des Landes ist.

Der dritte Abschnitt umfasst als *Serviceteil* zunächst einen umfangreichen *Zeitstrahl*, in dem die Geschichte Malis von der Vor- und Frühzeit bis in die Gegenwart hinein als Überblick skizziert wird. Die Darstellung konzentriert sich dabei auf die jüngsten Ereignissen der Jahre 2012/13. Zum vertiefenden Studium führen die *Literaturhinweise* mit einer Auswahl von Literatur und Dokumenten sowie von Filmen und Internetseiten. Alle Textbeiträge der Reihe »Wegweiser zur Geschichte« im PDF-Format sowie weiterführende Internettipps finden sich auf der Website des Zentrums für Militärgeschichte und Sozialwissenschaften der Bundeswehr (ZMSBw): http://zmsbw.de/html/einsatzunterstuetzung.

Zahlreiche Karten und Grafiken dienen zur raschen Orientierung und bieten zusätzliche Informationen. In die Beiträge sind farbig hinterlegte Info-Kästen eingebaut, die wichtige Personen, Schlüsselbegriffe und weiterführende Themen erläutern. Der Band endet mit einem gemeinsamen *Namens- und Ortsregister*. Häufig vorkommende Begriffe wie Mali wurden dort nicht aufgenommen.

Eine Bemerkung zu den verwendeten Namens- und geografischen Bezeichnungen: Es ist naheliegend, dass die Schreibweise von Personen-, geografischen Namen und sonstigen Bezeichnungen, vor allem ihre Wiedergabe aus den ursprünglichen Alphabeten, in diesem Fall oftmals des arabischen, problematisch ist. In wissenschaftlichen Werken wird die Transliteration, d.h. die buchstabengetreue Wiedergabe im lateinischen Alphabet, bevorzugt. Da sich die Bände der Reihe »Wegweiser zur Geschichte« jedoch an ein breiteres Publikum richten, haben sich die Herausgeber wegen der besseren Lesbarkeit für die vielen vertrautere Umschrift, d.h. die lautgetreue Wiedergabe im lateinischen Alphabet, entschieden, wenngleich dadurch sprachliche Feinheiten entfallen. Im Einzelfall musste auch hier eine Auswahl getroffen werden, da es unterschiedliche regionale Aussprachen derselben Bezeichnung gibt. Eine Ausnahme bildet die Schreibweise von Bezeichnungen (z.B. Timbuktu), die im allgemeinen Sprachgebrauch bereits eingedeutscht wurden.

Abschließend möchten wir den Autorinnen und Autoren, aber auch der Schriftleitung des Zentrums für Militärgeschichte und Sozialwissenschaften der Bundeswehr danken. Daniela Heinicke und Bernd Nogli entwarfen die Karten und Grafiken; Christine Mauersberger und Carola Klinke waren für das Layout wie auch für die umfangreiche Indexierung der Namen und Ortsangaben, Aleksandar-S. Vuletić für das Lektorat verantwortlich. Danken möchten wir auch Helmut Opitz, Florian Peil, Markus von Salisch und Volker Schubert, die Infokästen oder den Zeitstrahl erstellten, sowie Marina Sandig für die Klärung der Bildrechte und weitere Hinweise. Ein besonderer Dank geht an die Mitarbeiterinnen der Bibliothek des ZMSBw sowie Jürgen

Rogalski von der Stiftung Wissenschaft und Politik (SWP) für die von ihnen bereitgestellten Fachinformationen.

Wir hoffen, dass der vorgelegte Band über den tagespolitischen »Tellerrand« hinaus interessante historische und aktuelle Informationen enthält, zugleich aber auch als kurzweilige Lektüre ein uns so fern scheinendes Land näher bringt.

Martin Hofbauer und Philipp Münch

Lange Zeit herrschte in Europa eine kolonial geprägte Sichtweise vor, wonach der gesamte afrikanische Kontinent, und damit auch Westafrika, ein herrschaftsloser und kulturfreier »weißer Fleck« gewesen sei. Im Gegensatz dazu blickt Mali auf eine lange und politisch bedeutende Geschichte zurück.

Auf seinem heutigen Staatsgebiet und in seinem näheren geografischen Umfeld entwickelten sich im Laufe der Jahrhunderte, die in Europa als Mittelalter bezeichnet werden, mit den Reichen Ghana, Mali und Songhay so viele staatsähnliche Gebilde wie in keiner anderen Region Afrikas.

Im Zuge der politischen Machtentfaltung und wirtschaftlichen Entwicklung entstanden auch bedeutende geistige Zentren, so wie die hier abgebildete Sankoré-Moschee. Sie wurde vermutlich im 14. und 15. Jahrhundert erbaut, in den folgenden Jahrhunderten aufgrund ihrer Bauweise aber immer wieder erneuert. Die Sankoré-Moschee gehört zu den drei Moscheen in Timbuktu, die zum UNESCO-Weltkulturerbe zählen.

Die Geschichte der drei Reiche hat sich fest in das kollektive Gedächtnis der Bevölkerung eingeprägt und besitzt auch heute noch eine hohe Symbolkraft für die Selbstidentifikation in den Ländern, die im Zuge der De-Kolonialisierung entstanden sind. So bezog sich das von den Briten 1957 in die Unabhängigkeit entlassene Ghana auf das rund 800 km nördlich gelegenen historische Reich Ghana. Ähnliches gilt für Mali, das sich 1960 von Frankreich loslöste und sich in die Tradition des alten Reiches Mali stellte.

■■■ Mali und Westafrika in vorkolonialer Zeit. Die Reiche Ghana, Mali und Songhay

Westafrika, und damit auch Mali als ein Kernland dieser Region, blickt auf eine lange und in Teilen bedeutende Geschichte zurück. So lassen sich erste Spuren einer Besiedelung durch den Menschen bis 33 000 v.Chr. zurückverfolgen. Eine Kultur von Viehzüchtern findet sich ab 4000 v.Chr. 2000 v.Chr. beginnt dann der Ackerbau in Mali, während die Herausbildung von Städten ab 300 v.Chr. erfolgte.

In den nachchristlichen Jahrhunderten, die in Europa unter der Bezeichnung Mittelalter zusammengefasst werden, entwickelten sich in Westafrika so viele einflussreiche staatsähnliche Gebilde wie in keiner anderen Region Afrikas. Es waren dies die Reiche Ghana, Mali und Songhay.

Die Bedeutung der drei Reiche Ghana, Mali und Songhay für die Identität des modernen Westafrika

Die Geschichte dieser drei Reiche besitzt eine hohe Symbolkraft für die Selbstwahrnehmung und Identifikation im postkolonialen Westafrika und ist fest in das kollektive politische Gedächtnis eingeprägt.

Besonders deutlich wird dies beim Namen Ghana. Als 1957 die britische Kolonie »Goldküste« (Gold Coast) ihre Unabhängigkeit erlangte, wählte man Ghana als Namen für den neugegründeten Staat. Dies geschah in Anlehnung an das Reich Ghana, obwohl dieses rund 800 km weiter nördlich sein Zentrum hatte. Trotzdem sollte mit der Wahl dieses Namens an die bedeutende Vergangenheit einer selbstständigen afrikanischen politischen Macht und Kultur erinnert werden.

Ähnliches gilt für Mali. Als 1960 das Land von seiner Kolonialmacht Frankreich in die Unabhängigkeit entlassen wurde, wählte die neue Republik den Namen Mali. Damit stellte sie sich in die Tradition des alten Reiches Mali. In ihrem Wunsch nach Selbstidentifikation verband sich die Republik Mali mit diesem macht-politisch bedeutsamen Reich, das auch hinsichtlich von Wirtschaft und Kultur zu den führenden Mächten in der gesamten Region gehört hatte. In beiden Fällen war und ist es Ziel und Wunsch zugleich, an die politisch, wirtschaftlich und kulturell «große Zeit» der alten Reiche wieder anzuknüpfen. In Mali spielte aber noch ein weiteres Reich für die Selbstidentifikation eine besondere Rolle, denn die in Mali lebenden Songhay sind eine Bevölkerungsgruppe, die sich direkt auf das alte Reich Songhay und das ihr zu Grunde liegende Volk beruft. Bevor auf die Geschichte der jeweiligen Reiche im Einzelnen eingegangen wird, sollen im Folgenden kurz die gemeinsamen Ursachen und Entstehungsbedingungen für die Herausbildung der Reiche umrissen werden.

Die Entstehung der westafrikanischen Reiche

Vermutlich führten vor allem Krieg und gewaltsame Expansion zur Entstehung der Reiche. Wenn ein Klan bzw. eine Ethnie oder ein Volk sich zur Verlegung des eigenen Siedlungsgebietes veranlasst sah oder seinen Einflussbereich ausdehnte, konnte die ursprünglich ansässige Bevölkerung verdrängt oder gewaltsam unterjocht werden. Für die Siegerseite bestand die Notwendigkeit, eigene Herrschafts- und Verwaltungsstrukturen aufzubauen, um die gewaltsam errichtete Herrschaft langfristig zu etablieren. Erzwungene Tributzahlungen ermöglichten die militärische Sicherung wie auch eine aufwändigere Hofhaltung.

Ein zweiter wesentlicher Grund für die Entstehung der Reiche ist im Zusammenhang mit der politisch-militärischen Kontrolle des Fernhandels zu sehen. Bedeutende Herrschaften entstanden oft und gerade an den Orten, an denen die Fernhandelsrouten zusammenliefen und sich Marktorte entwickelten. Der Handel mit Gold und Salz, aber auch mit Sklaven erforderte ein Mindestmaß an Sicherheit, warf aber auch einträgliche Gewinne ab, die wiederum der Stabilisierung der Reiche dienten.

Eine wichtige Rolle spielte dabei die Verwendung des Pferdes zu militärischen Zwecken. Über den nordafrikanischen und arabischen Raum, in dem Pferde schon zu Kriegszwecken Verwendung fanden, gelangten sie über die Sahara auch nach

Süden in die Gebiete des Sahel. Einer kleinen kriegerischen Elite verschafften sie militärische Überlegenheit und dienten ihr zur symbolischen Repräsentation. Pferde waren aber den dortigen klimatischen Bedingungen nicht immer gewachsen, gleichzeitig waren ihr Kauf und Unterhalt verhältnismäßig teuer. Da für den Kauf eines Pferdes mehrere Sklaven in Zahlung gegeben werden mussten, förderte die militärische Verwendung der Pferde den Sklavenhandel in Afrika.

Das Reich Ghana

Das älteste der drei Reiche ist Ghana. Seine Anfänge liegen im Dunkeln. Ein Vorläufer dieses Reiches wurde vermutlich zwischen dem Ende des 3. und 5. Jahrhunderts von Berbern gegründet, die von Norden her aus der Sahara eingewandert waren.

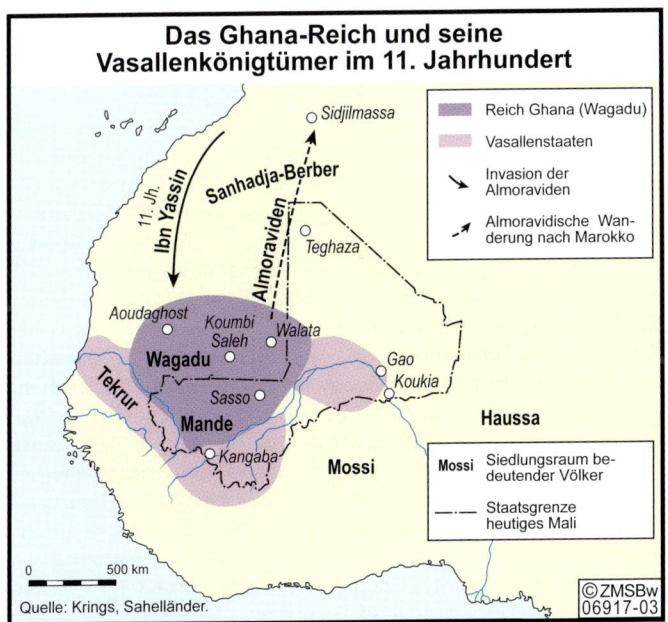

21

Im 8. Jahrhundert, in dem das Reich auch erstmalig in den schriftlichen Quellen genannt wird, übernahmen einheimische negride, also schwarze Stämme die Herrschaft der Berber. Als eigentliche Gründer Ghanas gelten daher die Soninke aus der Region Wagadu, die zum Volk der Mande gehören. Schon seit Jahrhunderten verstanden sie sich auf die Bearbeitung von Eisen und stellten daraus Waffen und Werkzeuge her. Durch den zusätzlichen Erwerb von Pferden aus Nordafrika gelang es ihnen, eine schlagkräftige Streitmacht aufzubauen und ihre Herrschaft über ihre Nachbarn auszudehnen. In der Zeit seiner größten Ausdehnung im 11. Jahrhundert erstreckten sich das Reich Ghana und seine abhängigen Vasallen auf ein Gebiet von rund 1500 km in Ost–West-Richtung und rund 1000 km in Nord-Süd-Richtung. Sie umfassten beinahe die gesamte südliche Hälfte des heutigen Mali, den vollständigen südlichen

Timbuktu, Afrikas glanzberaubte Wüstenperle

Das pittoreske Architekturgewand der traditionellen Sankoré-, der Djinger-ber- sowie der Sidi-Yahia-Moschee, alle drei 1988 zum UNESCO-Weltkulturerbe erhoben, verliehen Westafrikas Wüstenstadt Timbuktu seit jeher den Beinamen »Perle der Wüste«. Jene Sakralbauten, die auf einem Holzgerüst mit umschließenden Lehmwänden basieren und die sich mit ihren Minaretten markant nach oben verjüngen, verkörpern nur die augenfällige Seite einer seit dem frühen Mittelalter existierenden islamisch geprägten Hochkultur. Zu ihr zählen ferner 16 Mausoleen in landestypischer Bauform. Auch als »Stadt der 333 Heiligen« bekannt, liegt Timbuktu, einst ein bedeutendes Geisteszentrum des Islam, mehr als 700 Kilometer nordöstlich von Malis Hauptstadt Bamako entfernt am Rande der Sahara.

Die Geschichte der Wüstenmetropole beginnt frühestens im 9. Jahrhundert, als vermutlich schwarzafrikanische Songhay am Südrand der Sahara an einer Wasserstelle sesshaft wurden. Zwischen dem 11. und 12. Jahrhundert bemächtigten sich nomadisierende Tuareg-Stämme der Region und gründeten eine Oasenstadt, die sich bald zu einem bedeutenden Handelsort entwickelte, an dem sich die Karawanenrouten zwischen den nordafrikanischen Ländern und dem westafrikanischen Reich Ghana kreuzten.

Während ihrer Blütezeit im 15. und 16. Jahrhundert stieg die Oasenstadt zu einem geistigen Zentrum für Mathematik, Pflanzenmedizin, islamisches Recht, Musik und Poesie auf, nachdem sie bereits in den Jahrhunderten zuvor eine renommierte Koranschule beherbergt hatte. Sichtbares Zeichen dieses jahrhundertealten Erkenntnisschatzes sind Tausende von alten Handschriften, die zuletzt in der Bibliothek des Instituts Ahmed Baba aufbewahrt wurden. Die Anzahl dieser Manuskripte, die teilweise bis auf das 12. und 13. Jahrhundert zurückgehen, kann nur annähernd geschätzt werden und dürfte bei mehreren 10 000, höchstens jedoch 100 000 Exemplaren liegen.

Während des separatistischen Bürgerkriegs im Norden Malis zerstörten Mitglieder der Islamistengruppe »Ansar Dine« zwischen Juni 2012 und März 2013 Teile der zuvor vom UNSECO-Welterbekomitee für gefährdet erklärten Kulturgüter. In dieser Zeit verwüsteten fanatische Aufständische auch elf Mausoleen, darunter das Grab des sufistischen Heiligen Sidi Mahmut. Ihren Höhepunkt entfaltete die Zerstörungswelle, als islamistische Eiferer im Januar 2013 auf der Flucht vor französischen und malischen Truppen das Ahmed-Baba-Zentrum niederbrannten. Wieviel Handschriften dabei unwiederbringlich verlorengingen, kann zum gegenwärtigen Zeitpunkt noch nicht abschließend beurteilt werden. Jedoch könnten bis zu 3000 Manuskripte von der Zerstörung betroffen sein. *VS*

und südöstlichen Teil von Mauretanien sowie Teile des Senegal und Guineas und vermutlich sogar kleinerer Gebiete der Elfenbeinküste.

Bis zur Mitte des 11. Jahrhunderts erlebte Ghana auch seine wirtschaftliche Blütezeit. Grundlage hierfür war zum einen die Förderung von Gold und Salz, das in früheren Jahrhunderten als weißes Gold einen hohen Wert besaß und in der Sahara nur selten vorkam. Da bereits der Abbau dieser wertvollen Rohstoffe besteuert wurde, konnten beträchtliche Gewinne erzielt werden. Die zweite Säule bildete der Fernhandel mit Gold und Salz, aber auch mit Kupfer, Elfenbein, Ebenholz, Gefäßen, Glasprodukten, Textilien, Früchten und weiteren Gütern. Die Besteuerung der ein- bzw. ausgelieferten Waren führte zu weiteren bedeutenden Einnahmen und förderte so die anhaltende wirtschaftliche Blüte des Reiches. Wichtige Fernhandelsrouten verliefen vor allem quer durch die Sahara in allgemein nord-südlicher Richtung.

Regiert wurde Ghana von einem König. Dabei ist hier unter König und Königtum, und dies gilt auch ähnlich für die anderen afrikanischen Reiche, etwas anderes zu verstehen als in der europäischen Geschichte. In Ghana beanspruchte der König für sich selbst eine unmittelbar göttliche Autorität und übte mit seiner religiösen Rolle auch priesterliche Funktionen aus. In den abhängigen Teilkönigtümern wurde die Herrschaft von Vasallen des Königs ausgeübt. Diese mussten ihm Tributzahlungen leisten und Kontingente an Kriegern stellen. Angehörige der eigenen Herrscherfamilie stellte der König an die Spitze der Provinzen und betraute sie mit führenden Positionen in der Armee. Diese Maßnahmen dienten der Stabilisierung und Sicherung des Reiches nach innen wie nach außen. Denn die Einbindung fremder Völker in das eigene Herrschaftsgebiet und der nach arabischen Quellen sagenhafte Reichtum weckten vielfältige Begehrlichkeiten und brachten eine ständige latente Bedrohung des Reiches mit sich.

Residenz des Königs und gleichzeitig bedeutendes Handelszentrum war Koumbi, das im Gebiet des heutigen Koumbi Saleh lag, rund 120 km südwestlich der kleinen Verwaltungsstadt Néma im Südosten Mauretaniens. 15 000–20 000 Menschen dürften dort maximal gewohnt haben. Archäologische Ausgrabungen ergaben, dass die Stadt aus zwei Bezirken bestand. In der nördlichen Hälfte wurden Steinhäuser gefunden, die aufgrund ihrer Anlage vermutlich von reichen Händlern aus Nordafrika bewohnt wurden. Im südlichen Teil dürften die einheimischen Soninke gelebt haben. Daneben gab es einen abgesonderten und gleichzeitig befestigten Bereich des Königs.

Außerdem fand man in Koumbi die Fundamente einer Moschee, die die beträchtlichen Ausmaße von 46 mal 23 Metern hatte. Durch die intensiven Handelsbeziehungen mit Nordafrika drangen eben auch islamische Glaubensvorstellungen und arabische Kultur nach Ghana ein und verbreiteten sich dort zunächst unter den Herrschaftsträgern. Mitglieder der führenden Eliten wechselten im 11. Jahrhundert zum Islam, während der König bei seiner angestammten Religion blieb bzw. die tradierten gottähnlichen Vorstellungen und die damit verbundenen Kulte beibehielt.

Neben Koumbi war das rund 200 km nordwestlich gelegene Aoudaghost ein weiterer zentraler Ort und der wohl bedeutendste Handelsplatz in Ghana. Ursprünglich eine Berber-Siedlung, wurde der Ort am Ende des 10. Jahrhunderts von den Soninke erobert. Er war von strategischer Bedeutung, verlief doch von hier die wichtigste Handelsroute durch die Sahara nach Norden in das heutige Marokko. Der Besitz von Aoudaghost bedeutete die Kontrolle eines beträchtlichen Teils des gesamten Transsaharahandels in Westafrika.

Ab der zweiten Hälfte des 11. Jahrhunderts setzte der langsame Niedergang des Ghana-Reiches ein, das sich in mehreren Kriegen verschiedenen Gegnern stellen musste. Eine besondere Bedeutung kam der Auseinandersetzung mit den aufstrebenden Almoraviden zu, worunter sowohl eine islamische Reformbewegung malikitischer Richtung als auch eine berühmte Herrscherdynastie von Berbern in Nordwestafrika zwischen der Mitte des 11. Jahrhunderts und 1147 verstanden wird. Der aus Südmarokko stammende islamische Gelehrte Ibn Yassin eroberte 1054 mit seinen Anhängern Aoudaghost, womit nicht nur der bedeutende Handelsplatz, sondern auch die Kontrolle über die wichtige Route des Transsaharahandels verloren ging. Seine Nachfolger und eigentlichen Begründer der Almoraviden-Dynastie, Abu Bakr und dessen Vetter Yusuf Ibn Taschfin, setzten das begonnene Werk fort und eroberten neben Marokko und großen Teilen der westlichen Sahara sogar das unter arabischer Herrschaft stehende Spanien in Europa. Im Zuge dieser Eroberungszüge fiel 1076 mit Koumbi auch die Hauptstadt von Ghana. Herrschaftssitz und Teile der Stadt wurden zerstört, die Könige von Ghana den Eroberern selbst tributpflichtig.

Innerhalb des schwach gewordenen Reiches kam es zu diversen Aufständen der Vasallen. Außerdem verlagerten sich die Handelsströme, neue Handelsrouten durch die Sahara entstanden und entzogen so dem Königreich Ghana zunehmend die wirtschaftliche und finanzielle Basis. Das endgültige Ende erfolgte um das Jahr 1240. Das aufstrebende Reich Mali eroberte unter Sundjata Keita die Reste von Ghana und gliederte es in das eigene Herrschaftsgebiet ein.

Das Reich Mali

Das Königreich Mali war ein westafrikanisches Großreich, das seine Blütezeit von 1235 bis rund 1400 hatte und als das bedeutendste in der gesamten Region gilt. Während seiner größten Ausdehnung im 14. Jahrhundert reichte Mali mit seinen abhängigen Vasallen im Norden bis weit in die Sahara zu den Salzabbaugebieten von Teghaza sowie im Süden bis an die Grenze des heutigen Mali und im Südwesten, wo sich bedeutende Goldlagerstätten befanden, teilweise sogar deutlich darüber hinaus bis weit in das heutige Guinea und die Elfenbeinküste. Im Osten gehörte das gesamte sogenannte Nigerknie bis nach Gao und Koukia, einer Insel im Niger, zum Einflussbereich, im Westen grenzte er an den Fluss Gambia, vielleicht sogar zeitweise bis an den Atlantik.

Die Anfänge zeigten sich aber bescheiden. Seinen Ursprung hatte das Reich in dem kleinen Herrschaftsgebiet von Kangaba, das in der Nähe des oberen Niger-Flusses, im äußersten Süd-

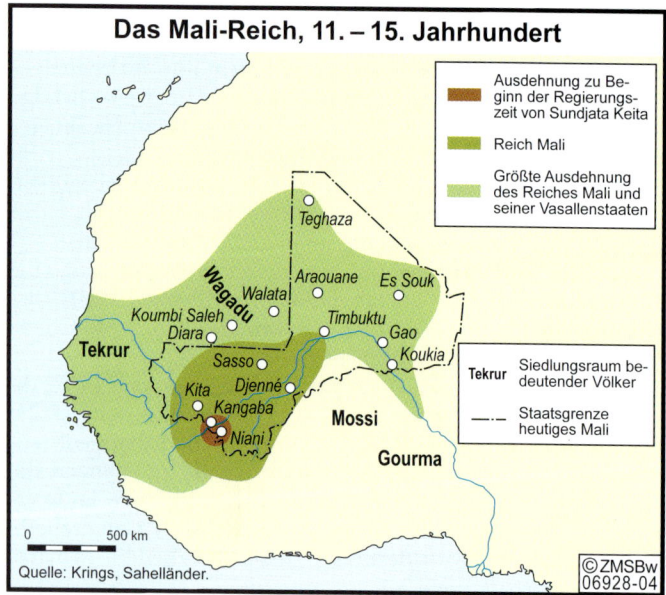

Das Mali-Reich, 11. – 15. Jahrhundert

Ausdehnung zu Beginn der Regierungszeit von Sundjata Keita

Reich Mali

Größte Ausdehnung des Reiches Mali und seiner Vasallenstaaten

Teghaza

Wagadu

Araouane · Es Souk

Walata

Koumbi Saleh · Timbuktu

Diara · Gao

Tekrur · Koukia

Sasso

Kita · Djenné

Kangaba · Mossi

Niani

Gourma

Tekrur · Siedlungsraum bedeutender Völker

—·— Staatsgrenze heutiges Mali

0   500 km

Quelle: Krings, Sahelländer.

©ZMSBw
06928-04

westen des heutigen Mali lag und dessen Herrscher bereits im
11. Jahrhundert zum Islam übergetreten waren. Es war eine
Gründung der Mande, zu denen die Clans der Kamara, Konate,
Traore und Keita gehörten, die teilweise bis heute zu den einflussreichen Familien in Mali zählen.

Das Fürstentum Kangaba hatte ursprünglich verschiedene
fremde Herren, lange Zeit das Reich Ghana und nach dessen
langsamen Niedergang zuletzt den Kriegerfürsten Sumanguru.
Im Jahre 1235 schlug Sundjata Keita (1235–1255), ein berühmter
Fürst aus Kangaba, Sumanguru und legte so den Grundstein für
den Aufstieg Malis. In den folgenden 20 Jahren seiner Regierung
eroberte Sundjata Keita selbst mehrere benachbarte Gebiete, so
auch um 1240 das Reich Ghana. In den eroberten Gebieten lagen
unter anderem wichtige Handelszentren, Goldfelder und Berg-
baureviere, zum Beispiel für Kupfer. Der Abbau von Bodenschätzen und die Gewinne aus dem einträglichen Handel bildeten die
Grundlage für Wohlstand und wirtschaftlichen Aufschwung im
Reich. Diese wiederum verstärkten die Machtposition des Herr-
schers und ermöglichten weitere militärische Eroberungszüge.
Noch während seiner Regierungszeit wurde Sundjata Keita
als Volksheld und Reichsgründer gefeiert und nahm den Titel
Mansa an, was so viel wie König bedeutet.

Das Bild zeigt
in Kangaba den
Schrein des
Keita-Stam-
mes, dessen
Stammvater
Sundjata Keita
war, legendärer
Herrscher des
Großreiches
von Mali im
13. Jahrhundert.
Das ursprüng-
liche Gebäude
stammt aus
dem 13. Jahr-
hundert, wird
aber alle sieben
Jahre erneuert.

pa/akg-images/Werner Forman

Mit der Unterwerfung immer weiter entfernter Gebiete wurde es notwendig, eine wirksame und ausdifferenzierte Verwaltung aufzubauen. Schließlich hatte das zu kontrollierende Gebiet eine Ausdehnung von gut 2000 km im Ost–West-Richtung und mindestens 1000 km in Nord–Süd-Richtung. Damit hätte es alleine von der geografischen Ausbreitung her in Europa während seiner gesamten Geschichte zu den größten Reichen überhaupt gezählt. Eine effektive Verwaltung und Kontrolle dieses riesigen Reiches war entsprechend schwierig und beschwor im Laufe der Zeit entsprechende Konflikte herauf. Dabei gilt es aber zu berücksichtigen, dass man sich unter einem derartigen Großreich keinen modernen Staat westlicher Prägung vorstellen darf. Vielmehr spricht man von »Zonen verdichteter Herrschaft«. Vom Zentrum der Macht reichte der Einfluss mit abnehmender Tendenz unterschiedlich weit. Das bedeutet, dass weit entfernte Vasallen teilweise nur noch in einem mehr oder minder lockeren Abhängigkeitsverhältnis zum Herrscher und seinem Machtzentrum standen. Dies gilt auch ähnlich für die Reiche Ghana und Songhay.

Da Jenny Pate/Robert Harding

Seine Hauptstadt ließ Sundjata Keita an einem Nebenfluss des Niger in Niani erbauen, heute im äußersten Südwesten Malis gelegen. Eine weitere wichtige Residenzstadt war Kangaba, rund 100 km südwestlich von Bamako. Liegen auch die historisch überprüfbaren Anfänge etwas im Dunkeln, so ist diese Stadt bis in die Gegenwart hinein ein bedeutendes religiös-sakrales Zentrum.

Um das Jahr 1312 bestieg Mansa Musa (bis 1337) den Thron. Während seiner Regierung erreichte Mali den Höhepunkt seiner Macht. Mansa Musa kontrollierte effektiv sein Reich, sorgte

Die Djinger-ber-Moschee in Timbuktu wurde ab ca. 1325 unter Mansa Musa erbaut.

sich um den weiteren Aufbau staatlicher Strukturen und förderte den Handel. Unter seiner Herrschaft wurden auch heute noch existierende Städte wie Timbuktu, Gao und Djenné berühmt. Auch außenpolitisch engagierte sich Mansa Musa und pflegte Kontakte zu den nordafrikanischen Reichen. Außerdem förderte er die Verbreitung des Islam. Als Moslem begab er sich selbst ab 1324 auf eine längere Pilgerreise nach Mekka. Dabei erregte er international wegen seines prunkvollen und großzügig-verschwenderischen Auftretens Aufsehen.

bpk/RMN-Grand-Papais

Auf dem Höhepunkt seiner Macht und Ausdehnung wurde das Königreich Mali selbst in Europa bekannt. Das Bild stammt aus dem »Katalanischen Atlas« Karls V. von Frankreich (1375). Es zeigt einen thronenden König schwarzafrikanischer Herkunft, der ein Zepter und eine Goldkugel einem verschleierten Kamelreiter entgegenhält. Außerdem finden sich darauf die Bezeichnungen »Melli« für Mali und »Gougou« für Gao. Standort: Bibliothèque Nationale de France (BNF), Paris.

In der zweiten Hälfte des 14. Jahrhunderts begann der langsame Niedergang des Königreichs Mali. Er setzte sich im 15. Jahrhundert fort, bis sich sein Einflussgebiet nur noch auf das ursprüngliche Gebiet Kangaba beschränkte. Die Gründe hierfür waren vielfältig: Aufstände in den Provinzen, Angriffe der Tuareg aus dem Norden und der Mossi aus dem Süden und nicht zuletzt der Aufschwung des neuen Reiches Songhay.

Das Reich Songhay

Das dritte bedeutende Großreich in Westafrika war das Reich Songhay. Der Name des Reiches ist identisch mit dem Namen des schwarzafrikanischen Volkes der Songhay, das sich aus verschiedenen Stämmen und Bevölkerungsgruppen von Bauern, Fischern und nomadisierenden Jägern in der Region gebildet hatte und bis in die Gegenwart existiert.

Ein frühes Zentrum der Songhay war die Nigerinsel Koukia, bevor deren Herrscher im 11. Jahrhunderts ihren Wohnort nach Gao verlegten. Innerhalb kurzer Zeit entwickelte sich Gao, das im heutigen Mali liegt, zu einer florierenden Handelsstadt. Hier begann und endete nicht nur eine bedeutende Transsahararoute, von der aus Waren in Richtung Norden in das heutige Marokko, Algerien und Libyen gelangten. Hier bestand auch ein zentraler Umschlagplatz auf der wichtigen Ost–West-Route, die sich insgesamt südlich der Sahara quer durch den halben afrikanischen Kontinent zog.

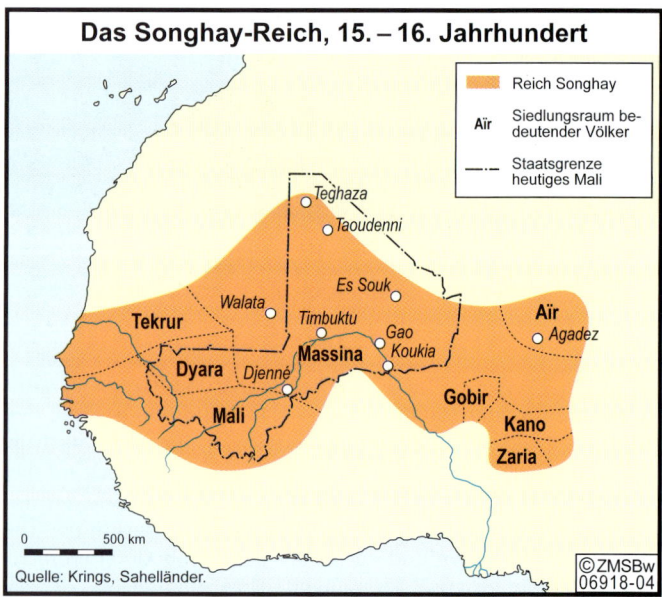

Das Songhay-Reich, 15. – 16. Jahrhundert

Quelle: Krings, Sahelländer.

Im Jahr 1325 unterwarf der malische König Mansa Musa während der Rückreise seiner Pilgerfahrt nach Mekka Gao und band es für etwa das nächste halbe Jahrhundert als Vasallengebiet in sein Reich ein. Zur Sicherung des Abhängigkeitsverhältnisses nahm Mansa Musa zwei Söhne des Fürsten der Songhay als Geisel mit in seine Residenzstadt Niani. Beiden Brüdern gelang zwölf Jahre später, 1337, die Flucht zurück in ihre Heimat nach Gao. Der ältere der beiden Brüder, Ali Kolen, übernahm die Regierung und trug fortan den Titel Sonni, den alle nachfolgenden Herrscher führten. Damit gründete er die neue Dynastie der Sonni.

Die politischen Machtverhältnisse in der Region begannen sich umzukehren. Ende des 14. Jahrhunderts gelang es Songhay, die Oberhoheit von Mali abzuschütteln und eine von anderen Mächten unabhängige Herrschaft zu errichten. Um 1400 konnte das aufstrebende Reich seine eigene Machtposition ausbauen und in erfolgreichen Kriegszügen andere Gebiete und Völker sich selbst untertänig machen. Hierzu gehörten anfangs mehrere Stämme der Bambara, die bisher dem Reich Mali Tribute leisteten.

Die erste bekannte europäische Zeichnung Timbuktus, angefertigt von René Caillié (1799–1838). Er war gleichzeitig der erste Europäer, der wieder aus der Stadt zurückkam. Er publizierte das Bild im Jahr 1838.

pa/Everett Collection

Unter Sonni Ali, der von ca. 1464 bis 1492 regierte, entwickelte sich die bislang bescheidene Herrschaft zu einem mächtigen Reich. Während seiner ersten Regierungsjahre eroberte Sonni Ali Timbuktu. Nach zeitgenössischen Quellenberichten richtete er unter den wohlhabenden muslimischen Händlerfamilien ein Blutbad an, weil ein Teil von ihnen sich mit den Tuareg gegen die Songhay verbündet hatte.

Doch die eigentlichen und wichtigeren Gegner sah Sonni Ali woanders. Die Fulbe-Nomaden hatten sich im Binnendelta des Niger immer weiter verbreitet und die dort lebende Bevölkerung von sesshaften Bauern zusehends unterjocht. Nach Ansicht der Forschung wird hier ein grundlegender Konflikt sichtbar, der im Sahel über die Jahrhunderte bis in die Gegenwart hinein andauert: zwischen tierhaltenden Nomaden auf der einen Seite und einer sesshaften, negriden, also schwarzen Bevölkerung auf der anderen Seite.

Nach siebenjähriger Belagerung eroberte Sonni Ali 1477 Djenné. Mit der Einnahme dieses zentralen Handelsknotens kontrollierte er nun praktisch den gesamten Handelsverkehr entlang des Niger in dessen zentralen Bereich. Übrigens zeigte sich der Songhay-Herrscher in diesem Fall nachsichtig gegenüber der Bevölkerung trotz der langjährigen Belagerung. Im Sinne einer zukunftsorientierten Politik heiratete er die Mutter des jungen Sultans von Djenné.

Seine größte Blüte und Ausdehnung erlebte das Reich Songhay unter dem direkten Nachfolger von Sonni Ali. Mohammed Touré, der über viele Jahre sein politischer Ratgeber gewesen war, regierte von ca. 1493 bis 1528 und gab sich den Ehrentitel Askia. Er galt als weltgewandter und gebildeter Herrscher, der gute Kontakte zu islamischen Gelehrten pflegte. Unter seiner Regierung erfuhren die Städte einen kulturellen Aufschwung. Timbuktu entwickelte sich zu einem Zentrum muslimischer Gelehrsamkeit und wurde in der zweiten Hälfte des 16. Jahrhunderts zum wichtigsten Kulturzentrum in Westafrika überhaupt. Askia Mohammed Touré vermehrte aber auch seine Truppen und führte zahlreiche Eroberungszüge in praktisch alle Himmelsrichtungen. Am Ende seiner Regierungszeit umfasste sein Reich mit den abhängigen Vasallen die größten Teile der heutigen Staaten Mali und Niger sowie Senegal und Mauretanien.

Ein solch gewaltiger Herrschaftsraum war in erheblichem Maße von einer starken Führungspersönlichkeit abhängig und anfällig für innere wie äußere Begehrlichkeiten. Innerfamiliäre Machtstreitigkeiten führten im weiteren Verlauf des 16. Jahrhunderts zu einem langsamen politischen Niedergang des Songhay-Reiches. Die Verwaltung dieses übergroßen Reiches funktionierte zusehends weniger, Vasallen lehnten sich gegen die Herrscher auf und lösten sich los. Der wichtigste Grund für seinen Untergang war eine Invasion marokkanischer Truppen im Jahr 1591. Die Entscheidungsschlacht fand rund 50 km von Gao entfernt statt, bei der ein großes Heer der Songhay von den mit Feuerwaffen ausgestatteten Marokkanern besiegt wurde. Danach wurden zahlreiche Städte zerstört sowie Gold, Sklaven oder auch Gelehrte mit ihren Familien als Kriegsbeute nach Marokko verschleppt. Daraufhin brach das Reich Songhay endgültig auseinander, Chaos und Instabilität in der gesamten Region waren die Folge.

Ein Dorf der Songhay aus europäischer Sicht, etwa 1850.

Mehrere kleine Herrschaftsgebiete, die daraus entstanden, rangen um die Vorherrschaft. Hinzu kam der beginnende und langsam sich verstärkende Einfluss der Europäer. Zahlreiche Stützpunkte entlang der atlantischen Küste entstanden, womit sich insgesamt die Haupthandelsroute auf den Seeweg verschob. Außerdem wurde der Binnenhandel mit den traditionellen Transsahararouten aufgrund der politisch instabilen Lage gefährlich und kam schließlich fast ganz zum Erliegen. Der Sklavenhandel tat ein Übriges und wirkt mit seinen psychosozialen Folgen bis in die Gegenwart. Dieser Gesamtzustand hielt grundsätzlich bis zum 19. Jahrhundert, dem Jahrhundert der kolonialen Inbesitznahme an.

Martin Hofbauer

Die französische Kolonialherrschaft über das Gebiet des heutigen Mali dauerte rund ein Dreivierteljahrhundert. Als »Französisch-Sudan« (Soudan français) gehörte Mali von 1881/1905 bis zu seiner Unabhängigkeit 1960 zu Französisch-Westafrika (Afrique Occidentale française).

Auf der Suche nach dem noch unbekannten Verlauf des Nigers und der sagenhaften Stadt Timbuktu reisten bereits seit Anfang des 19. Jahrhunderts Europäer in die Sahelzone. Dennoch blieb das Innere Westafrikas für sie bis zum Ende des Jahrhunderts weitgehend unbekannt. Vor allem von Algerien aus, das ab 1830 von den Franzosen unterworfen wurde, starteten zahlreiche Expeditionen. Meist besaßen sie militärischen Charakter. Der französische Ausgriff auf den Sudan erfolgte jedoch aus dem heutigen Senegal. Der Westen und Süden des heutigen Mali wurde ab 1880 gewonnen, der Nigerbogen 14 Jahre später, als eine französische Truppenexpedition am 10. Januar 1894 nach Timbuktu vordrang. Die Abbildung eines kolorierten französischen Bilderbogens um 1910 zeigt eine idealisierte Darstellung dieses Ereignisses. Im Gegensatz zu dem nach Europa vermittelten Bild blieb die französische Herrschaft über den Kolonialbesitz in Westafrika und der Zentralsahara lange Zeit prekär. Stets blieb man auf afrikanische Intermediäre und Unterstützungstruppen angewiesen. In den beiden Weltkriegen des 20. Jahrhunderts gelangten zahlreiche in Westafrika rekrutierte »Tirailleurs Sénégalais« in großem Umfang in Europa zum Einsatz – auch aus dem heutigen Mali.

■■■ Die Eroberung von Französisch-Sudan. Vom 19. Jahrhundert bis 1940

Mit kurzer Unterbrechung hieß das Kolonialgebiet im heutigen Mali »Französisch-Sudan«. Den Auftakt für das sukzessive Ausgreifen in die Zentralsahara bildete die französische Eroberung Algeriens ab 1830. Zu den bedeutsamen Mächten für die Geschichte Nord- und Westafrikas zählten bis Anfang des 20. Jahrhunderts auch noch das Osmanische Reich und Marokko. Letzteres übte bis 1833 die Herrschaft über den Paschalik Timbuktu aus, freilich unterbrochen durch Tributverpflichtungen an die Tuareg der Ullemmeden (Oulliminden). Bis Ende des 19. Jahrhunderts erhob Marokko historische Ansprüche auf die Oasen auf den Verbindungswegen zum Nigerbogen.

Westafrikanische Ethnien und Reiche

Im heutigen Mali vereinten sich zwei bedeutende Handelsrouten: Zum einen endete auf der Nord–Süd-Achse der Transsaharahandel vom Mittelmeer zum Nigerknie zwischen Timbuktu und Gao. Zum anderen waren auf der Ost–West-Achse die schiffbaren Oberläufe des Senegal- und des Nigerstroms nur rund 200 Kilometer voneinander entfernt. Dieser Schnittpunkt alter Handelswege wurde zur Projektionsachse der französischen Kolonialmacht. Dabei waren Norden und Süden des heutigen Mali durch unterschiedliche Wirtschafts- und Lebensweisen geprägt: von »schwarzen«, sesshaften Völkern in der Sahelzone (z.B. Bambara oder Tukulor) einerseits und von nördlich lebenden »weißen« Nomaden (Tuareg) andererseits. Regelmäßig war es an den Schnittstellen in der Vergangenheit zu gewaltsamen Auseinandersetzungen gekommen.

So hatten die Gruppen (Kel) der berbersprachigen Tuareg ihre Weidestätten im Grenzgebiet der heutigen Staaten Algerien, Mali, Niger und Libyen, vor allem in den – relativ gesehen – niederschlagsreicheren Gebirgen: so die Kel Ahaggar (Ahaggar/

Hoggar im Süden Algeriens) oder die Kel Adagh im Adrar des Iforas (auch Adrar des Ifoghas in Mali/Algerien). Am Nordrand des Nigerbogens zwischen Timbuktu und Niamey war die infolge der ertragreicheren Weidegebiete bevölkerungsreiche Tuareg-Gruppe der Ullemmeden ansässig. Die locker zusammengefügten Clangruppen wurden von einem Amenokal (»König«) geführt, der jedoch weniger als politisches Oberhaupt, sondern mehr als Schlichter zwischen den Untergruppen sowie als prestigereicher Führer auf Kriegszügen in Erscheinung trat. Der Begriff der Razzia (oder rezzou = Raub- und Kriegszug) prägte die Konfliktaustragung zwischen nordafrikanischen Kriegern, später auch zwischen diesen und Europäern. Darüber hinaus wurden die schwarzen Ackerbauern in den südlichen Regionen (z.B. Haussa oder Songhay) von nördlichen Tuareg-Gruppen zu Schutz- und Tributzahlungen gezwungen oder von Razzien zur Verschleppung von Sklaven heimgesucht.

Südlich des Nigerbinnendeltas (Massina) bestanden seit der Zeit des europäischen Mittelalters immer wieder mächtige Reiche schwarzafrikanischer Herrscher (siehe Beitrag Hofbauer). Deren gut organisierte Heere brachten den Europäern noch im 19. Jahrhundert mitunter empfindliche Niederlagen bei. Zudem verhinderten befestigte Stützpunkte und Städte (tatas) im Gebiet des oberen Senegal und Niger jahrzehntelang ein weiteres europäisches Vordringen nach Westen. Als mächtigster Antagonist der französischen Imperialmacht in Westafrika trat zwischen 1860 und 1890 das Reich der Tukulor (Ethnie aus der Fulbe-Gruppe, nach ihrer Sprache auch Pulaar oder Peul genannt) hervor. Dieser Staat bildete sich Mitte des 19. Jahrhunderts zwischen dem oberen Senegal und dem Nigerbinnendelta. Nach dessen Zerschlagung war das Wassulu-Reich des Samori Touré weiter südlich jahrzehntelang französischer Hauptgegner in Westafrika.

Mit der Bildung sogenannter Dschihad-Reiche verstärkten sich etwa ab dem Jahr 1800 Prozesse politischer Herrschaftsverdichtung und militärischer Organisation im Norden des afrikanischen Kontinents. Sie prägten die Machtstrukturen des westlichen Sahelgebiets bis zum Ende des 19. Jahrhunderts. Deren Gründungsgestalten stützten sich auf einen erneuerten Islam, ähnlich wie andere Bewegungen in Arabien (Wahhabiten) und in Nordafrika (Senussi). Gewissermaßen einen Prototyp der westafrikanischen Dschihad-Reiche errichtete Usman dan Fodio (1754–1817), der im Kampf gegen die Haussa-Staaten um 1808/09 im heutigen nördlichen Nigeria das Kalifat von Sokoto gründete.

Nach einer Phase der Expansion schwächte sich die Zentralgewalt zwar ab, doch wirkte das Sokoto-Reich beispielgebend. Der aus der Gegend von Mopti stammende Marabout Sékou Amadou (1776–1844/45) erklärte dem Bambara-Reich von Ségou im Jahr 1818 den Dschihad und errichtete das Massina-Reich im Nigerbinnendelta. Dessen ab 1820 erbaute Hauptstadt Hamdullahi avancierte mit ihren bis zu 40 000 Einwohnern zur Großstadt. Sékou Amadous islamischer Musterstaat griff in das etablierte Sozialgefüge ein. So ließ er das als unislamisch gebrandmarkte Tabakrauchen verbieten.

Nach dem Tod des Reichsgründers lockerten sich die rigoristischen Züge der Herrschaft, gleichzeitig verstärkten sich dezentrale Tendenzen. Unter seinem Enkel Amadou Amadou III. (1830–1862) unterlag das Massina-Reich der Expansion der Tukulor unter El Hadsch Umar Tall (1796–1864). Nach seiner Pilgerreise nach Mekka und dem Aufenthalt als Gelehrter in Kairo, Bornu und Sokoto wirkte dieser als Prediger in den islamischen Reichen Westafrikas Fouta-Jalon (Guinea) und Fouta-Toro (Senegal). Auch Umar Tall gründete ab 1850 ein eigenes Reich, indem er den Dschihad proklamierte. Nach Auseinandersetzungen mit den Franzosen im Senegal wich er ostwärts aus und geriet in Konflikt mit den Bambara-Reichen im heutigen Mali. Anschließend überzog er das Massina-Reich mit Krieg, dessen Hauptstadt er 1861 zerstörte.

So reichte der Herrschaftsbereich Umar Talls vom oberen Senegalfluss östlich der französischen Stützpunkte um Kayes bis kurz vor Timbuktu, das er 1863 aber nicht einnehmen konnte. Infolge innerer Konflikte kam Umar Tall im Jahr 1864 ums Leben. Sein Sohn und Nachfolger Ahmadou Tall (1836–1898) wurde seinerseits zwischen 1888 und 1890 in drei französischen Feldzügen geschlagen und in die nördliche Wüste vertrieben. Mit dem Ende des Tukulor-Reichs begann die französische Herrschaft über Französisch-Sudan als nunmehrige Nachbarkolonie des Senegal.

Die französische Expansion und der Widerstand Samori Tourés

Gleichwohl dauerten die Kämpfe gegen die französische Kolonialmacht an, vor allem durch das von 1878 bis 1898 bestehende Wassulu-Reich (auch Mandinka-Reich) des Samori Touré (1830–1898). Nach dem Tod Umar Talls hatten sich in dem geschwächten Tukulor-Reich konkurrierende Machteliten mit teilautonomen Kriegsherren gebildet. Der aus einer Kaufmannsfamilie stammende Samori Touré befreite seine in die Sklaverei verschleppte Mutter und erwarb dabei Kampferfahrung. Ab 1867 sammelte er im Gebiet des oberen Niger eine eigene Gefolgschaft und erklärte sich im Jahr 1878 zum autonomen Kriegsherrn (faama).

Ein Kernanliegen Samori Tourés war der Aufbau einer bald 15 000 Krieger (Sofas) umfassenden, gut organisierten und modern bewaffneten Armee. Samori Tourés Titel »Almamy« (Imam) bezeugt sein Streben nach Islamisierung der unterworfenen Gebiete. Anfang der 1880er Jahre reichte sein Wassulu-Reich vom oberen Guinea und vom Norden der heutigen Elfenbeinküste und Sierra Leones bis zum südlichen Mali. Nachdem seine Soldaten die französische Kolonialarmee 1882 und 1885 erfolgreich zurückgeschlagen hatten, regelten beide Seiten 1887 ihre Einflusszonen sowie die Nigerschifffahrt vertraglich. Der in der Hauptstadt Bissandougou geschlossene Vertrag wurde später jedoch französischerseits als Unterstellung unter französisches Protektorat ausgelegt.

Bereits die Armee des Tukulor-Reichs setzte erfolgreich europäische Feu-

pa/akg-images/Paul Almasy

Mit der Gefangennahme Samori Tourés 1898 durch französische Kolonialtruppen endete die Zeit staatsähnlicher Gegenspieler Frankreichs (zeitgenössischer Holzstich).

erwaffen ein. Deren Lieferung entlang des Senegalflusses unterband später die französische Kolonialarmee, woraufhin Waffen und Munition über die britischen Küstenkolonien und Liberia ins Landesinnere gelangten. Die afrikanischen Reiche bezahlten sie mit Gold und Elfenbein. Im innerafrikanischen Zwischenhandel dienten auch Sklaven als Tauschgut. Das verstärkte den Anreiz, hierfür eigens Razzien durchzuführen. Probleme bereitete es den afrikanischen Herrschaftsgebilden, dass die europäischen Mächte im Juli 1890 mit der Brüsseler Konvention den Waffenhandel mit schwarzafrikanischen Abnehmern unterbanden. Mit dem Kampf gegen Sklaverei und »illegalen« Waffenhandel verband sich der Anspruch auf eine imperiale Mission zur Verbreitung von »Zivilisation«, »Frieden« und zur Beendigung der Sklaverei.

Um einer weiteren Expansion des Wassulu-Reichs nach Osten Einhalt zu gebieten, zerstörte die französische Armee Bissandougou am 9. April 1892, doch wich Samori Touré in die entlegeneren Regionen Guineas aus. Sein Machtgebiet blockierte das Ausgreifen Frankreichs von der Elfenbeinküste aus, sodass mehrere Expeditionen ab 1893 fehlschlugen. Erst im August 1898 gelang es einem von Sikasso aus ausgesandten französischen Truppenverband, Samori Touré gefangen zu nehmen. Damit endete die Phase staatsähnlich organisierter afrikanischer Gegenspieler Frankreichs.

Die langjährige Existenz afrikanischer Reiche widerlegt die lange Zeit vorherrschende Europa-zentrierte Sichtweise, wonach sich die Erschließung Afrikas als eine Abfolge europäischer Kolonialpräsenz darstellte. Auch die Pachtzahlungen, die Frankreich bis 1854 für seine Stützpunkte den örtlichen afrikanischen Herrschern entrichtete, bezeugen die zunächst beschränkte Macht der Europäer. Denn erst ab Mitte des 19. Jahrhunderts verließen die Europäer ihre wenigen Küstenstützpunkte, die teilweise schon mehrere Jahrhunderte existierten, um weiter ins Landesinnere vorzudringen.

Seit 1659 bestand an der Mündung des Senegalstroms der französische Handelsstützpunkt St. Louis, bis 1902 Hauptstadt Französisch-Westafrikas. Ebenfalls seit dem 17. Jahrhundert befand sich die Insel Gorée vor dem Cap Verde in französischem Besitz. Von hier aus beteiligte sich durch das 18. Jahrhundert hinweg auch Frankreich am transatlantischen Sklavenhandel. An der Westspitze Afrikas, dem Cap Verde, wurden der Ort

Auf der Suche nach Timbuktu: Reisende durch die Sahara

Von der Guineaküste erwies sich ein Eindringen ins westafrikanische Landesinnere für Europäer als schwierig. Viele Expeditionen endeten tödlich, so für den Schotten Mungo Park (1771−1806). Seine erste Reise führte ihn 1795 bis 1797 von der britischen Kolonie Gambia aus zum Niger bis nach Ségou, dann über Bamako stromaufwärts zurück. Während der zweiten reiste er entlang des bereits erkundeten Mittellaufs bis nach Bussa im heutigen Nigeria, wo er einer Krankheit erlag. Einem anderen Briten, Gordon Laing (1793−1826), gelang als erstem (bekannt gewordenem) Europäer die Reise durch die Sahara von Tripolis zum legendären Timbuktu. Auf dem Rückweg wurde Laing in Araouane bei einem Überfall getötet. Seinen Spuren folgte René Caillié (1799−1838), der als Muslim verkleidet 1824/25 das heutige Mauretanien, 1827 bis 1830 vom heutigen Guinea aus ebenfalls Timbuktu (1828) erreichte und durch die Sahara über Marokko nach Frankreich zurückkehrte.

Der deutsche Afrikaforscher Heinrich Barth hatte sich als Privatdozent an der Universität Berlin und durch langjährige Reisen um das Mittelmeer wissenschaftlich qualifiziert. Im Auftrag der offiziösen britischen Royal Geographical Society machte er sich zusammen mit dem britischen Missionar und Sklavereigegner James Richardson sowie dem deutschen Geologen Adolf Overweg von 1849/50 bis 1855 auf die Reise von Tripolis aus durch die Sahara. Sein Weg führte Barth bis zum Reich Bornu am Tschadsee und in das Gebiet des heutigen Nordnigeria. Nach dem Tod seiner beiden Reisebegleiter hielt sich Barth 1853/54 für längere Zeit in Timbuktu auf. Später verarbeitete er seine Afrikareise in einem fünfbändigen Werk. Der Astronom Eduard Ludwig Vogel (1829−1856) reiste Barth nach, erreichte ihn am Tschadsee, wurde aber im Gebiet des heutigen Niger auf Befehl des Sultans von Wadai festgesetzt und getötet.

Auch weitere Deutsche unternahmen ausgedehnte Reisen: Gerhard Rohlfs diente nach dem Abbruch seines Studiums als Feldscher, also Militärarzt, in der französischen Fremdenlegion in Alge-

pa/akg

Der Holzstich, nach einem Foto gefertigt, zeigt den deutschen Afrikareisenden Heinrich Barth, der am 16. Februar 1821 in Hamburg geboren wurde und am 25. November 1865 in Berlin starb.

rien (1856–1860). Nach seinem Abschied aus der Legion reiste er bis 1865 von Marokko durch die Wüste nach Tripolis. Eine zweite Reise (1865–1867) führte ihn von Tripolis zur Nigermündung. Das so gewonnene Ansehen verhalf Rohlfs zu weiteren Reisen, nun finanziert von Auftraggebern mit politischer Zielsetzung. Nicht zuletzt ist Gustav Nachtigal zu nennen, der von 1869 bis 1874 von Tripolis aus über den Tschad in den ägyptischen Sudan reiste und von der deutschen Regierung in den Jahren 1884/85 zum Reichskommissar für Deutsch-Westafrika (Kamerun und Togo) ernannt wurde.   *MR*

Dakar sowie zwei nahegelegene Inseln ab 1857 französisch. Mit St. Louis bildeten diese vier Orte die »quatre communes«, deren Einwohner 1880 (im Gegensatz zu den anderen Schwarzen im Kolonialgebiet) die vollen französischen Bürgerrechte erhielten. 1902 wurde Dakar Hauptstadt Französisch-Westafrikas.

Algerien und die »Eroberung« der Sahara

Die Landung der französischen Armee am 4. Juli 1830 bei Algier mündete in einem jahrzehntelangen Kampf um das Küstenland des heutigen Algerien. Auch die gewaltsame sogenannte Befriedung (pacification) der Gebiete bis zum Atlasgebirge und ab den 1880er Jahren die Durchdringung der Sahara gestalteten sich schwierig und langwierig. Noch zu Anfang des 20. Jahrhunderts war die französische Herrschaft über die Sahara unsicher. Die brutale französische Vorgehensweise in Algerien und die Weigerung, Schutzgeld zu zahlen, erschwerten weitere Entdeckungsreisen. 1874 wurden die Franzosen Charles Dourneauy-Duperré und Eugène Joubert bei Ghat ermordet.

Das von kolonisationsfreundlichen Kreisen betriebene Projekt einer Transsaharabahn vom Mittelmeer zum Nigerknie, die letztlich nie realisiert wurde, führte zu einer Erkundungsreise des französischen Offiziers Paul Flatters (1832–1881). Die Teilnehmer der Expedition wurden im Ahaggargebirge von Tuareg am 16. Februar 1881 in einen Hinterhalt gelockt und massakriert. Generationen nachfolgender französischer Soldaten strebten danach, diese Scharte auszuwetzen. Eine Revanche für Flatters' Tod erfolgte mit dem Gefecht von Tit 50 Kilometer nordwestlich von Tamanrasset, wo am 7. Mai 1902 die französische Dromedartruppe angreifende Tuareg besiegte und so die Grundlage für die französische Oberhoheit über das Ahaggargebiet legte.

Im Gegensatz zur französischen Zivilverwaltung in den von Franzosen besiedelten Küstenstrichen standen die Zentralsahara südlich des Sahara-Atlas (Algerien) sowie die wüstenartigen Gebiete des französischen Sudan unter Militärherrschaft. Damit einher ging die Anpassung französischer Offiziere an ihr Einsatzgebiet. Dies galt besonders dann, wenn sie in den »Einheimischenbüros« tätig waren, sich sprachliche und ethnografische Kenntnisse aneigneten oder – wie in der Zentralsahara und in Schwarzafrika nicht unüblich – eine Ehe auf Zeit mit Frauen vor Ort eingingen. Auch knüpfte die Indienstnahme von »Einheimischen« als Soldaten an vor Ort bewährte Verfahren an. Ende des 19. Jahrhunderts stellte die französische Afrika-Armee Dromedarkompanien (compagnies méharistes sahariennes) auf, mit deren Namen sich der französische Offizier Henri Laperrine d'Hautpoul (1860–1920) verbindet.

Die Grenzen ihrer Expansion setzte der französischen Afrika-Armee, die dem Kriegsministerium unterstand, ausgerechnet die französische Kolonialarmee aus dem Sudan, die dem Kolonialministerium unterstand. Im April 1904 trafen beide Truppen im Adrar des Iforas erstmals aufeinander. Die jeweiligen Expansionsbestrebungen sowie die gewachsenen eigenen Identitäten führten zu einer beiderseits feindlichen Atmosphäre des Treffens. Komplizierte Verhandlungen und Ressortabstimmungen führten im Folgejahr zur Festlegung der Grenze zwischen dem algerischen und dem sudanesischen Gebiet Frankreichs.

Die europäischen Verträge und die Aufteilung der Interessenzonen

Die französische Expansion entlang des Senegal-Oberlaufs verfolgte das Ziel, den Niger und Timbuktu zu erreichen. Louis Faidherbe, der mit kurzer Unterbrechung zwischen 1854 und 1863

Gouverneur der französischen Senegal-Kolonie war, begann, den Senegal bis etwa zur heutigen Grenze zu erobern. Seit 1857 bestand der befestigte Außenposten Médine im Westen des heutigen Mali, der sich gegen blutige, doch letztlich erfolglose Belagerungen der Truppen des Tukulor-Reichs hielt. Mit diesem schlossen die Franzosen 1866 einen Vertrag, der ihre Expansion für einige Jahre beendete. Zudem nahmen Rebellionen vor allem in Algerien und die Kriege in Europa Frankreichs Militär in Anspruch.

Ab 1879 durchdrang die französische Kolonialarmee den Süden des heutigen Mali. Oberst Gustave Borgnis-Desbordes nahm 1883 Bamako ein. Eine weitere Expansion erfolgte unter Oberst Louis Archinard, der den französischen Einfluss zwischen 1890 und 1893 bis nach Ségou und Mopti erweiterte. Obwohl Archinard wegen seiner expansiven Eigenmächtigkeiten abberufen wurde, folgte in Frankreich seine Beförderung. Auch dies war ein Zeichen für die Unstimmigkeiten zwischen den Ministerien für Koloniales, Marine, Äußeres und Krieg. In Ermangelung einer leitenden Kolonialstrategie sorgte vor allem der, von außen wenig kontrollierbare Ehrgeiz der Offiziere vor Ort dafür, dass die französische Herrschaft weiter ausgriff. Diese geboten über eine Machtfülle, die ihrem relativ niedrigen Dienstgrad selten entsprach, vor allem im Vergleich zum Dienst in der »Metropole« (Frankreich). Sie agierten daher mitunter extrem eigenmächtig.

Eine Eigenmächtigkeit, faktisch eine Befehlsverweigerung, führte auch zum französischen Ausgriff auf Timbuktu. Noch bevor Archinards Nachfolger, der Zivilgouverneur Albert Grodet, vor Ort eintraf, startete Oberstleutnant Eugène Bonnier eine Expedition stromabwärts entlang des Niger. Die nachgesandten Briefe des Gouverneurs ignorierte er, genauso wie seine Ablösung vom Kommando. Unterdessen hatte sich die auf Booten vorausgesandte Kolonne unter einem Leutnant ihrerseits verselbstständigt und war nach Timbuktu vorgestoßen, ein Grund für Bonnier ihn einzuholen. Die Unterstellung der Stadt unter französische Herrschaft um die Jahreswende 1893/94 endete jedoch im Desaster. Auf dem Rückmarsch wurde Bonnier von Tuareg der Ullemmeden bei Goundam überfallen und mit seiner Truppe getötet. Zwar stand das Gebiet am Nigerbogen nun unter französischer Oberhoheit, wurde aber erst später »beherrscht«.

Auf der Berliner Kongo-Konferenz, die zwischen November 1884 und Februar 1885 stattfand, trafen die europäischen Mächte Abmachungen über ihre Interessensphären in Afrika. Statt einer regelrechten Teilung des Kontinents vereinbarten die Verhandlungspartner den Völkerrechtsgrundsatz, der die Anerkennung von Kolonialbesitz an eine effektive Besetzung knüpfte. Schwarzafrikanische Akteure galten faktisch als nicht völkerrechtsfähig.

Nun beschleunigten sich europäische Initiativen, das Innere Afrikas als eigenes Gebiet auszuweisen. Die als Ergebnis des von den Imperialmächten in Gang gesetzten Wettlaufs um Afrika (scramble for Africa) entstandenen Karten mit kolonialen Flächenstaaten suggerieren jedoch eine etablierte europäische Herrschaft, die bis ins 20. Jahrhundert hinein oft nicht bestand. Zur Aufteilung ihrer Einflusszonen in Westafrika verständigten sich Großbritannien und Frankreich im August 1890. Ausgehend von bisherigen »Erwerbungen« wurde eine Linie zwischen Say (südlich von Niamey) bis zum Tschadsee gezogen, um die Einflusssphären festzulegen. Damit zählte das heutige Nigeria zur britischen, das Gebiet des künftigen Französisch-Westafrika sowie des Tschad zur französischen Einflusszone.

Kolonialfreundliche Kreise in Frankreich verstärkten nun Bestrebungen, die französischen Kolonien Algerien, Senegal, Elfenbeinküste und Kongo zu vereinen. So erging im Juni 1896 der Auftrag an Hauptmann Jean-Baptiste Marchand, eine Verbindung von Französisch-Kongo (Brazzaville) zum Nil im Sudan herzustellen. Der Sudan war aber seit einigen Jahrzehnten Ziel der anglo-ägyptischen Expansion. Das Eintreffen Marchands am Nil am 10. Juli 1898 bei Faschoda (Kodok, Südsudan) führte zur freundlichen, doch sehr bestimmten Begegnung mit dem britischen General Herbert Kitchener, der kurz zuvor bei Omdurman das Mahdi-Reich zerschlagen hatte. Die anschließende britisch-französische Krise wurde so gelöst, dass Frankreich auf das Nilgebiet verzichtete, Westafrika und den Tschad aber zugesprochen erhielt. Auch hier war Land verteilt worden, das von Europäern weder erforscht, noch besetzt war. Zudem bestanden afrikanische Reiche im Innern weiterhin fort, so das Dschihad-Reich des Rabeh (Rabih az-Zubayr), ein Kriegsherr aus ursprünglich ägyptischen Diensten, der 1893 das Reich Bornu am Tschadsee eroberte.

Ein französischer Versuch, vom Nigerbogen aus ostwärts vorzustoßen, erfolgte von Januar 1899 bis Juli 1900 durch die Mission der Hauptleute Voulet und Chanoine. Ihren Vorstoß von Say (Niger) in Richtung Tschadsee begleiteten zahlreiche Exzesse und Gräueltaten, die in Befehlsverweigerung und der Ermordung des nachgesandten Militärbefehlshabers gipfelten. Das katastrophale Unternehmen endete mit der Desertion und dem Tod ihrer Anführer. Eine erste erfolgreiche bewaffnete Forschungsexpedition – unter starkem Schutz durch französische Truppen – gelang mit der Durchquerung der Sahara von Algerien über das Ahaggargebirge und durch den heutigen Staat Niger zum Tschadsee. Mit der Schlacht von Kousséri am 22. April 1900 zerstörten die Franzosen das Reich Rabehs und errichteten einen dauerhaften französischen Stützpunkt. Zu Ehren des im Kampf gefallenen Majors François Amedée Lamy (1898–1901) entstand Fort Lamy, heute N'Djamena.

Von der Eroberung bis zur Beherrschung

Um das Jahr 1900 war Französisch-Westafrika ein erstes Mal mit Französisch-Algerien und -Äquatorialafrika verbunden. Die innere Festigung der Kolonien dauerte wesentlich länger. Daher entstanden auch unterschiedliche Prägungen zwischen den verschieden lang französisch dominierten Kolonialgebieten. Die französische Herrschaft verdünnte sich nach Osten. Französisch-Westafrika (Afrique Orientale Française) umfasste die heutigen Staaten Senegal, Mali, Guinea, Burkina Faso, Elfenbeinküste, Niger und Benin. Die Hauptstadt von Französisch-Sudan war ab 1892 Kayes am oberen Senegal. Sie wurde 1899 nach Bamako am Niger verlegt. Ab 1921 nannte man das Kolonialgebiet, das von 1904 an »Haut Sénégal et Niger« hieß, wieder »Soudan français«, Französisch-Sudan.

Ein Zeichen für die Festigung der französischen Herrschaft war die Verkehrserschließung. Die Pläne, eine Eisenbahnlinie von Algerien durch die Sahara an den Niger zu legen, blieben unvollendet. Dagegen verband die Bahnlinie von Kayes nach Koulikoro seit 1904 die beiden Ströme Westafrikas Senegal und Niger verkehrstechnisch miteinander. Die Erweiterung der Trasse nach Dakar wurde 1924 fertiggestellt.

Tirailleurs Sénégalais

Seit ihrer Aufstellung 1857 als eigene Formation gehörten die senegalesischen Schützen (Tirailleurs Sénégalais) zum Bild der französischen Kolonialarmee. Trotz weitgehend europäischer Führung bestanden auch für Afrikaner gewisse Aufstiegschancen. So avancierte der Mamadou Racine Sy (1838–1902) aus dem Senegal vom Unteroffizier zum Hauptmann, wurde als Ritter der Ehrenlegion ausgezeichnet und schließlich zum »Dorfchef« von Kayes ernannt. Schwarzafrikaner gelangten während des Krimkriegs (1853–1856) sowie des Deutsch-Französischen Krieges (1870/71) zum Einsatz in Europa. Anfang des 20. Jahrhunderts erfolgten Überlegungen, ihr Rekrutierungspotenzial intensiver zu nutzen. So präsentierte General Charles Mangin 1909 den Plan einer »schwarzen Armee« (armée noire).

Von den rund 200 000 in Französisch-Westafrika mobilisierten Soldaten kämpften im Ersten Weltkrieg 135 000 in Europa. Anschließend gehörten auch sie zu den Besatzungstruppen im Rheinland, wodurch sich in Deutschland das rassistische, negativ definierte Stereotyp *des* »schwarzen Soldaten« verfestigen. Im Zweiten Weltkrieg fielen insbesondere die schwarzen Soldaten Frankreichs zahlreichen Kriegsverbrechen durch deutsche Truppen im Mai und Juni 1940 zum Opfer.

Im Ersten wie im Zweiten Weltkrieg kontrastierte der Einsatz afrikanischer Soldaten zur Befreiung des »Mutterlandes« mit rassisch begründeten Zurücksetzungen. Gleichwohl bot der Militärdienst gewisse Möglichkeiten zum Erwerb von Führungserfahrung und schuf somit indirekt eine Grundlage für die Formierung von Eliten während der Dekolonisierungsphase und nach der Unabhängigkeit. Die Frage nach angemessenen Pensionsansprüchen für »Einheimische« blieb in Frankreich und in den nordafrikanischen Staaten umstritten. Erst 2006/07 beschloss die französische Nationalversammlung eine Verbesserung. Nicht zuletzt der Film »Indigènes«, der die Rolle der Nordafrikaner im Zweiten Weltkrieg hervorhob, hatte hierzu einen Anstoß gegeben.   *MR*

pa/maxppp©Selva/Leemage

NOS SOLDATS D'AFRIQUE
Le Tirailleur sénégalais

»Unsere Soldaten aus Afrika. Der Tirailleur Sénégalais«. Abbildung aus »Le Petit Journal« vom 16.3.1913.

Das Foto entstand 1936 und zeigt eine Wolof-Frau aus Französisch-Sudan, dem Gebiet des heutigen Mali.

Die Herrschaft über den Norden Malis blieb in der Zwischenkriegszeit und noch im Zweiten Weltkrieg lückenhaft. Im Ersten Weltkrieg erhoben sich die Ullemmeden. Ferner drangen Krieger aus dem (formal) unter italienischer Herrschaft stehenden Libyen in die französischen Saharagebiete ein. Erst ab den 1920er Jahren sorgten französische Razzien und Polizeiaktionen für relativen Frieden. Mauretanien und das Azaouad (= Azawad) blieben Orte von Unruhen. Im Zweiten Weltkrieg blieb Westafrika von direkten Kriegseinwirkungen weitgehend verschont. General Charles de Gaulles Kräfte des »Freien Frankreich« kämpften sich von Französisch-Kongo durch den Tschad nach Libyen durch. Bezeichnend für die nach wie vor nicht vollkommen »befriedeten« Ethnien im Norden von Französisch-Sudan war dagegen im August 1940 ein größerer Kriegszug mauretanischer Krieger nördlich von Nioro, den die Kolonialmacht jedoch blutig niederschlug.

Die Herrschaft Frankreichs nahm indessen in dem Maß zu, in dem die Kolonialmacht die Verkehrsverbindungen verbesserte. Hierzu gehörten große Projekte der Zwischenkriegszeit, die das Vichy-Regime in Westafrika weiterführte. Parallel hierzu nahm die Nutzung des Motors zur Beherrschung der Wüste zu. Dies galt für gemischte motorisierte und Dromedar-Einheiten ebenso wie für die Bekämpfung Aufständischer aus der Luft, aber auch für die Einrichtung regelmäßiger Postflugverbindungen.

Die kaum ein Menschenalter dauernde französische Herrschaft über das zentrale Westafrika hat es indessen vermocht, Grenzlinien zu ziehen, die ungeachtet ihrer Künstlichkeit weiter bestehen. Letztlich spiegeln sich in diesen Grenzen die Phasen der französischen Expansion wider. Innerhalb der Landesgrenzen Malis zeigen sich deren Folgen bis heute.

Martin Rink

In den 1950er Jahren verstärkte sich die Unabhängigkeitsbewegung, um eine Loslösung der Kolonialgebiete von Frankreich zu erreichen. Der Zusammenschluss mehrerer westafrikanischer Unabhängigkeits-Parteien zur sogenannten RDA (Rassemblement Démocratique Africain = Afrikanische Demokratische Sammlung) trieb dieses Ziel voran. Bestimmend wurde die malische Sektion der RDA; führende Kraft war seit 1956 Modibo Keita. Nachdem eine kurzfristige Föderation mit Senegal, die sogenannte Mali-Föderation, gescheitert war, erklärte Mali am 22. September 1960 seine Unabhängigkeit.

Erster Präsident war Keita, der eine sozialistisch orientierte Politik verfolgte. Er ließ die Landwirtschaft kollektivieren und förderte die Gründung von industriellen Staatsbetrieben. Gegner des Regimes ließ er ausschalten und teilweise als Zwangsarbeiter deportieren.

Das Foto zeigt eine Regierungsdelegation aus Mali, die am 11. Oktober 1964 während eines Besuchs in der DDR die Berliner Mauer am Brandenburger Tor besichtigt.

▬▬ Mali und die Entkolonialisierung

Malis Geschichte nach 1940/45 lässt sich nur begrenzt mit herkömmlichen westlichen nationalgeschichtlichen Narrativen erklären. Das Land und seine Bevölkerung hatten und haben bis heute vielfältige Bindungen, die im wahrsten Sinne des Wortes grenzüberschreitend wirken. Von erheblichem Gewicht waren und sind:

- die auch nach der formalen Unabhängigkeit 1960 erhebliche Wirkung des französischen Kolonialreiches in Westafrika bis in die Gegenwart,
- die Beziehungen zwischen den verschiedenen Nachfolgestaaten und ihrer Eliten untereinander,
- die sozialen, psychologischen und wirtschaftlichen Verflechtungen der Bevölkerung in der gesamten Region.

Die Gesamtsituation in Westafrika stand aus französischer Sicht nach 1940/45 eindeutig im Schatten der Kriege in Vietnam und vor allem in Algerien. Dabei war Algerien formal keine Kolonie, sondern galt als fester Bestandteil des französischen Mutterlandes und sollte auf keinen Fall aufgegeben werden. Die Kolonien in Westafrika besaßen dagegen eine geringere Bedeutung. Sie in die politische Freiheit zu entlassen, kam jedoch nicht in Frage.

Schon vor Ende des Zweiten Weltkrieges hatten die unter Charles de Gaulle kämpfenden Franzosen gleichwohl verstanden, dass ein Fortbestehen des Kolonialreiches in der bisher gültigen Form nicht möglich sein würde. Man musste gegenüber der indigenen, also einheimischen Bevölkerung Zugeständnisse machen und ihr größere Freiheiten gewähren. De Gaulle hatte dies bereits auf einer wegweisenden Konferenz in Brazzaville 1944 mit führenden Vertretern der französischen Kolonialverwaltung erörtert. Nach Kriegsende wurde gleichzeitig mit der IV. Republik die »Union Française« gegründet (27. Oktober 1946), die eine Gemeinschaft des Mutterlandes mit den Kolonien bilden und den dort lebenden Völkern zumindest teilweise demokratische Rechte gewähren sollte (ab 1958: »Communauté Française«).

In Westafrika hatten die Franzosen seit Gründung der Föderation »Afrique Occidentale Francaise« (AOF) von 1895 nach und nach eine territoriale Verwaltungsstruktur etabliert, die auch für die nachkoloniale Ordnung maßgebend sein sollte. Das Kolonialreich wurde in acht Teilgebiete gegliedert:

- Guinea
- Senegal
- Elfenbeinküste (Côte d'Ivoire)
- Niger
- Dahomey (das spätere Benin)
- Obervolta (das spätere Burkina Faso)
- Französisch-Sudan (das spätere Mali)
- Mauretanien.

Das Ziel der Franzosen nach 1945 bestand vor allem darin, trotz mancher Zugeständnisse in der Region soviel Einfluss wie möglich zu behalten und am besten das gesamte Kolonialreich, wenn auch in neuer Form, zu sichern. Daher entspann sich in den folgenden Jahren ein teils aggressives Machtspiel, in dem Paris ein ganzes Instrumentarium von Mitteln zum Einsatz brachte, darunter auch die Androhung militärischer Gewalt und Maßnahmen zur Unterdrückung. Besonders hilfreich war, dass die Kolonialmacht eine ganze Reihe von einflussreichen Führern der lokalen Stämme und Clans (»Chiefs«) auf ihrer Seite wusste. Ähnlich wie die Briten hatte man im Rahmen der »indirekten Herrschaft« indigene, also einheimische Funktionsträger für die Verwaltung der Gebiete gewonnen und diese teils mit Privilegien ausgestattet, ohne ihnen wirkliche politische Macht zuzubilligen. Diese »Vermittler« fürchteten im Falle einer raschen und umfassenden Dekolonisierung um ihre Stellung und ihre Privilegien. Dennoch befand sich Frankreich zunehmend in der Defensive, nicht zuletzt auch wegen des Prestigeverlustes im Zweiten Weltkrieg. In fast allen Kolonialgebieten begann eine kleine afrikanische Elite, die meist in Frankreich ausgebildet worden war, mit dem politischen Kampf gegen die Unterjochung und strebte eine Loslösung vom »Mutterland« an. Vor allem drei Persönlichkeiten sind zu nennen: Léopold Sédar Senghor (Senegal), Modibo Keita (Französisch-Sudan) und Félix Houphouët-Boigny (Elfenbeinküste).

Nach Kriegsende 1945 kam es rasch zur Bildung von Parteien, die jedoch nicht einheitlich strukturiert und auch häufig nicht auf ein Gebiet beschränkt waren. Vor allem die Massenparteien, z.B. die 1946 gegründete »Rassemblement Démocratique

Africain« (RDA), verkörperten die Hoffnung auf wechselseitige Solidarität unter den Kolonialvölkern und die gemeinsame Gestaltung der Zukunft. Indes bestand über die konkreten Ziele und die entsprechenden Wege dorthin keineswegs Einigkeit, was der Kolonialmacht Chancen für fortgesetzte Einflussnahme und Machtausübung eröffnete.

Nation oder Föderation?

In den 1950er Jahren entwickelten Kolonialreichsgegner zahlreiche Ideen, Konzepte und Begriffe, deren Inhalte und Bedeutung teils ineinander übergingen: die Idee einer Föderation, die Forderung nach Unabhängigkeit und das Projekt des Pan-Afrikanismus.

Léopold Sédar Senghor im Gespräch mit Bundeskanzler Willy Brandt am 25. Oktober 1971 im Bonner Palais Schaumburg. Am 5. September 1960 war Senghor zum Staatspräsidenten der westafrikanischen Republik Senegal gewählt worden. Das Amt hatte er bis zu seinem Rücktritt 1980 inne. Von 1962 bis 1970 war er zeitweise Premier- wie auch Verteidigungsminister.

Wie in anderen Teilen der Welt präsentierten sie Modelle, die föderalistische Zusammenschlüsse ehemaliger Kolonialgebiete beinhalteten. Die konkreten Vorschläge blieben teils diffus und unklar, wiesen auch Überlappungen zum Unabhängigkeitsgedanken auf, ohne jedoch zu klaren Ergebnissen zu führen. Die Franzosen spielten hierbei mit und entwickelten eigene Föderationsmodelle, die ein Fortbestehen der kolonialen Situation vorsahen. Kompliziert wurde die Lage durch die Forderung nach Aufbau einer gesamtafrikanischen Gemeinschaft bzw. sogar eines entsprechenden Staatswesens. Wichtiger Vertreter dieses Konzepts war der spätere senegalesische Präsident Léopold Sédar Senghor, der insbesondere die schwarzafrikanischen Völker und ihre Lebensweise als Vorbild präsentierte (»Négritude«). Diese Modelle sollten auch für Mali bedeutend werden.

Eine Wegmarke für die spätere Entwicklung Malis spielte die Verwaltungsreform von 1956, die in ein spezielles Gesetz mündete (Loi Cadre). Dieses Rechtswerk zementierte die Territorialgliederung, indem die politische Hauptverantwortung in die einzelnen Kolonialgebiete verlagert wurde. Die dortigen Territorialparlamente (Assemblées Territoriales) verfügten nun über die eigentliche Macht, auf Kosten der immer noch fortbestehenden Zentralverwaltung für Französisch-Westafrika. Dies schwächte die überregionalen Parteien ebenfalls. Das Gesetz führte letztlich zu einer »Balkanisierung« Westafrikas und bedeutete eine schwere Niederlage für die Befürworter einer übergreifenden Föderation oder vergleichbarer Modelle. Das »Loi Cadre« verfestigte die territorialen Abgrenzungen, aus denen dann im Wesentlichen die späteren »Nationalstaaten« entstanden, darunter auch Mali.

Einer der stärksten Befürworter französischen Machterhalts war der aus der Elfenbeinküste stammende Politiker Félix Houphouët-Boigny. Dahinter standen auch wirtschaftliche Interessen, da die Elfenbeinküste ein vergleichsweise reiches Land am Atlantik war und über vielfältige Wirtschaftsbeziehungen zu Frankreich verfügte. Dies gestaltete sich im Fall Mali teils ganz anders. Houphouët-Boignys Gegenspieler Senghor und Keita strebten eine Loslösung von Frankreich an und begannen mit entsprechenden politischen Aktionen. Doch vermieden sie ein allzu forsches Streben nach Unabhängigkeit, da sie die aggressiven Methoden der Franzosen fürchteten. Diese nutzten die Uneinigkeit der Gegenseite und übten administrativen Druck aus, brachten indigene Sympathisanten in Position, entzogen Leistungen und setzten schließlich auch militärische Gewalt ein. Dies bekam etwa Guinea zu spüren, als es sich im Jahre 1958 für die völlige Loslösung entschied. Paris zog sämtliches Personal ab, ließ Einrichtungen und Infrastruktur zerstören, förderte Sanktionen, die einer wirtschaftlichen Abschnürung gleichkamen, und stimmte in New York sogar gegen die Aufnahme des Landes in die Vereinten Nationen.

Richtungsweisend für die weitere Entwicklung war das Jahr 1958, als die IV. Republik nach dem Putsch französischer Generäle in Algerien zusammenbrach. Von diesem Zeitpunkt an begannen die konkreten Vorbereitungen für die postkoloniale Zukunft Westafrikas. Die Führer Senegals und Französisch-Sudans, Senghor und Keita, beschlossen, eine Föderation zu gründen. Zusammen mit Obervolta und Dahomey hätte sie einen regionalen Machtschwerpunkt bilden können. Für Französisch-Sudan, das spätere Mali, wäre damit ein direkter Zugang zum Atlantik verbunden gewesen. Trotzdem forderten sie keine vollkommene Unabhängigkeit. Frankreich sollte u.a. für die außenpolitische Vertretung und die militärische Verteidigung nach außen zuständig bleiben.

Selbst dieses vergleichsweise bescheidene Projekt war von Anfang an nur mit großen Schwierigkeiten umzusetzen. Félix Houphouët-Boigny bekämpfte die entstehende Föderation mit allen Mitteln und propagierte stattdessen ein eigenes Bündnis unterschiedlicher Staaten, die »Entente Africaine«. Nicht zuletzt auch deshalb entschieden sich Ober-

pa/dpa/London Express

Im Februar 1961 macht Felix Houphouët-Boigny, mittlerweile Präsident der Elfenbeinküste Urlaub in Europa. Das Bild zeigt ihn beim Schneeschippen in Crans-Montana in der Schweiz.

volta und Dahomey, der malischen Föderation den Beitritt zu versagen und sich Houphouët-Boigny anzuschließen.

Somit verblieben Senegal und Französisch-Sudan. Wohl mit stiller Billigung der schwächer werdenden Kolonialmacht gründeten sie am 4. April 1960 die Malische Föderation (formale Unabhängigkeit von Frankreich am 20. Juni 1960). Dieser war indes kein langes Leben beschieden. Die Unterschiede beider Partnerregionen blieben zu groß. Der finanzkräftigere Senegal, wurde rasch zum Nettozahler, da Französisch-Sudan nur wenig Steueraufkommen und sonstige Einnahmen erwirtschaftete.

Es entstanden politische Konflikte und persönliche Rivalitäten zwischen Senghor und Keita. Strittig war die Besetzung wichtiger Ämter, vor allem der Posten des Generalstabschefs der aufzustellenden Streitkräfte bot Anlass zum Streit. Es entstanden Vorteile und abwertende Stereotype zwischen den Bevölkerungsgruppen. Schon kurz nach dem formalen Unabhängigkeitstag, dem 20. Juni 1960, brach die Föderation auseinander. Modibo Keita, der im Regierungssitz der Föderation, Dakar, selbst an militärischen und polizeilichen Gewaltmaßnahmen arbeitete und dazu bezeichnenderweise wie seine Kontrahenten beim französischen Kommandanten vor Ort vorsprach, wurde am 22. August 1960 mit seinen engsten Vertrauten verhaftet und kurzerhand im versiegelten Zug nach Bamako verfrachtet.

Mali und »Nation-Building«

Damit begann die eigentliche Geschichte Malis als Staat. Das Land verfügte nun über keine Verbindung zum Atlantik und war von einem Gürtel neuer, teils relativ wirtschaftskräftiger »Nationalstaaten« umgeben, die augenscheinlich kein Interesse an übergreifenden Staats- oder Föderationsmodellen besaßen. Am 22. September 1960 wurde Mali offiziell gegründet.

Der erste Präsident Malis, Modibo Keita, und die neue, nunmehr ausschließlich malische Regierung sahen sich vergleichsweise unvermittelt vor die Aufgabe gestellt, eine neue »Nation« mit unterschiedlichen Volks- und Glaubensgruppen zusammenzuführen und mit Leben zu füllen. Ein einheitliches Staatsbe-

Sozialist, Staatschef, Despot.
Modibo Keita, Malis erster Präsident
Schon 1961, wenige Monate nachdem er am 22. September 1960 die
Republik Mali proklamiert hatte, zierte Modibo Keita eine 300 Franc-
Briefmarke des Landes, als sei seine Regierungsgewalt für die Ewig-
keit bestimmt. Tatsächlich endete die sozialistische Diktatur des Modibo Keita, Malis erstem Präsidenten, dessen Machtanspruch sich auf
die Einheitspartei »Union Soudanais« stützte, am 19. November 1968.
Einheimische Militärs unter Oberst Moussa Traoré putschten und
hielten den entmachteten Keita im nordmalischen Kidal gefangen, wo
er am 16. Mai 1977 unter ungeklärten Umständen starb.

Seinem höchsten malischen Staatsamt ging ein bewegtes Leben vo-
raus. Am 4. Juni 1915 in Bamako geboren, unterrichtete der einstige
Musterschüler ab 1936 in Bamako, Sikasso und Timbuktu als Lehrer.
In dieser Zeit forcierte Keita seine Kritik an der französischen Kolonialmacht, gründete 1937 eine Lehrergewerkschaft, 1943 eine Oppo-
sitionszeitschrift und agitierte in einer kommunistischen Splittergruppe, worauf ihn Frankreich kurzzeitig in Paris inhaftierte.

Unbeeindruckt setzte Keita sein politisches Engagement fort. 1948
wurde er in der panafrikanischen »Rassemblement Démocratique
Africain« (RDA) Generalsekretär. Weitere Stationen folgten: 1956
wurde er als erster Afrikaner Vizepräsident der französischen Nationalversammlung und 1958 Präsident der verfassungsgebenden Mali-
Föderation. Nachdem aber die kurzfristige Föderation mit Senegal,
die sogenannte Mali-Föderation, gescheitert war, erklärte Keita am
22. September 1960 die Unabhängigkeit seines Landes.

Als erster Präsident Malis betrieb Keita eine sozialistisch orientierte
Politik. Die Landwirtschaft wurde kollektiviert und die Gründung von
industriellen Staatsbetrieben gefördert. 1962 führte Keita als nationale
Währung den »Franc Malien« ein. Da seine sozialistische Wirtschaftspo-
litik scheiterte, musste die Währung mehrfach stark abgewertet werden.

Parallel zu den in die ökonomische Sackgasse führenden Reformen,
kühlten die Beziehungen zu Frankreich ab, was den wirtschaftlichen
Abstieg Malis beschleunigte. Um seine despotische Herrschaft zu fe-
stigen, stützte Keita seine Macht auf Volksmilizen ab, die bis zu seiner
Entmachtung 1968 mit polizeistaatlicher Gewalt Oppositionelle rigoros verfolgten und einsperrten. *VS*

wusstsein existierte nicht, da Mali bis zu diesem Zeitpunkt Teil einer übergeordneten Kolonialverwaltung gewesen war, die ganz andere Ziele verfolgt hatte und auch an einer entsprechenden Bewusstseinsbildung der afrikanischen Bevölkerung keineswegs interessiert gewesen war.

In ihrer Not griffen die malischen Führer auf alte, längst vergangene Reiche zurück, hier vor allem das Reich Mali, das seine Blütezeit im 13./14. Jahrhundert erlebt, im Wesentlichen das Staatsgebiet von Mali abgedeckt und auch als Namensgeber der jungen Republik gedient hatte (siehe Beitrag Hofbauer). Modibo Keita betonte, dass er selbst von der bedeutendsten Dynastie dieses alten Reiches, den Keita, hier insbesondere vom legendären Führer Sundjata Keita abstamme. Daneben nahm man auch Rücksicht und machte Rückbezüge auf andere Traditionen, hier etwa das Songhay-Reich, das seine Blütezeit vor allem im 15. und 16. Jahrhundert hatte (siehe Beitrag Hofbauer).

Die Legitimität des neuen Staates stand indes auf wackeligen Beinen, da die wirtschaftliche Basis schmal war und durch Zwangsmaßnahmen gesichert wurde. Keita orientierte sich an der marxistischen Ideologie und richtete sich später stark nach China aus. Dies führte zur Etablierung eines zentralistischen, von politischen Vorgaben geprägten Regimes, das auf einem Einparteiensystem und einer privilegierten Gruppe von Funktionsträgern (»Staatsklasse«) basierte. Man versuchte mit direkter Lenkung Industrien aufzubauen, benötigte dazu aber Ressourcen, über die man nicht verfügte. Daher baute man auf die Arbeitskraft der Bewohner, die teilweise zum Arbeitseinsatz verpflichtet wurden. Wie in anderen postkolonialen Staaten auch, kam dies einer Fortsetzung kolonialer Zwangsarbeit gleich.

Ein Gefühl nationaler Zusammengehörigkeit konnte sich so nicht wirklich entwickeln. Die Integration der unterschiedlichen Volks- und Religionsgruppen als belastungsfähige Basis für den praktischen Aufbau (Nation-Building) gelang bestenfalls ansatzweise. Insbesondere diejenigen, die von Anfang an nicht in den malischen Staat integriert werden wollten und auch den hierfür notwendigen sesshaften Lebensstil nicht pflegten, gerieten in den Fokus der Regierung. Hauptobjekt der Abneigung wurde im Laufe der Zeit vor allem eine Volksgruppe: die Tuareg (Kel Tamasheq).

Der Aufstand der Tuareg 1963/64

Die Tuareg, eine im Wesentlichen nomadische Volksgruppe in der Sahara und der Sahelzone, waren und sind mit europäischen Begriffen von Staat und Volk kaum zu erfassen. Ihre Kultur, die sich am ehesten vielleicht mit den Beduinen der Arabischen Halbinsel vergleichen lässt, kennt keine Lebensweise im westlichen Sinne, wie sie zumindest in Europa und in den USA verstanden wird (z.B. dauerhafter Wohnsitz, Einhaltung von modernen Arbeitsrhythmen und nationalstaatlichen Grenzen). Natürlich war und ist das Leben der Tuareg nicht vollkommen regel- und konventionsfrei. Doch ihre Vorstellung etwa vom sozialen Zusammenleben unterschied sich erheblich von den rational geprägten Mechanismen der westlichen Welt. »Nation-Building« unter westlichen Vorzeichen ließ sich hier nur unter großen Schwierigkeiten bewerkstelligen.

Eine wesentliche Ursache hierfür bildete die Erwerbsgrundlage der Tuareg, die teils auf Raub und Sklavenhandel basierte. Diese richtete sich auf bzw. gegen schwarzafrikanische Menschen, die den Tuareg als minderwertig galten und auch als Sklaven geeignet schienen. Die Franzosen hatten zwar versucht, die Tuareg in das eigene Kolonialreich einzugliedern und ihnen westliche Lebensstile aufzuzwingen. Diese Bestrebungen blieben jedoch weitgehend erfolglos und hatten zu andauernden und teils heftigen Kriegen geführt. Teilweise fand indes in der französischen und europäischen Welt eine romantische Verklärung der Tuareg als Wüstenkrieger statt, die sich auch aus ihrem etwas hellhäutigeren Aussehen speiste.

Im Zusammenhang mit der Dekolonisierung wurden die Tuareg für die malische Regierung zu einem Problem- und Bedrohungsfaktor, an dem wiederum die Franzosen einen bedeutenden Anteil hatten. Während der Planungen für regionale Bündnisse und Föderationen hatte man in Frankreich Pläne für einen saharischen Territorialverband entwickelt, der mehrere Kolonialgebiete umfassen sollte. Dahinter stand auch ein handfestes Interesse nach Ausbeutung neuentdeckter Rohstoffquellen. Die Pläne für diese »Commune des Régions Sahariennes« (ORCS) berührten auch Gebiete des späteren Mali, und zwar insbesondere im Nordostteil, dem Gebiet, in dem vornehmlich die Tuareg lebten. Entsprechende Befürchtungen der malischen Unabhängigkeitsbewegung erhielten erhebliche Nahrung, als ein hochrangiger Sympathisant der Franzosen, Mohamed Mahmoud Ould Scheich, der »Qadi von Timbuktu«, für die Sache der Franzosen Stimmung machte und dabei Unterstützung von zahlreichen Stammesführern und anderen angesehenen Personen erhielt. Zumindest ein Teil der Tuareg stand den Plänen zumindest positiv gegenüber, da sie von einem solchen Regionalverband erheblich mehr Freiräume erwarten durften als von einer zwangsweisen Eingliederung in den malischen Staat. Ferner wurde die Region in den Konflikt zwischen Mauretanien und Marokko um rohstoffreiche Gebiete in den Grenzregionen hineingezogen. Für das junge Mali bedeuteten derlei Konflikte und Entwicklungen eine ernste Bedrohung. Es stand zu befürchten, dass das vorgesehene Staatsgebiet zerstückelt und teils ausgegliedert würde.

Algerien spielte bei der Verschärfung der Probleme eine gewichtige Rolle. Feinde der Franzosen, vor allem der spätere alge-

pa/United Archives/TopFoto

Der Präsident von Mali Modibo Keita und seine Ehefrau am 6. Juni 1961 während eines Besuchs in London.

rische Präsident Abd al-Aziz Bouteflika und der prominente Widerstandstheoretiker Frantz Fanon, entwickelten Pläne, um eine Front gegen Frankreich von der malischen Grenze her zu errichten – dies mit Billigung und Unterstützung der malischen Regierung.

Modibo Keita und seine Regierung, die den Tuareg ablehnend gegenüber standen, gleichzeitig aber kaum über Kräfte und Mittel für einen großangelegten Staatsaufbau und nur über schwache Gewaltorgane verfügten, begannen zunehmend mit Abneigung und Hass gegen die Tuareg zu handeln. Diese Praxis setzte sich übrigens bei anderen Volksgruppen und Religionsgemeinschaften fort, so teils bei Christen oder Animisten oder bei der zahlenmäßig zwar geringen, aber für Frankreich nicht zu vernachlässigenden Gemeinde französischer Staatsbürger.

Erste Zusammenstöße zwischen der malischen Regierung und den Tuareg gab es bald nach der Gründung des Staates. Die Situation eskalierte 1963/64. Hierbei wirkten politische bzw. ethnische Konflikte mit persönlichen Motiven und kulturellen Eigenheiten im jeweiligen Selbstverständnis zusammen – dies mit Folgen, die für den Konflikt von heute noch von zentraler Bedeutung sind. Der Auslöser war nach Aussage der Tuareg die Nachricht vom Mord an einem der prominentesten Tuareg-Rebellen früherer Zeiten, Alla ag Albachir, durch Angehörige der kamelberittenen Wüstenpolizei (»goum«), der offenbar im Jahre 1954 begangen worden war. Albachir hatte bereits vor 1945 durch spektakuläre Raids (Kriegszüge) unter den Tuareg Anerkennung gefunden. Offenbar durch Zufall erfuhr dessen Sohn, Elledi ag Alla, erst nach etlichen Jahren direkt aus dem Mund eines der Mörder von dieser Tat und beschloss danach, Rache zu nehmen.

Der Aufstand (Alfellaga) erreichte 1963 seinen Höhepunkt. Das Terrain im Hauptaufstandsgebiet in der Provinz Kidal (Adrar des Iforas), bestand im Wesentlichen aus steiniger Wüste, die auch für gepanzerte Fahrzeuge nur schwer, teilweise gar nicht zu befahren war. Die Rebellen benutzten meist Kamele und waren daher beweglicher als die eingesetzten Regierungsverbände.

Allerdings blieb die Anzahl der Rebellen durchgängig begrenzt und unter tausend Mann. Die Führer der Aufständischen waren sich bewusst, dass sie mit ihren begrenzten Mitteln keinen entscheidenden Erfolg erzielen und schon gar nicht dauerhaft in den südwestlichen Teil Malis vordringen konnten. Sie hofften auf externe Hilfe, etwa durch Algerier oder Franzosen, mit denen sie teils schon in der Vergangenheit zusammengearbeitet hatten. Die beiden ehemaligen Kontrahenten im Maghreb gaben auch vielversprechende Zeichen, denn sie ließen die Tuareg in ihr jeweils kontrolliertes Territorium in Algerien. Teilweise konnten einzelne Rebellen sogar eine Anstellung in den französischen Nuklearbasen in Algerien finden, die auch nach dem Rückzug der Franzosen nach dem Ende des algerischen Aufstandes 1962 aufgrund zwischenstaatlicher Vereinbarungen unter französischer Kontrolle standen.

Die malische Armee, die im Vergleich zu heute erheblich besser ausgerüstet war als die Rebellen, wandte die »klassischen« Mittel zur Aufstandsbekämpfung an. Da umfassende militärische Erfolge in dem großen Gebiet nicht zu erzielen waren, verlegte sie sich auf Überwachungsaufgaben und strebte danach, mit vereinzelten, gezielten Schlägen gegen die Rebellen vorzugehen. Da dies nicht den Durchbruch brachte, versuchte sie daraufhin systematisch, die Lebensgrundlagen der Rebellen zu zerstören. Die Maßnahmen umfassten die Einrichtung von Verbotszonen (Zones Interdites), in denen jeder angetroffene Tuareg bekämpft wurde, ebenso wie die Vernichtung von Herden und das Vergiften von Brunnen. Ebenso wurden Frauen vergewaltigt und gefangen genommene Rebellen hingerichtet. Hier kam der »Ofen« des Obersten Diby Sillas Diarra zu grausam-makabrer Berühmtheit. Leichen exekutierter Rebellen wurden öffentlich wie tote Tiere gegrillt.

Alle diese zumindest militärtaktisch wenig effizienten Maßnahmen hätten wohl auch weiterhin wenig gefruchtet, wenn nicht die algerische Regierung, die in der Vergangenheit durchaus Umgang mit prominenten Führern der Tuareg, wie z.B. Zeyd ag Attaher, gepflegt hatte, nun der malischen Regierung Unterstützung gewährt hätte. Der algerische Präsident Ahmed Ben Bella ließ führende Tuareg-Rebellen verhaften. So wurde Zeyd in Colomb-Béchar verhaftet und noch am 1. November 1963 nach Kidal gebracht. Er und andere wurden in für Tuareg demütigender Weise ihrer Turbane beraubt und vergleichsweise entblößt öffentlich durch die Straßen geführt. Der Aufstand brach danach zusammen. Im internationalen Vergleich gesehen, blieben das Ausmaß der Kämpfe wie auch die Zahl der Betroffenen aufgrund der geringen Bevölkerungsdichte im Aufstandsgebiet überschaubar. Nichtsdestoweniger waren die Auswirkungen für die Betroffenen gravierend, sodass die Kämpfe für die Tuareg eine große Symbolwirkung für den Versuch brutaler Unterdrückung gewannen.

Bei den Tuareg fand sogar eine regelrechte Mythenbildung des Aufstandes statt, die in Verbindung mit den weiter fortbestehenden Interessenkonflikten erstens eine dauerhafte Entfremdung vom malischen Staat und zweitens zur fortgesetzten Verbindung mit außermalischen Kräften in Algerien und Libyen führte. Die Aufstände in den 1990er Jahren und auch der aktuelle Aufstand seit 2012 wurden teils mit der »Alfellaga« von 1963/64 gerechtfertigt. Indes ist nicht gesichert, wie weit und tief die Mythenbildung bei den Tuareg reichte. Denn es gab auch Tuareg, die mit der malischen Armee zusammenarbeiteten.

Das Ende der Herrschaft von Modibo Keita

Der malische Staat entstand mit erheblichen Hypotheken. Ein einheitliches Staatsbewusstsein blieb auch in den folgenden Jahren schwach ausgeprägt. Das Gemeinwesen war im Grunde fragil und von fragmentierten Gesellschaftsstrukturen geprägt.

Modibo Keita ereilte ein Schicksal, das so manchem Staatsführer dieser Zeit ähnelte. Er versuchte einen sozialistischen Zentralstaat mit einer Einheitspartei umzusetzen und nahm dabei auch Anleihen bei den Chinesen, die er 1964 besuchte. Sein Regierungsstil glitt zunehmend ins Autoritäre ab, ohne wirkliche wirtschaftliche oder politische Erfolge zu erzielen. So verfügte die malische Regierung u.a. über zu wenig ausgebildete Fachkräfte. Die Unzufriedenheit der Bevölkerung stieg und Keita blieb immer stärker auf seine politischen Kader und die Armee angewiesen. Als er dann im Zuge der eigenen Machtsicherung die Position der Armee bedrohte, putschte diese gegen ihn. Am 19. November 1968 wurde er ohne Widerstand entmachtet.

Bernd Lemke

Nachdem die Politik von Modibo Keita gescheitert war, kam es 1968 zu einem Staatsstreich des Militärs unter der Führung von General Moussa Traoré. Er richtete ein Militärregime ein und baute die staatliche Wirtschaft weiter aus. Aufgrund innenpolitischer Probleme suchte er u.a. eine verstärkte Anlehnung an die ehemalige Kolonialmacht Frankreich und die Europäische Union (EU).

So besuchte er 1978 die Bundesrepublik Deutschland. Das Bild entstand am 31. Oktober 1978 und zeigt neben Bundeskanzler Helmut Schmidt (Mitte) Moussa Traoré, den Staatspräsidenten von Mali (links), und Léopold Sédar Senghor, den Staatspräsidenten des Senegal (rechts). In dem Gespräch ging es um eine Beteiligung der Bundesrepublik Deutschland an einem Bewässerungsprojekt im Senegalbecken.

Nach Massenkundgebungen und blutigen Unruhen, die vor allem in der Hauptstadt Bamako zahlreiche Opfer forderten, wurde Traoré 1991 durch reformwillige Soldaten unter Führung von Oberstleutnant Amadou Toumani Touré gestürzt.

▮▮▮ Mali unter dem Militärregime Traorés

Die Konflikte um die politische Kontrolle Nordmalis durch-
ziehen die postkoloniale Geschichte des Landes wie ein roter
Faden. Nicht nur in den Zeiten der französischen Kolonialherrschaft, sondern auch im unabhängigen Staat Mali blieb das Verhältnis zwischen der lokalen politischen Macht im Norden des
Landes und der Zentralregierung bestenfalls gespannt. Schon in
den frühen 1960er Jahren kam es zu offener Gewalt und einer
nicht leicht zu beendenden Rebellion. Das Verhältnis blieb auch
in den folgenden beiden Jahrzehnten von einer prekären Balance
geprägt, bevor es zu Beginn der 1990er Jahre erneut in einen offenen Krieg eskalierte.

Um die Dynamik des Konflikts zu verstehen, ist jedoch nicht
allein das Verhältnis zwischen dem nachkolonialen Staat Mali
und der Bevölkerung in den nördlichen Landesteilen in Betracht
zu ziehen. Von ebenso großer Bedeutung sind die Verbindungen
mit den nördlich angrenzenden Staaten Algerien und Libyen,
die für die traditionell mobilen Tuareg und andere Nomaden
immer gleichermaßen wichtig waren.

Letztlich überlagern sich im Konflikt in Nordmali seit dem
Ende der Kolonialzeit mehrere Problemlagen. Zum einen stehen
die Herrschaftsansprüche eines Zentralstaats dem Selbständig-
keitsstreben einer vernachlässigten und politisch nicht durch-
drungenen Region gegenüber. Zum anderen ist die traditionelle
Wirtschafts- und Sozialordnung nach mehreren Dürren, den wirtschaftlichen Krisen in der Sahelregion und den schweren Konflikten um sie herum nicht mehr funktionsfähig. So führten die
alten Gegensätze zwischen der traditionell feudal strukturierten
Tuareg-Gesellschaft und der sesshaften bäuerlichen Bevölkerung
im Süden zu einer ethnisch aufgeladenen Stereotypisierung,
mit durchaus rassistischen Untertönen auf beiden Seiten. Der
Konflikt in Nordmali ist deshalb kein kultureller Konflikt, sondern Ausdruck einer tieferen sozialen Krise, die in ähnlicher
Form alle Sahelstaaten durchzieht.

In diesem Beitrag soll diese Zwischenphase des Konflikts,
zwischen dem Ende der ersten formal sozialistischen Regierung
Malis unter Modibo Keita 1968 und dem erneuten Aufflammen

des Konflikts 1990 beleuchtet werden. Im Mittelpunkt stehen dabei die Gestalt politischer Herrschaft in Mali in dieser Zeit und die erneute Kristallisation des Konflikts zwischen Teilen der Tuareg-Bevölkerung und der Zentralregierung.

Politische Herrschaft in Nordmali 1968–1990

Der erste Präsident des seit 1960 unabhängigen Mali, Modibo Keita, hatte nach dem Zerfall der nur ein paar Monate haltenden Föderation mit dem Nachbarstaat Senegal rasch einen sozialistischen Kurs eingeschlagen und für eine radikale Abkehr von der Kolonialmacht Frankreich votiert. Mit zunehmenden wirtschaftlichen Schwierigkeiten und schweren innenpolitischen Konflikten endete diese Epoche 1968 mit einem Militärputsch. Sie ist für den heutigen Konflikt insbesondere deshalb von Belang, weil sich in den 1960er Jahren eine starke Antihaltung der Zentralregierung gegenüber den als »feudal« geltenden Tuareg herausbildete. Das Streben der Tuareg nach Eigenständigkeit mündete 1963/64 in einen gewaltsamen Konflikt, der die Fronten über Jahrzehnte zusätzlich verhärtete (siehe Beitrag Lemke).

Der sozialistische Kurs Keitas, des ersten Präsidenten Malis (1960–1968), führte im Agrarstaat Mali nicht zu wirtschaftlichem Aufschwung, sondern zu nur geringen Zuwächsen der landwirtschaftlichen Produktion, die zudem stark von schwankenden Weltmarktpreisen bestimmt war. Zwangskollektivierungen und festgesetzte Abnahmepreise entfremdeten das Regime von der überwiegend bäuerlichen Bevölkerung im ganzen Land.

Die Auslandsverschuldung Malis wuchs schon in den 1960er Jahren rasch, das Regime wurde autoritärer. Für das Militär gerieten schließlich die Privatmilizen der regierenden Partei zur Herausforderung, auf die es 1968 mit einem Putsch reagierte. Moussa Traoré setzte sich an die Spitze des neuen Regimes, versprach Neuwahlen und einen Abbau der Verschuldung, was sich indes beides nicht verwirklichen ließ. Auch das Militärregime erwies sich als nicht fähig, die wirtschaftlichen Schwierigkeiten zu überwinden, zumal zwei Dürrekrisen 1968/69 und 1973/74 das Land schwer trafen.

General Moussa Traoré

General Moussa Traoré wurde am 25. September 1936 in Kayes, Französisch-Sudan, geboren und in den 1950er Jahren an der französischen Militärakademie Fréjus zum Offizier ausgebildet. Er war der rigide regierende Nachfolger von Modibo Keita, Malis erstem Präsidenten. Keita hatte seit 1960 die von der französischen Kolonialmacht losgelöste Republik durch seine Wirtschafts- und Währungspolitik in den Bankrott getrieben und ein sozialistisches Regime etabliert, das Kritiker rigoros verfolgte. Wegen der sich in den 1960er Jahren vertiefenden Schulden- und Wirtschaftskrise bildete sich unter Führung von Oberst Traoré eine Militäropposition namens »Comité Militaire de Libération Nationale«.

Am 19. November 1968 rief Traoré zum Umsturz auf, setzte Keita ab, löste die Einheitspartei »Union Soudanaise« auf und verbot deren Volksmilizen. Als zweitem Präsidenten Malis missglückte Traoré die ökonomische Stabilisierung trotz teilweiser Abkehr vom sozialistischen Wirtschaftskurs, da im Staatsapparat Korruption und Unterschlagung weit verbreitet waren. Außenpolitisch versuchte Traoré, sich stärker dem Westen anzunähern, 1988 mit seinem Staatsbesuch in den USA als Höhepunkt. Zu den beim Putsch versprochenen freien demokratischen Wahlen kam es jedoch nie. Zur Stützung seiner Militärjunta, die 1974 mit einer neuen Verfassung die »Zweite Republik« proklamierte, gründete Traoré 1979 die Einheitspartei »Union Démocratique du Peuble Malien«. Für deren neue Massenorganisationen wurden vorzugsweise Frauen wie Jugendliche zwangsverpflichtet.

Die im selben Jahr inszenierten Neuwahlen bestätigten Traoré im Amt und stabilisierten sein Regime, das Oppositionelle mit Folter und Mord verfolgte. Diktator Traoré, der mehrere Umsturzversuche abwehrte, wurde 1991 ebenfalls durch einen Militärputsch gestürzt, mit dem Mali erstmals demokratische Freiheiten erlangte. 1992 wegen Gewaltverbrechen und 1999 wegen Unterschlagung jeweils zum Tode verurteilt, wurde Traoré jedoch 2002 durch Malis dritten, demokratisch gewählten Präsidenten, Alpha Oumar Konaré, einem Gegner der Todesstrafe, begnadigt.

VS

Weite Anbauflächen und auch Weidegründe wurden durch die Dürre zur Wüste und erhöhten die Konkurrenz um nutzbares Land in den nördlichen Landesteilen. Die internationale Hilfe, die zur Bekämpfung der Dürreschäden eintraf, versickerte ohne bei den Betroffenen anzukommen.

Die wirtschaftspolitischen Maßnahmen des Regimes erwiesen sich als ungeeignet, die Verschlechterung der Lebensbedingungen in ganz Mali umzukehren. Eine Rückkehr zur kolonialen Agrarpolitik, die sich auf die drei »Schlüsselprodukte« Baumwolle, Reis und Erdnüsse konzentrierte, führte unter Traoré zu weiteren Ungleichgewichten.

In den 1980er Jahren wurde Mali bei steigenden Zinsen wegen seiner hohen Schulden faktisch zahlungsunfähig. Traorés Regierungen konnten keinen einzigen ausgeglichenen Haushalt vorlegen. Das Budget reichte nur noch für die Bedienung der Schulden und Gehälter von Staatsbediensteten, die indes ab 1987 nur noch nach mehrmonatigen Verspätungen ausgezahlt wurden. An öffentliche Investitionen, etwa in den strukturschwachen Gebieten des Nordens, war nicht mehr zu denken.

Ohne Zuweisungen von außen wäre der malische Staat bankrott gewesen. Die Weltbank

pa/Robert Harding World Imagery/Jenny Pate

Das Bild zeigt ein malisches Mädchen, das Erdnüsse verkauft. Neben Baumwolle und Reis gehörten Erdnüsse lange Zeit zu den »Schlüsselprodukten« der malischen Landwirtschaft. In jüngerer Vergangenheit wurden die beiden Letztgenannten von der Baumwolle hinsichtlich ihrer wirtschaftlichen Bedeutung verdrängt.

und der Internationale Währungsfonds (IWF) führten in Mali wie in vielen anderen afrikanischen Staaten in den 1980er Jahre »Strukturanpassungsprogramme« durch, mit denen der Staatsapparat deutlich reduziert, die öffentlichen Unternehmen privatisiert und die Gehälter stark gesenkt werden sollten. Alle diese Maßnahmen höhlten die Legitimität des Regimes weiter aus. Denn die wirtschaftliche Liberalisierung, die der malische Staat auf Geheiß der internationalen Finanzorganisationen betrieb, bedeutete, dass sich der Staat aus wirtschaftlichen Aktivitäten weitgehend zurückziehen musste. Das galt auch für die Vermarktung der Agrargüter. Zwar bedeutete dies eine Freigabe der Preise, aber auch ein Ende der garantierten Abnahme. In der Bevölkerung wurde dies in erster Linie als Versagen des Staates wahrgenommen, als die Aufkündigung eines Vertrages, demzufolge die Agrarproduzenten mit festen Preisen und Abnahmen durch staatliche Vermarktungsstellen rechnen konnten.

Die schlechte wirtschaftliche Lage führte schon in den 1980er Jahren zu wiederholten städtischen Protesten, die vor allem von Studenten getragen wurden. Politische Betätigung war jedoch außerhalb der von Traoré organisierten Einheitspartei verboten, und entsprechend repressiv reagierte das Regime auf solche Proteste. Mit dem Beginn des Tuareg-Rebellion im Juni 1990 wuchs jedoch auch im Militär der Widerstand gegen das Regime, und nachdem es im März 1991 zu mehreren Todesopfern unter den Protestierenden gekommen war, wurde das Regime Traorés wenige Tage später durch einen Militärputsch abgesetzt. Traoré floh ins Ausland. Das geschätzte Vermögen seins Clans entsprach weitgehend der Auslandsverschuldung Malis in Höhe von rund einer Milliarde US-Dollar.

Die Geschichte des Traoré-Regimes zeigt zugleich Besonderheiten Malis, aber auch Züge, die sich ebenso in anderen afrikanischen Staaten in den 1970er und 1980er Jahren finden lassen. Für fast alle afrikanischen Staaten wirkten Veränderungen von Weltmarktpreisen und die Entwicklungen auf den Weltfinanzmärkten verheerend. Auch die Politik von Weltbank und IWF erschwerte es den Regierungen, Unterstützung in der Bevölkerung aufzubauen oder zu erhalten. Denn besonders die Staatsbediensteten und die städtische Bevölkerung hatten unter diesen Einschnitten zu leiden.

Auf dem flachen Land war der nachkoloniale malische Staat ohnehin nur durch Schulen und eine lose politische Organisation präsent, nachdem in den späten 1970er Jahren der Rückzug des Staates aus der Wirtschaft begonnen hatte. Die Entfremdung zwischen der Zentralregierung und den nördlichen, überwiegend von Tuareg besiedelten Landesteilen war also nur ein extremer Fall einer ansonsten gleichgerichteten Entwicklung im ganzen Land.

Die Besonderheiten in der Ausbildung dieses Verhältnisses lagen neben der bis hierher geschilderten internen Entwicklung vor allem in der Rolle der Nachbarstaaten begründet. Denn trotz des Kolonialismus und der Grenzziehung der unabhängigen Staaten war und ist die Sahara ein nur wenig kontrollierter Interaktions- und Wanderungsraum, sodass die Entwicklungen in Nordmali zu einem großen Teil von denen in Algerien und Libyen mitbestimmt wurden. Auch in dieser Hinsicht stehen die heutigen Verhältnisse in einer langen Kontinuität.

pa/dpa/Kazuhiro Nogl

Der Präsident von Mali, Moussa Traoré. Das Bild wurde am 12. Juni 1990 bei einem Besuch in Tokio, Japan aufgenommen, rund ein halbes Jahr, bevor Traoré gestürzt wurde.

Temust – die Geburt der Nation im Exil

Schon seit der französischen Kolonialzeit hatte sich im Gebiet des heutigen Mali eine starke Arbeitsmigration, vor allem nach Süden, ausgebildet. Aus den nördlichen Gebieten wanderten hingegen Tuareg und Angehörige anderer Bevölkerungsgruppen traditionell eher weiter nach Norden. So führte die prekäre Wirtschaftslage in Mali, verschärft durch wiederholte Dürren, auch im nachkolonialen Staat zu solchen Migrationen nach Algerien und Libyen sowie selbst nach Frankreich. Gerade in den 1970er Jahren zwangen ungewöhnlich lange Dürreperioden die Bevölkerung in allen Sahelstaaten, im Ausland ein Auskommen zu suchen.

Im Exil wurden »die Tuareg« erst zur Nation. Wie in vielen anderen Fällen entstand in der Fremde die Diskussion über die eigene Zugehörigkeit. »Temust« (Einheit) wurde zum Begriff dieser neu entstehenden nationalen Identität und war zugleich der Name einer in Frankreich produzierten Zeitschrift, mit der die Exilierten ihrem Bedürfnis nach Einheit Ausdruck verliehen.

Hintergrund waren zwei Erfahrungen des Exils: der nationalistische, antikoloniale Diskurs in Algerien und Libyen sowie die Erfahrungen von Lohnarbeit und sozialer Randständigkeit in den Gastländern. Wie die Entwicklung in Libyen seit 2011 noch einmal gezeigt hat, wurden die Arbeitsmigranten aus den südlichen Nachbarländern in Libyen nur geduldet. Einen rechtlich sicheren Status besaßen sie nie. Wie in vielen anderen Staaten wurden zahlreiche Arbeitsmigranten in Phasen wirtschaftlicher Krisen einfach ausgewiesen.

Eine Sonderstellung in diesem Prozess hatten schließlich jene malischen Tuareg, die in der »Islamischen Legion« des libyschen Staatschefs Gaddafi militärische Erfahrung sammelten. Auch ein Teil der Anführer der Rebellion von 1990 hatte in Gaddafis Auftrag Erfahrungen im bewaffneten Kampf gewonnen. Hinzu kam, dass die Ansprüche der Zentralregierung in Mali, vor allem die Steuererhebung, wegen der wirtschaftlich durchweg schwierigen Lage im Norden des Landes schon immer auf Widerstand gestoßen waren. Die Zentralregierung in Bamako wurde von den lokalen Gruppen nicht als weniger »kolonialistisch« wahrgenommen als der französische Kolonialstaat zuvor. Deshalb richteten sich der Protest und die Unzufriedenheit der Tuareg seit der Unabhängigkeit gegen die neuen Regierungen in Bamako.

Die Besteuerung der lokalen Bevölkerung blieb in deren Augen ohne Gegenleistung und führte nur zur Bereicherung der Beamten. Sie wurde als »Ausbeutung« empfunden. Eine neue administrative Gliederung stieß ebenso auf Ablehnung. Das Ausbleiben öffentlicher Investitionen führte letztlich zu einem Steuerboykott der Region, sodass über viele Jahre nur etwa

30 Prozent des erwarteten Steueraufkommens wirklich erhoben werden konnte. Die Zentralregierung war im nachkolonialen Staat wohl zu keinem Zeitpunkt in der Lage, ihren Ansprüchen wirklich Geltung zu verschaffen. Zeitweise zog sie sich sogar so weit zurück, dass sie den lokalen traditionalen Autoritäten Gewehre aushändigte, damit diese lokal nach eigener Maßgabe den Staat repräsentierten. Die staatliche Herrschaft beschränkte sich darauf, Kapitalverbrechen und »staatsfeindliche Akte« zu verfolgen. Die Region blieb zudem nach den Aufständen von 1963/64 bis 1986 für auswärtige Besucher gesperrt.

Mit der mangelhaften staatlichen Kontrolle und dem hohen Grad an Selbstregierung verfestigte sich das Bewusstsein regionaler Besonderheit und Eigenständigkeit. In die nationalen politischen Zusammenhänge Malis waren die Tuareg nur über eine lose klientelistische Politik eingebunden. Demnach waren es vor allem ältere Tuareg-Führer, die mit der Machtzentrale in Bamako verbunden waren und über die – wenn auch spärlich – Ressourcen in die Region flossen. Angesichts der großen Distanzen, der schlechten Infrastruktur und der wirtschaftlich stärkeren Nachbarn Algerien und Libyen blieben diese beiden Länder damit für die Tuareg und andere Bevölkerungsgruppen im Norden attraktiver und für das eigene Überleben bedeutsamer.

Die Konflikte zwischen der Bevölkerung Nordmalis und der Zentralregierung waren aber auch immer beeinflusst und eingebettet in größere regionale Dynamiken, vor allem mit den nördlichen Nachbarländern Algerien und Libyen. So war der Auslöser für die Tuareg-Revolte 1990 die Rückführung Tausender Dürreflüchtlinge seit 1989 aus Algerien und Libyen. Im Norden Malis und Nigers warteten sie in von der Armee bewachten Lagern vergeblich auf die von ihren Regierungen und den Hilfsorganisationen angekündigten Lieferungen und Hilfen zur Wiedereingliederung. Die »ishomar« – in deren Name das französische Wort »chomeur« (Arbeitsloser) wiederklingt – wurden damit zur handlungsfähigen Gruppe mit einer eigenen Agenda. Als auch die Warnungen der traditionellen Autoritäten in Bamako klanglos verhallten, kam es im Juni 1990 zu ersten Übergriffen, zunächst spontan und regellos. Die Armee Malis reagierte mit Massakern, denen mehrere hundert Menschen zum Opfer gefallen sein sollen.

Während der Rückgriff auf gewaltsame Mittel unter den Tuareg jedoch lange umstritten blieb – und es sicher heute noch ist – formierten sich aus den Rückkehrern schnell mehrere bewaffnete Gruppen. Nicht nur Tuareg, sondern etwa auch arabischsprachige Kounta schlossen sich diesen Gruppen an. In der Struktur dieser Gruppen setzte sich die fragmentierte Ordnung, die die Tuareg schon immer ausgezeichnet hatte, indes erneut fort. Deshalb führte über die nächsten vier Jahre jeder Friedenschluss immer zur Fortsetzung des Krieges durch eine neue Splittergruppe. Die Schwierigkeiten, die schon die französische Kolonialmacht bei der Kontrolle des Raumes hatte, sollten sich schließlich bis in die Gegenwart fortsetzen.

Klaus Schlichte

Seit seiner Unabhängigkeit 1960 wurde Mali über 30 Jahre lang vor allem autoritär regiert, zuletzt vom Regime unter General Moussa Traoré. Ab 1990 mehrten sich in der malischen Bevölkerung die Forderungen nach einem Mehrparteiensystem. Nach Massenkundgebungen und blutigen Unruhen, die vor allem in der Hauptstadt Bamako zahlreiche Opfer forderten, stürzten reformwillige Soldaten unter Führung von Oberstleutnant Amadou Toumani Touré den autoritären Herrscher Traoré.

In den folgenden beiden Jahrzehnten entwickelte sich Mali zu einem weitgehend politisch stabilen Land. Dafür spricht, dass 1992 die erste freie und demokratische Präsidentschaftswahl stattfand, bei der Alpha Oumar Konarés gewählt wurde. Zehn Jahre später, 2002, erfolgte der erste demokratische Führungswechsel mit der Wahl von Amadou Toumani Touré zum Präsidenten. Er wurde 2007 wiedergewählt und blieb bis zum Putsch 2012 im Amt.

Das Foto zeigt den malischen Präsidenten Touré am 27. April 2007 während einer Wahlkampfveranstaltung vor mehr als 20 000 Anhängern in der Hauptstadt Bamako. Wenige Tage später, am 3. Mai 2007, ergab das Wahlergebnis eine deutliche Mehrheit von 68 Prozent für seine Wiederwahl.

Mali 1992–2012: Erfolge und Schwächen einer jungen Demokratie

Nach der Unabhängigkeit 1960 hatten in Mali vor allem autoritäre Regime regiert, zuletzt unter der Ägide von Moussa Traoré (1968–1991). Ab 1990 mehrten sich die Forderungen nach einem Mehrparteiensystem. Diese mündeten zu Beginn des Jahres 1991 in großen Protestmärschen in der Hauptstadt Bamako. Ein wichtiger Organisator dieser Demonstrationen war die Einheitsgewerkschaft UNTM (Union Nationale des Travailleurs du Mali). Als die malische Luftwaffe am 24. März 1991 den Befehl zur Bombardierung der UNTM-Zentrale verweigerte, war das Ende des Traoré-Regimes eingeläutet. Zwei Tage später ließ General Amadou Toumani Touré den Diktator Traoré und seine Familie verhaften. Im folgenden Jahr saß Touré dem Übergangskomitee vor und versprach die Einführung der Demokratie.

Ein wichtiges Element dieser Übergangsphase war die Nationalkonferenz, deren Teilnehmer, 1500 Vertreter neu gegründeter Parteien, zivilgesellschaftlicher Organisationen, der Gewerkschaften sowie Geistliche, Künstler und Wissenschaftler, im August 1991 in 15 Tagen eine neue Verfassung erarbeiteten. In dieser Verfassung sind der Schutz von Menschenrechten und politischen Rechten, freie Wahlen sowie die Gewaltenteilung festgeschrieben. Sie gilt als eine der demokratischsten Verfassungen Afrikas. Im Januar 1992 nahm die Bevölkerung die neue Verfassung in einem Referendum an und wählte im April 1992 den ersten demokratischen Präsidenten. General Touré trat bei dieser Wahl nicht an, sodass der Zivilist Alpha Oumar Konaré diese für sich gewinnen konnte. In den folgenden Jahren entwickelte sich Mali zu einer Vorzeigedemokratie, die trotz großer Armut stabil blieb. Mali erfreute sich deswegen einer großen internationalen Unterstützung. 2011 wurde fast die Hälfte des nationalen Haushalts durch Entwicklungsgelder finanziert, was gleichzeitig aber auch internationale Einflussnahmen mit sich brachte (siehe Beitrag Münch).

Mali wird zur dritten Welle der Demokratisierung nach dem Ende des Kalten Krieges gezählt, in der sich 16 afrikanische Staaten demokratisierten. Jedoch fand die Geschichte der Vorzeigedemokratie mit dem Putsch am 22. März 2012 ein jähes Ende. Dies zeigt einmal mehr, dass eine gelebte, stabile Demokratie nicht von einem Tag auf den anderen entsteht. Vielmehr hat die europäische Geschichte bewiesen, dass Jahrzehnte vergehen können, bis die Demokratie tief in Politik und Gesellschaft verwurzelt ist. Um Mali zu einer demokratischen Ordnung zurückzuführen, muss die Politik sowohl an die Stärken der Demokratie anknüpfen als auch ihren Schwächen begegnen (vgl. Überblick auf S. 81: Stärken und Schwächen der malischen Demokratie von 1991 bis 2012). Dabei spielen zwei Entwicklungen eine wichtige Rolle. Zum einen müssen die neuen demokratischen Institutionen ihre Funktionsfähigkeit unter Beweis stellen, zum anderen muss die Demokratie einen Mehrwert, d.h. Leistungen wie Bildung oder Sicherheit, für die Bevölkerung erbringen.

Institutionelle Grundlagen der Demokratie

In der malischen Demokratie wurden seit 1992 regelmäßig Präsidentschafts- und Parlamentswahlen abgehalten. Die malische Bevölkerung erhielt somit die Möglichkeit, über ihre politischen Entscheidungsträger zu bestimmen. Diese Wahlen wurden von internationalen Beobachtern weitgehend als frei und fair bewertet, obgleich Schwierigkeiten bei der Wahlorganisation 1997 zur Annullierung der Parlamentswahlen im selben Jahr durch das

Alpha Oumar Konaré war von 1992 bis 2002 während zweier Amtsperioden Staatspräsident von Mali. Ein Jahr später, 2003 wurde er Vorsitzender der Kommission der Afrikanischen Union. Das Bild zeigt ihn am 9. Juli 2006 während einer Pressekonferenz im Olympiastadion von Berlin anlässlich der Fußballweltmeisterschaft in Deutschland.

pa/ZB/Bernd Settnik

Verfassungsgericht führten. Dieser Vorgang zeigte zwar Defizite im Wahlprozess auf. Er war aber auch ein Beispiel dafür, dass die demokratische Beschwerdeinstanz funktionierte und die Probleme offenlegte. Im Jahr 2002 respektierte Präsident Konaré die Beschränkung der Verfassung auf zwei Amtszeiten für das Präsidentenamt und trat bei den Präsidentschaftswahlen nicht mehr an. Dies war ein beachtenswerter Schritt, da es in einigen afrikanischen Ländern wie Niger oder Senegal bereits Versuche von Präsidenten gab, die Amtszeitbeschränkung durch Verfassungsänderungen zu umgehen.

Der malische Staat hat die demokratischen Institutionen, die in der Verfassung von 1992 vorgesehen sind, auch in der Realität vollständig eingerichtet. Das Parlament und das Verfassungsgericht haben dementsprechend die Aufgabe, die Regierung zu kontrollieren. Einrichtungen wie der »Vérificateur Général« (Oberster Rechnungsprüfer) und der »L'Espace d'Interpellation Démocratique au Mali« ergänzen dies. Der »L'Espace d'Interpallation« gibt den malischen Bürgerinnen und Bürgern die Möglichkeit, ihre Anliegen und Vorschläge an die Politik zu formulieren. Der Präsident steht ihnen in einer landesweit übertragenen Fernsehsendung Rede und Antwort. Der »Vérificateur Général« spürt Korruptionsfälle in der Regierung und in der öffentlichen Verwaltung auf. Aufgedeckte Delikte macht er in seinem Jahresbericht zugänglich.

Trotz dieser Errungenschaften zeigen die Institutionen in der Praxis auch Schwächen. Als Beispiele werden im Folgenden die beschränkten Möglichkeiten des Parlaments zur Regierungskontrolle und die Schwäche der Wahlinstitutionen beleuchtet.

Parlament und politische Parteien

Das malische Parlament verfügt laut Verfassung über eingeschränkte Kompetenzen, so kann es nur begrenzt auf die Gesetzgebung einwirken und keinen Einfluss auf die Regierungsbildung ausüben. Außerdem wurde das Parlament zum einen dadurch weiter ausgehöhlt, dass inhaltliche Kontroversen nicht zugelassen wurden und sich stattdessen das politische Geschehen im Allgemeinen auf einzelne Personen fokussierte. Insbe-

sondere mit der Machtübernahme des Präsidenten Amadou
Toumani Touré, in der Bevölkerung »ATT« genannt, veränderte
sich ab 2002 der Politikstil. Aufgrund seiner zentralen Rolle beim
Sturz des Regimes von Moussa Traoré 1991 verfügte der charis-
matische Touré über eine hohe Legitimation in der Bevölkerung
und politischen Elite. Dies und seine persönlichen Netzwerke ermöglichten seine Wahl zum Präsidenten, obwohl er keiner Partei
angehörte. Um seine Amtsgeschäfte trotz seiner Unabhängigkeit
führen zu können, beteiligte ATT viele Parteien an seiner Regierung. Damit reduzierte er die parlamentarische Opposition auf
ein Minimum. Zwar brachten die Parlamentswahlen von 2007
zunächst eine etwas breitere Opposition hervor – immerhin 19
von 147 Parlamentariern zählten sich nicht zu den Unterstützern
ATTs. Im Laufe der Legislaturperiode schrumpfte die Opposition
jedoch auf drei Abgeordnete der »Parti Solidarité Africaine pour
la Démocratie et l'Indépendance« (SADI). Einer solch kleinen,
faktisch bedeutungslosen Opposition blieben wenige Möglichkeiten, die Regierung zu kontrollieren. So reichte beispielsweise
die Anzahl der Oppositionsabgeordneten nicht einmal aus, um

Soldat und Demokrat.
Amadou Toumani Touré, Malis vierter Präsident

Trotz genannter Defizite fallen wichtige Schritte auf dem Weg Malis
zur Demokratie in die Amtszeit von Amadou Toumani Touré. Als
»Soldat de la Démocratie« erlangte er in Mali große Popularität. Vom
Mai 2002 bis zum März 2012 war der parteilose Touré, vierter Präsident des westafrikanischen Landes.

Am 4. November 1948 wurde Amadou Toumani Touré in Mopti,
einer Stadt in Zentralmali, zu diesem Zeitpunkt noch Französisch-
Sudan, geboren. Zunächst studierte er für das Lehramt, bevor er sich
1969 entschied, in die malische Armee einzutreten. Bis 1972 zum Fallschirmjäger ausgebildet, besuchte Touré Mitte der 1970er Jahre Mili-
tärlehrgänge in der Sowjetunion, die 1978 und um 1990 durch Mili-
tärkurse in Frankreichs Streitkräften ergänzt wurden. Parallel gelang
Touré eine rasche Militärkarriere: 1981 wurde er Kommandeur der
Präsidentengarde und 1984 der Fallschirmjägertruppe.

Im März 1991 führte Touré den Militärputsch gegen Malis despotischen Präsidenten Moussa Traoré an und avancierte zum Vorsitzenden der Übergangsregierung, dem »Comité de Transition pour le Salut de Peuple«. In Personalunion als Staatsoberhaupt fungierend, berief Touré eine Verfassungskonferenz ein und organisierte die Urnengänge, die in Mali zur Wahl des ersten demokratisch legitimierten zivilen Präsidenten, Alpha Oumar Konaré, führten.

Noch bevor Touré 2001 als Brigadegeneral aus Malis Armee ausschied, widmete er sich karitativen Zwecken. So gründete er die Kinderstiftung »Fondation pour l'Enfance« oder war für die Weltgesundheitsorganisation und als Afrika-Sondergesandter der Vereinten Nationen tätig. Zweimal, 2002 und 2007, kandidierte Touré für Malis Präsidentenamt und gewann. Am 21. März 2012 wurde Präsident Touré von rebellierenden Militärs gestürzt. Wegen des sich verschärfenden Konflikts mit islamistischen und separatistischen Kräften in Nordmali warfen ihm die Putschisten Unfähigkeit bei der Kontrolle des Nordens vor. Daraufhin erklärte Touré am 9. April 2012 seinen Rücktritt und lebt seitdem im Exil im benachbarten Senegal. *VS*

das Verfassungsgericht zur Kontrolle von Gesetzentwürfen anzurufen; hierfür wäre ein Zehntel der Parlamentsabgeordneten notwendig gewesen.

Die Einbindung vieler Parteien in die Regierungsverantwortung erschwerte es den Parteien, ein eigenes Profil auszubauen. Zudem schwächte Touré Parteien und Parlament durch seine Zusammenarbeit mit losen Unterstützernetzwerken aus Politikern und wichtigen Geschäftsleuten sowie außerparlamentarischen Kräften. So wurden politische Kontroversen und Entscheidungen noch weiter aus dem parteipolitischen und parlamentarischen Raum ausgelagert.

Demokratische Wahlen

Obwohl Wahlen regelmäßig stattfanden, entfachte sich an ihrer Organisation regelmäßig Streit. Die Hauptstreitpunkte bleiben auch für die 2013 geplanten Wahlen ein Problem. Diese betref-

Islam und Demokratie in Mali

Der gelebte Islam ist in Mali moderat, tolerant und einem friedlichen Miteinander verpflichtet. Dies zeigt sich auch an der friedensstiftenden Rolle von Geistlichen in nationalen und lokalen Konflikten. Religion und Staat sind laut der Verfassung von 1992 formal strikt getrennt. Demgemäß hat die Religion ihren Platz im Privatleben der Menschen und wird aus dem öffentlichen Raum verdrängt (Laizismus). Jedoch verschmelzen auch in Mali, wie in allen Demokratien, Politik und Religion. Beispielsweise hat der Staat 2002 den Hohen Islamischen Rat (Haut Conseil Islamique, HCI) eingerichtet. Hier vertreten verschiedene islamische Gruppen, insbesondere Repräsentanten des Sufismus und der kleinen, wahabitischen Strömung, religiöse Interessen gegenüber der Politik. Dies ist mitunter eine Folge aus dem Verbot religiös motivierter Parteien. Während z.B. in Deutschland die Christlich Demokratische Union (CDU) religiöse Werte im Bundestag vertritt und in das politische Tagesgeschäft einfließen lässt, hatten islamische Verbände in Mali vor 2002 hierzu offiziell keine Gelegenheit. Mittlerweile hat sich der HCI zu einer effektiven Interessenvertretung entwickelt und bringt sich in die öffentlichen und politischen Debatten ein.

Radikalisierte islamistische Kräfte wie die »al-Quaida au Maghreb Islamique« (AQIM) oder die »Mouvement pour l'Unicité et le Jihad en Afrique de l'Ouest« (Bewegung für Einheit und Dschihad in Westafrika, MUJAO) verfügen nur über einen geringen Rückhalt in der malischen Bevölkerung. Zum einen wird die Anwendung von Gewalt nicht als legitimes Mittel zur Lösung gesellschaftlicher Probleme akzeptiert. Zum anderen kommen viele Kämpfer dieser Gruppen nicht aus Mali und werden als externe Bedrohung wahrgenommen. Zudem darf nicht verkannt werden, dass sich hinter den offiziellen Zielen dieser auch Schmuggel betreibenden Banden häufig ebenso kriminelle Motive verbergen. *CH/JL*

fen seit den ersten demokratischen Wahlen 1992 die Zuverlässigkeit des Wählerregisters sowie die Kompetenzen und die Zusammensetzung der Wahlkommission. Die Bereitstellung eines vollständigen Wahlregisters, das weder Wahlberechtigte auslässt noch Personen mehrfach führt, stellt aufgrund fehlender Einwohnermeldesysteme und der begrenzten Anzahl an unterschiedlichen Namen eine große Herausforderung dar. Die Qualität der bisher genutzten Wählerregister wurde bei den vergangenen Wahlen durchweg kritisiert. Die seit 2008 laufende Arbeit an einem zuverlässigeren biometrischen Register kam jedoch aufgrund technischer Probleme nur schleppend voran und ist noch nicht abgeschlossen.

Neben der Erstellung der Wählerregister birgt der Wahlprozess weitere große organisatorische Herausforderungen, die vom Verteilen der Wahlmaterialien bis zu Auszählung der Ergebnisse reichen. Zugleich bietet er zahlreiche Manipulationsgelegenheiten. Eine unabhängige Wahlkommission soll seit 1997 diesen Prozess überwachen. Andauernde Kontroversen bestehen über die Zusammensetzung der Wahlkommission. Dabei wird über das Verhältnis der Vertreter politischer Parteien und der Zivilgesellschaft sowie die Repräsentation der verschiedenen politischen Lager gestritten.

Leistungen der Demokratie: Frieden und sozioökonomische Entwicklung

Die malische Demokratie hat wichtige Leistungen für die Bevölkerung erbracht. Teilweise waren diese aber nicht nachhaltig. Ein Blick auf den Friedensprozess der 1990er Jahre und die wirtschaftliche Entwicklung soll dies verdeutlichen.

Demokratie und Frieden sind im kulturellen Gedächtnis der malischen Gesellschaft eng miteinander verwoben. Die Bevölkerung und die politische Klasse schrieben der Demokratie geraume Zeit das zu, was das autoritäre Regime unter Moussa Traoré nicht vermocht hatte: Frieden durch Verhandlungen erzielen zu können.

Jedoch hielt die Friedensdividende der 1990er Jahre nur rund eine Dekade lang. Im Jahr 2006 brachen im Norden des Landes erneut Kämpfe aus und seitdem verschlechterte sich die Sicherheitslage drastisch. Die Bevölkerung nahm die Gewalteskalation im Norden als Versagen der Demokratie wahr.

Der Frieden scheiterte, weil zum einem die Unzufriedenheit der in den Nordregionen lebenden Bevölkerung mit der sozioökonomischen und politischen Integrationsfähigkeit des demokratischen Regimes auch nach 1996 anhielt. Im Mittelpunkt stand dabei, dass die Friedensverträge von 1992, 1996 und 2006 nicht erfüllt wurden. Umfassende Vereinbarungen beispielsweise zur sozioökonomischen Entwicklung des Nordens durch Schaffung von Arbeitsplätzen oder durch Ausbau der Infrastruktur in Richtung Algerien blieben ohne Folgen. Dies lag auch daran, dass die politische Klasse und die Gesellschaft im Süden nur ein eingeschränktes Verständnis für die andauernden Forderungen der Bevölkerung im Norden nach mehr sozioökonomischer Teilhabe aufbrachten. Die Bevölkerung der Nordregionen kämpft zwar mit schwierigsten klimatischen Bedingungen und ist regelmäßigen Dürren ausgesetzt, doch lebt hier aufgrund der dünnen Besiedlung nur ein kleiner Teil der absolut Armen des Landes. Daher sind wenige im Süden dazu bereit, überproportional staatliche Mittel für die Entwicklung des Nordens einzusetzen.

Die politische Integration der Bevölkerung des Nordens misslang nicht zuletzt aufgrund einer selektiven Einbindung der Tuareg, die nur 4 bis 5 Prozent der malischen Gesamtbevölkerung ausmachen und selbst in den Nordregionen eine Minderheit darstellen. Beispielsweise besetzte die Konaré-Regierung gehobene Stellen im Staatsapparat mit bestimmten Tuareg-Clans wie den Iforas, und die Region Kidal bekam trotz ihrer geringen Einwohnerzahl (ca. 100 000) vier Sitze anstatt des einen Sitzes im Nationalparlament, der ihr aufgrund ihres Bevölkerungsanteils zugestanden hätte. Diese Bevorzugungspolitik hinterließ in der übrigen Bevölkerung das Bild einer zu Unrecht privilegierten Minderheit im Norden.

Zum anderen gefährdeten schwache staatliche Institutionen den Frieden. Insbesondere die mangelnde materielle Ausstattung und ungenügende Ausbildung des Militärs und der Polizei ermöglichten das Wiedererstarken kampfbereiter Tuareg-Rebellen und die Ausbreitung krimineller und islamistischer Gruppen im Norden. Für diese Entwicklung wird vor allem die Touré-Regierung verantwortlich gemacht. Präsident Touré wandte sich von der selektiven Bevorzugungspolitik seines Vorgängers Konaré ab und unterstützte stattdessen die arabische Bevölkerung und die Songhay in den Nordgebieten. Damit brachte er jedoch die alteingesessenen Tuareg-Clans gegen sich auf. Zugleich baute er aber seit 2006 auf den politischen Dialog mit allen Gruppen – darunter auch Kriminelle, Terroristen und Tuareg.

Bis auf einzelne gezielte Angriffe gegen bewaffnete Tuareg im Jahr 2008 sah der Präsident von einem militärischen Vorgehen ab. Dies stieß im malischen Militär, im Großteil der Bevölkerung und in den Nachbarstaaten Mauretanien und Algerien auf vehemente Kritik, denn das Wiederaufflammen von Tuareg-Kämpfen hatte gezeigt, dass die Verhandlungserfolge der 1990er Jahre nur von kurzer Dauer geblieben waren. Auch die Ausbreitung ausländischer militanter Gruppen auf malischem Territorium konnte nach Ansicht weiter Teile der Bevölkerung nicht

Stärken und Schwächen der malischen Demokratie (1992-2012)

Stärken	Schwächen
Wahlen als Legitimierungsgrundlage für demokratisches Regime	Mangelhafte Wahlorganisation
Hohes Vertrauensniveau in der Gesellschaft, auch zwischen unterschiedlichen Ethnien	Mangelnde wirtschaftliche und soziale Integration der Nordregionen
Konsensorientierung der politischen Elite	Institutionelle Schwächen, z.B. in der Justiz
Mobilisierungspotenzial gesellschaftlicher Gruppen in den Städten	Schwache politische Parteien
Friedensdividende in den 1990er Jahren	Eingeschränkte Problemlösungskompetenz der Nationalregierung
Demokratische Orientierung des Militärs Anfang der 1990er Jahre	Schlechte zivil-militärische Beziehungen wegen Unterausstattung des Militärs
Breit gestreute Netzwerke in der Gesellschaft	Korruption auf allen Staatsebenen, inklusive Verstrickung des Staatsapparats mit Sahara-Schmuggel
Gute Beziehungen zwischen Staat und Religionen	Eingeschränkte Gewaltenteilung zugunsten der Exekutive

© ZMSBw
06944-03

durch Gespräche gelöst werden. Touré hielt jedoch am Dialog fest, was für die malische Öffentlichkeit den Schluss nahelegte, er selbst und seine Gefolgsleute seien an den Gewinnen aus dem lukrativen Drogenschmuggel in der Sahara beteiligt. Zudem soll er mit der »al-Qaida au Maghreb Islamique« (AQIM) eine Vereinbarung ausgehandelt haben, wonach die Gruppe keine Entführungen auf malischem Territorium mehr durchführen werde und sich im Gegenzug frei in der Sahara bewegen könne.

Eine Hoffnung der Demokratie ist, dass vorhandene Güter gerechter verteilt werden und für die politische Eliten größere Anreize bestehen, durch ihre Politik zu einer Armutsreduzierung in der breiten Bevölkerung beizutragen. Mali gehört zu den ärmsten Ländern der Welt, konnte aber seit der Demokratisierung einige sozioökonomische Fortschritte erzielen (siehe Beitrag Kollmer). Der Anteil der Bevölkerung, der von weniger als 1,25 US-Dollar am Tag leben muss(te), betrug 1994 noch 86 Prozent. Bis zum Jahr 2010 reduzierte sich dieser Anteil inflationsbereinigt auf 50 Prozent der Bevölkerung. Die Einschulungsrate für die Grundschule konnte von 26 Prozent im Jahr 1992 auf 81 Prozent im Jahr 2011 gesteigert werden. Dennoch stellt das Leben in Armut weiterhin die Norm statt die Ausnahme dar und die Analphabetenrate unter Erwachsenen beträgt 74 Prozent. Überleben können die Malier häufig nur aufgrund des hohen sozialen Zusammenhalts, der selbst im afrikanischen Vergleich herausragend ist. Familiäre Versorgungsnetzwerke fangen dabei die Mängel in den staatlichen Versorgungssystemen auf.

Eine gerechte Verteilung der Güter und eine weitere Armutsreduzierung wurden jedoch u.a. von der Korruption, die auf allen gesellschaftlichen Ebenen praktiziert wird, verhindert. Bestechungsgelder werden sowohl bei der Vergabe öffentlicher Aufträge als auch bei kleinen Amtshandlungen verlangt. Des Weiteren sind in den letzten Jahren mehrere Veruntreuungen von Entwicklungsgeldern bekannt geworden. Im Norden Malis ist zudem in den letzten Jahren ein Netzwerk von Schmugglern und Staatsbeamten entstanden, sodass letztere ebenfalls vom Schmuggel mit Drogen, Menschen und Waffen profitierten.

Ausblick

Trotz schwerwiegender Probleme bringt Mali im Vergleich zu anderen afrikanischen Staaten gute Voraussetzungen für die Rückkehr zur Demokratie mit. Anknüpfungspunkte bilden bereits vorhandene demokratische Institutionen. Diese gilt es nachhaltiger als in der Vergangenheit zu stärken. Hier sind vor allem die malischen Eliten gefragt. Nur wenn der politische Wille zur Demokratisierung besteht, kann etwas verändert werden – von besonderer Relevanz sind die Militärreform, Wiederherstellung demokratischer zivil-militärischer Beziehungen und eine effektive Korruptionsbekämpfung.

Charlotte Heyl und Julia Leininger

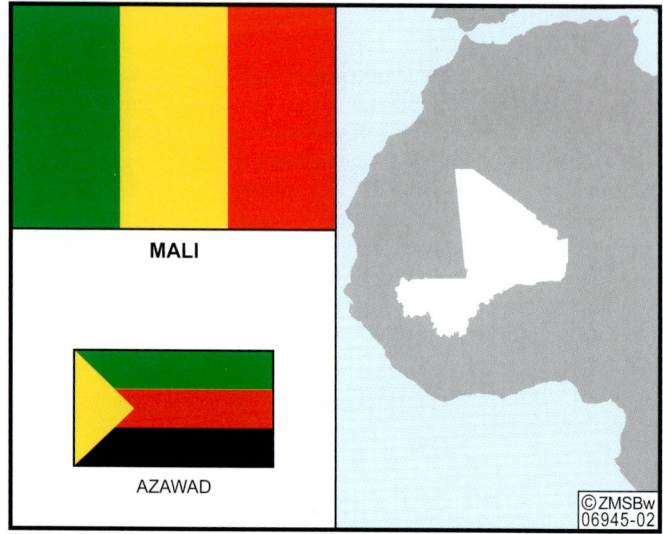

MALI

AZAWAD

©ZMSBw
06945-02

Die Flagge von Mali wurde offiziell am 1. März 1961 eingeführt und lehnt sich von ihrer Gestaltung her an die französische Trikolore an. Die Farbauswahl orientierte sich an den panafrikanischen Farben, die zuvor schon von der »Rassemblement Démocratique Africain« (RDA) gewählt worden waren. Das Grün steht für die Natur des Landes, das Gelb für die Bodenschätze und das Rot für das vergossene Blut im Kampf um die eigene Unabhängigkeit. Daneben ist noch eine andere Flagge zu berücksichtigen, die Flagge von »Azawad«. Unter diesem Namen riefen Rebellen im Norden von Mali im April 2012 einen unabhängigen Staat aus. Dessen Flaggenfarben Grün, Gelb und Rot sind ebenfalls den überlieferten afrikanischen Farben entlehnt.

Diese und andere Daten, Fakten und Zahlen werden auf den folgenden Seiten zur Information und raschen Übersicht präsentiert. Dabei bleibt anzumerken, dass die Angaben oftmals nur ungefähre Werte darstellen. Dies ist dem Umstand geschuldet, dass sich auch in den zugrundeliegenden Quellen entweder keine genaueren Angaben finden lassen oder aber Werte zwar präzise angegeben werden, diese aber Angaben in anderen Quellen widersprechen. So bleibt bei manchen Informationen ein gewisser Unsicherheitsfaktor bestehen.

Länderinformation (I)

Landesname: Republik Mali / République du Mali

Territorium und Bevölkerung

Größe:	1 240 000 km² (im Vergleich Bundesrepublik Deutschland: 357 000 km²)
Hauptstadt:	Bamako (1,8 Mio. Einwohner)
Weitere Städte:	Sikasso (230 000), Kalabancoro (170 000), Koutiala (140 000), Ségou (130 000), Gao (90 000), Timbuktu (55 000), Kidal (26 000)
Bevölkerung:	>15 Mio. Einwohner
Religionen:	90 % Muslime, 5 % Christen, Anhänger diverser indigener (ursprünglicher) Religionen
Sprachen:	Französisch (offiziell), Bambara, Songhay–Djerma, Manding, Soninké, Arabisch, Ful
Städtische Bevölkerung in %:	36 (2010)
Durchschnittsalter:	16,4 Jahre (geschätzt 2012)
Bevölkerung < 15 Jahre in %:	47,8 (geschätzt 2012)
Bevölkerung > 65 Jahre in %:	3 (geschätzt 2012)
Geburtenrate pro Tausend:	46,6 (geschätzt 2012)
Sterberate pro Tausend:	13,9 (geschätzt 2012)
Müttersterblichkeit pro 100 000 Geburten:	540 (2010)
Kindersterblichkeit pro Tausend Lebendgeburten:	108,7 (geschätzt 2012)
Bevölkerungswachstum in %:	3,02

Quellen: CIA-Worldbook of Facts 2013; u.a.

©ZMSBw
06946-02

Länderinformation (II)

Bildung und Gesundheit

Alphabetisierungsrate ab dem Alter von 15 Jahren bei Jungen/Männern in %:	36,1 (Zensus 2009)
Alphabetisierungsrate ab dem Alter von 15 Jahren bei Mädchen/Frauen in %:	19,8 (Zensus 2009)
Dauer der Schulausbildung (Primär- bis Tertiärausbildung) bei Jungen/Männern in Jahren:	9 (2009)
Dauer der Schulausbildung (Primär- bis Tertiärausbildung) bei Mädchen/Frauen in Jahren:	7 (2009)
Aids-Rate in %:	< 2 (1 % in 2009)
Zugang zu Sanitäreinrichtungen (Angabe in %):	36
Lebenserwartung in Jahren:	51,4 (2011)

Staatswesen

Amtssprache:	Französisch
Staats- und Regierungsform:	Laizistische Republik, Präsidialdemokratie nach französischem Vorbild, Wahlen alle fünf Jahre
Staatspräsident:	(Übergangspräsident) Dioncounda Traoré (seit 12. April 2012)
Premierminister:	Django Sissoko (seit 12. Dezember 2012)
Unabhängigkeit (von Frankreich):	22. September 1960 (Auflösung der bereits im April 1960 unabhängig gewordenen Föderation mit Senegal)
Nationalfeiertag:	22. September, Unabhängigkeitstag

Quellen: CIA-Worldbook of Facts 2013; UNDP; u.a.

©ZMSBw
06947-02

Länderinformation (III)

Wirtschaft

Bruttoinlandsprodukt in US-$ (2011):	10,5 Mrd.
Bruttoinlandsprodukt je Einwohner in US-$ (2011):	650
GDP-Anteil in % für	
- Landwirtschaft:	36,9 (geschätzt 2012)
- Industrie:	23,4 (geschätzt 2012)
- Dienstleistungen:	39,7 (geschätzt 2012)
Arbeitskräfte (Angaben in %) für:	
- Landwirtschaft:	80
- Industrie:	20 (geschätzt 2005)
Arbeitslosenquote in %:	30 (geschätzt 2004)
Inflationsrate in %:	6,5 (geschätzt 2012)
Auslandsverschuldung in US-$:	2,725 Mrd.
Stromverbrauch in kWh:	483,6 Mio. (geschätzt 2009)
Maßeinheiten:	Metrisches System
Währung:	CFA franc (CFAfr); seit 1.1.1999 gekoppelt an den Euro mit Kurs 656 CFAfr = 1 €

Außenhandel

Exporte in US-$:	2,557 Mrd. (geschätzt 2012)
Exportgüter:	Baumwolle, Gold, Vieh
Exportpartner:	China 31 %, Südkorea 14,5%, Indonesien 12,2 %, Thailand 6,3 %, Malaysia 5,4 %, Bangladesch 5 % (2011)
Importe in US-$:	3,209 Mrd. (geschätzt 2012)
Importgüter:	Erdöl, Maschinen und Zubehör, Baumaterialien, Nahrungsmittel, Textilien
Importpartner:	Senegal 14,9 %, Frankreich 11,6 %, China 8,2 %, Cote d'Ivoire (Elfenbeinküste) 6,3 % (2011)

Quellen: CIA-Worldbook of Facts 2013; UNDP; Economist Intelligence Unit Mali 1st Quarter 2013; u.a.

©ZMSBw
06948-02

Mali gehört zu den ärmsten Ländern der Erde. Die überwiegende Mehrheit der Bevölkerung lebt unter der absoluten Armutsgrenze. Nach einem Bericht der Vereinten Nationen belegt Mali im Index der menschlichen Entwicklung für das Jahr 2011 lediglich den Platz 175 von 187.

Auf die wirtschaftliche Situation wirken sich die geografischen Gegebenheiten massiv aus. Die fehlende Meeresanbindung macht sich negativ auf den Handel bemerkbar. Eklatant ist auch die ungleiche Regenverteilung zwischen Nord und Süd. Die großen Wüstengebiete der Sahara im Norden lassen eine geregelte Landwirtschaft zur Selbstversorgung aus dem Land praktisch nicht zu. Zu gering sind hier die jährlichen Niederschlagsmengen.

Devisen bringen vor allem der Export von Gold und Baumwolle ein. Die anhaltend hohen Preise für Gold und Baumwolle auf den Weltmärkten wirkten sich in den letzten Jahren positiv auf die wirtschaftliche Entwicklung aus. Mit rund 480 000 t Rohbaumwolle im Jahr 2012 gehört Mali mittlerweile zu den zehn wichtigsten Baumwollproduzenten in der Welt. Das Bild zeigt einen Jungen beim Beladen eines Eselkarrens mit Baumwollabfällen in einer Baumwollfabrik in Kita, einer Stadt mit rund 50 000 Einwohnern im Westen des Landes.

Die Volkswirtschaft Malis: Nomadische Viehhaltung und Goldrausch

Eine alte malische Überlieferung erzählt die Geschichte des sagenhaften und goldreichen Königs Mansa Musa, der im 14. Jahrhundert das Königreich von Mali regierte und ihm zu sagenhaftem Reichtum verhalf (siehe Beitrag Hofbauer). Auf einer Pilgerfahrt nach Mekka habe der König bei seinem Aufenthalt in Ägypten eine so unvorstellbar große Menge Gold ausgegeben, dass der damals auf eben diesem Edelmetall basierende ägyptische Dinar zusammengebrochen sei. Woher hatte Mansa Musa so viel Gold? Der Verdacht liegt nahe, dass er Tausende von Maliern im Sand der Sahelzone nach dem wertvollen Rohstoff graben ließ – ganz genauso wie auch heute noch in dieser Region Gold geschürft wird.

Dieser unglaubliche Reichtum des Königreichs von Mali ist lange Vergangenheit. Heute gilt das Land in der Sahelzone als eines der ärmsten Länder der Erde. Es gibt zwar immer noch bedeutende Goldvorkommen – immerhin ist das Land Afrikas drittgrößter Goldproduzent. Neben dem wertvollen Edelmetall hat Mali als bedeutendes Exportprodukt aber nur noch Baumwolle anzubieten. Diese volkswirtschaftliche Monokultur hat in den vergangenen Jahrzehnten zu einer hohen Abhängigkeit des Landes von den Weltmarktpreisen für Gold und Baumwolle geführt. Damit Mali eine ausgewogene gesamtwirtschaftliche Entwicklung nehmen kann, sind die durch den Export eingenommenen Devisen von zentraler Bedeutung, zumal die ausländischen Direktinvestitionen in das Land – trotz attraktiver Rohstoffreserven – bisher nur rund 2 Mrd. Euro im Jahr betragen.

Dies ist nur eines von vielen Problemen der malischen Volkswirtschaft. Grundsätzlich hat das Land vielfältige strukturelle Probleme, die nur langfristig und mit umfangreicher internationaler Hilfe behoben werden können.

Wüste, Ethnien, Bildung und Traditionen: Die strukturellen Verwerfungen der malischen Volkswirtschaft

Mali ist laut der Statistiken der Weltbank, des Internationalen Währungsfonds (IWF) und der United Nations Industrial Development Organization (UNIDO) eines der ärmsten Länder der Welt. Nicht nur, dass 30 Prozent der Bevölkerung ganz ohne Arbeit sind, sondern auch die Chancen, dass sich dies in naher Zukunft grundlegend ändert, sind sehr gering. Sicherlich könnten einige der Probleme Malis mit zielgerichteter, externer Hilfe relativ schnell und leicht gelöst werden, andere hingegen, werden auch langfristig nur schwer zu beseitigen sein.

Die geografischen Gegebenheiten des Landes wirken sich in hohem Maße auf die volkswirtschaftliche Situation aus. So führt die Binnenlage dazu, dass wichtige Handelsströme an Mali vorbeigehen und fremde Infrastruktur gegen Devisen genutzt werden muss. Durch die Sahara wird das Land in zwei Teile getrennt, die nur durch wenige Straßen miteinander verbunden sind. Die acht leistungsfähigeren malischen Flughäfen liegen durchweg im südlichen Bereich. Folglich sind der Warentransport und das Reisen zwischen den verschiedenen Landesteilen beschwerlich und zeitraubend.

Auch meteorologisch gibt es große Unterschiede zwischen dem regenreichen Süden und dem extrem trockenen Norden, in dem eine geregelte Landwirtschaft kaum möglich ist. In diesem Landesteil lebt traditionell eher die primär berberisch geprägte Bevölkerung. Durch die unterschiedlichen Voraussetzungen und die ungleiche Verteilung der Nahrungsmittel fühlen sich insbesondere die Tuareg und Mauren von der Regierung häufig benachteiligt. Andererseits tragen diese beiden Ethnien immer wieder historisch bedingte Zwistigkeiten aus, die der Entwicklung effizienter ökonomischer Rahmenbedingungen im Norden Malis abträglich sind.

Ein weiteres grundlegendes Problem der malischen Volkswirtschaft ist der Analphabetismus. Rund 80 Prozent der Malier können weder lesen noch schreiben. Genauso wie die stammesbezogene, ethnisch, religiös geprägte Rollenverteilung in der malischen Gesellschaft behindet dieser Umstand den Aufbau effizienter und konkurrenzfähiger Strukturen.

Zwischen Baumwollfeldern und Viehherden: Die malische Landwirtschaft

Für den malischen Arbeitsmarkt ist die Landwirtschaft von herausragender Bedeutung: Gut 80 Prozent der Erwerbstätigen unter den ca. 15 Millionen Einwohnern des Landes beziehen ihren Lebensunterhalt aus diesem Wirtschaftszweig – und das, obwohl von der 1,24 Mio. km² großen Landesfläche nur 48 500 km² als Ackerland genutzt werden können. Im Vergleich dazu sind in der Bundesrepublik Deutschland nur 1,6 Prozent der Bevölkerung auf 118 500 km² Anbaufläche in der Landwirtschaft tätig. Diese Zahlen gewinnen noch mehr an Bedeutung, wenn man bedenkt, dass rund ein Drittel des malischen Bruttoinlandsproduktes (BIP) in dieser auf Subsistenzwirtschaft basierenden Landwirtschaft erwirtschaftet wird. In Deutschland sind es hingegen gerade einmal 0,8 Prozent des BIP – trotz einer hocheffizienten, intensiven Landwirtschaft.

Ackerbau wird primär entlang der Flüsse Niger und Senegal sowie südlich der Landenge bei Mopti betrieben. Zu den Hauptanbauprodukten gehören Baumwolle sowie Erdnüsse, Mais und Hirse. In den vergangenen Jahren hat der Anbau von Gemüse und Obst vor allem im Umland größerer Städte stark zugenommen, um die Nachfrage vor Ort bedienen zu können. Entlang des Niger wird hauptsächlich Reis angebaut. Seit Anfang der 1990er Jahre wurden diese Flächen sukzessive ausgeweitet, sodass es sich mittlerweile um das größte Bewässerungsgebiet Westafrikas handelt, in dem neben Reis zukünftig auch Zuckerrohr, Gemüse, Weizen und Ölfrüchte angebaut werden sollen. Da die Ausweitung der Bewässerung zu den Prioritäten der malischen Agrarpolitik gehört, kommt dem im Jahr 2010 begonnenen, ökologisch aber umstrittenen Taoussa-Staudammprojekt am Niger in der Region Gao ein hoher Stellenwert zu.

Im Gegensatz dazu besteht in den nördlicheren Regionen aufgrund einer Niederschlagsmenge pro qm von deutlich unter

600 mm im Jahr (Deutschland: 830 mm/Jahr) ein beträchtliches Ernterisiko. Aber nicht nur der geringe Niederschlag, der Richtung Norden bis unter 20 mm pro Jahr fällt, sondern auch die immer weiter sinkende Qualität der Böden stellen für die Regierung in Bamako ein massives Problem dar. Erschwerend kommt hinzu, dass durch das anhaltende Bevölkerungswachstum die landwirtschaftlichen Anbauzonen in Richtung Timbuktu und Gao weit über die Trockengrenze hinaus ausgedehnt werden.

In Mali ist die traditionelle landwirtschaftliche Anbauform der sogenannte Wanderhackbau. Dabei wird eine Anbaufläche bis zur Bodenerschöpfung genutzt. Dies dauert zumeist drei bis fünf Jahre. Danach wandert der Bauer mit seinem Anhang weiter zum nächsten, noch fruchtbaren Feld. In der Vergangenheit lag das erschöpfte Land 10 bis 20 Jahre brach, bevor es erneut bewirtschaftet wurde. Aufgrund des Bevölkerungswachstums und der Besitzstruktur ist dieses notwendige Zeitfenster in den vergangenen Jahrzehnten immer kleiner geworden. Die traditionelle Form der Landnutzung ist tief in der Bevölkerung verwur-

pa/dpa/epa-Bildfunk/Nic Bothma

In Mali spielt eine halbnomadische Lebensweise mit extensiver Viehhaltung von Rindern, Schafen, Ziegen und Dromedaren immer noch eine wichtige Rolle. Aufgrund der großen Trockenheit in den nördlichen Landesteilen, die sich durch eine zunehmende Wüstenbildung und den Klimawandel noch verschärft, wird das Leben der einheimischen Bevölkerung zusehends schwieriger. Das Bild wurde am 1. Mai 2007 aufgenommen und zeigt einen malischen Hirtenjungen, der eine Rinderherde in Zentralmali hütet.

zelt, verbraucht aber viel Kulturland und erhöht Jahr für Jahr die Gefahr einer fortschreitenden Wüstenbildung.

Neben der ackerbaulich nutzbaren Landesfläche stehen ungefähr 346 000 km² – was ungefähr der Größe Deutschlands entspricht – als Weideland zur Verfügung. Insbesondere in Zentralmali dominieren die extensive Viehhaltung (primär Rinder, Schafe und Ziegen) und Hirsearten. In Nordmali ist aufgrund der großen Trockenheit ertragreicher und sicherer Ackerbau nur mit aufwendiger, d.h. teurer Bewässerung möglich, weshalb hier ebenfalls hauptsächlich extensive Viehhaltung (Dromedare, Ziegen und Schafe) betrieben wird. Eine aus der Nutztierhaltung resultierende verstärkte Förderung hat in den letzten Jahren die Milchproduktion und -verarbeitung gesteigert, die auch zur Reduzierung von Milchpulverimporten beitragen soll.

Vornehmlich in Nord- und Zentralmali betreiben Tuareg, Mauren sowie Fulbe traditionelle, subsistenzwirtschaftliche, halbnomadische und nomadische Tierhaltung. Im Gegensatz hierzu steht die Entwicklung einer insbesondere im Umland Bamakos zunehmend intensiv praktizierten Hühnerhaltung in kleinen Einheiten. Fischfang kann in diesem Binnenstaat ohne Meeresküste nur im Nigerbinnendelta für den regionalen Markt betrieben werden.

Die traditionellen Produktionsweisen in der malischen Landwirtschaft kommen zumeist ohne moderne Produktionsmittel (z.B. Kunstdünger, Ungeziefervernichtungsmittel, Gentechnik) aus. Ausnahmen stellen der moderne Bewässerungsreisanbau und der exportorientierte Baumwollanbau dar. Letzterer wurde seit den 1990er Jahren massiv ausgeweitet, was aber zunehmend ökologische Schäden nach sich zieht. Trotzdem ernteten malische Bauern im Jahr 2012 rund 480 000 t Rohbaumwolle. Damit ist Mali mittlerweile einer der zehn wichtigsten Baumwollproduzenten weltweit. Insbesondere amerikanische und chinesische Firmen unterstützen den Ausbau der malischen Baumwollproduktion. Nachdem es dabei im letzten Jahrzehnt verschiedentlich zum Einsatz von gentechnisch verändertem Baumwollsaatgut kam, gewinnt mittlerweile der kontrollierte biologische Baumwollanbau an Bedeutung und wird von rund 8000 Bauern in Südmali praktiziert.

Im Gegensatz dazu werden mit Unterstützung der Volksrepublik China seit einiger Zeit Anbauversuche mit Hybridreissorten durchgeführt, um die vielversprechenden Ernteergebnisse entlang der Bewässerungsgebiete des Niger noch weiter zu steigern und den malischen Reis u.a. zu einem weiteren wichtigen Exportgut zu machen.

Bevor Mali aber im großen Stil Nahrungsmittel exportieren kann, ist es noch ein weiter Weg. Zu den Hindernissen gehören immer wieder auftretende Ernährungskrisen, deren Ursachen komplex sind. So haben z.B. im Jahr 2004 eine Heuschreckeninvasion und eine ungünstig verlaufene Regenzeit dazu geführt, dass mehr als eine Million Menschen vom Hunger bedroht und zumindest für einige Monate auf Nahrungsmittelhilfe angewiesen waren. 2012 drohte infolge hoher Ernteeinbußen in Teilen West- und Zentralmalis eine erneute Ernährungskrise, von der nach Schätzungen der Welthungerhilfe sogar rund 1,7 Mio. Menschen betroffen waren. Die sich drastisch verschlechternde Sicherheitslage 2012/13 verschärfte diese schwierige Situation zusätzlich. Trotz der landesweit guten Ernte ist die Ernährungslage Anfang 2013 in weiten Teilen Nordmalis infolge der immer wieder aufflammenden militärischen Auseinandersetzungen und der Schließung der algerischen Grenze weiterhin angespannt. Trotzdem kann Mali im

Volkswirtschaftliche Eckdaten für das Jahr 2012 im internationalen Vergleich

	Mali	Algerien	Malta	Deutschland
Bruttoinlandsprodukt (BIP) in Mrd. €	8,54	152,16	7,17	2903,87
BIP pro Kopf in €	887	6648	19741	32443
Außenhandelssaldo in Mrd. €	-0,56	21,73	-2,31	177,91
Ausländische Investitionen in Mrd. €	2,04	19,74	13,81	746,25
Inflation in %	6,5	8,4	3,7	2,2
Arbeitslosigkeit in %	30,0	11,3	6,9	7,1
Berufstätige in der Landwirtschaft in % aller Berufstätigen	80,0	14,0	1,5	1,6
Anteil der Landwirtschaft am BIP in %	36,9	8,9	1,9	0,8
Landwirtschaftliche Anbaufläche in % der Landesfläche	5,2	3,1	25,1	34,3
Analphabetenquote in %	72,8	26,8	7,9	1,2

Quellen: CIA-Worldbook of Facts 2013; Weltbank-World Databank 2013; IWF-Data and Statistics 2013.

© ZMSBw
06943-02

Gegensatz zu vielen anderen schwarzafrikanischen Ländern seine Bevölkerung bei normalen Ernteerträgen ohne nennenswerte Lebensmittelimporte ernähren. Dies ist eine wichtige Voraussetzung für die volkswirtschaftliche Weiterentwicklung des Landes.

Gold, Uran und der Rest: Der Abbau von Rohstoffen und ihr Export

Die volkswirtschaftlich lukrativen Schätze Malis liegen tief unter der Erdoberfläche verborgen und sind möglicherweise so groß wie in wenigen anderen Ländern Afrikas. Das Land liegt im sogenannten Goldgürtel, der sich quer durch Westafrika zieht. Es existieren nachgewiesene Vorkommen von Silber, Halbedelsteinen und Steinsalz, die der Erschließung harren. Zudem gibt es Spekulationen über große Uran-Reserven im Westen und Nordosten sowie Bauxit-Vorkommen im Norden des Landes. Im Süden befinden sich schließlich die Goldminen, die Mali nach Ghana und Südafrika zum drittgrößten Förderer des Edelmetalls in Afrika machen. Doch werden dort nicht wie andernorts kiloschwere Klumpen unterirdisch aus dem Gestein gehauen. Vielmehr waschen die »Goldsucher« wie zu Zeiten König Mansa Musas überirdisch winzige Körner aus dem Sand.

Immerhin hatte die Regierung unter dem im März 2012 weggeputschten Präsidenten Amadou Toumani Touré begonnen, die Explorationsrechte für diverse Bodenschätze im Land zu verteilen. Seitdem suchen internationale, aber auch einige malische Rohstoffunternehmen den Boden systematisch nach den vermuteten Rohstoffen ab. Die Uranfunde im Westen des Landes haben die Fantasie vieler Investoren aber auch der Malier beflügelt. Vor diesem Hintergrund ist die Nachricht zu verstehen, dass Frankreich im Januar 2013 in den Konflikt auch deswegen eingegriffen habe, um seine Atomkraftwerke mit billigem Uran zu versorgen. Die Regierung in Paris wies diese Unterstellung zurück. In der Tat wird es noch Jahre dauern, bis die gefundenen Vorkommen erschlossen werden können.

Gleichwohl hat der Wettlauf um die Rohstoffvorkommen in dem armen Sahelzonen-Land bereits begonnen. China hat sich

pa/dpa

Ein Goldwäscher in der Region von Kayes, einer Stadt im Westen Malis, rund 420 km nordwestlich der Hauptstadt Bamako gelegen. Zwischen Kayes und Magdeburg bestand einige Jahre lang eine Städtepartnerschaft.

wie zuvor schon im Sudan in eine hervorragende Ausgangsposition gebracht. Das Außenhandelsvolumen mit dem rohstoffhungrigen asiatischen Schwellenland beträgt mittlerweile bereits 25 Prozent. Damit ist China mit großem Abstand vor Frankreich der wichtigste Handelspartner des Landes.

Der Goldbergbau erlebt in Mali seit den 1990er Jahren einen erneuten Boom. Im Süden und Südwesten Malis wurden große Goldlagerstätten erschlossen. Umfangreiche Prospektions- und Förderungslizenzen an ausländische Investoren (vor allem aus Südafrika) haben die Fördermenge seitdem um fast das Zwanzigfache gesteigert. Die wichtigsten Goldlagerstätten befinden sich im Süden des Landes, in Kalana und Kadiolo. Eines der modernsten Projekte des Landes ist die Kodieran-Goldmine, die von einer malischen Gesellschaft betrieben wird und im Januar 2012 die Produktion aufgenommen hat. Die Goldproduktion Malis hat 2012 gut 50 Tonnen betragen und damit einen Anteil von gut zwei Prozent an der Weltproduktion. Für die kommenden Jahre rechnen Experten mit einem weiteren Anstieg der malischen Goldförderung.

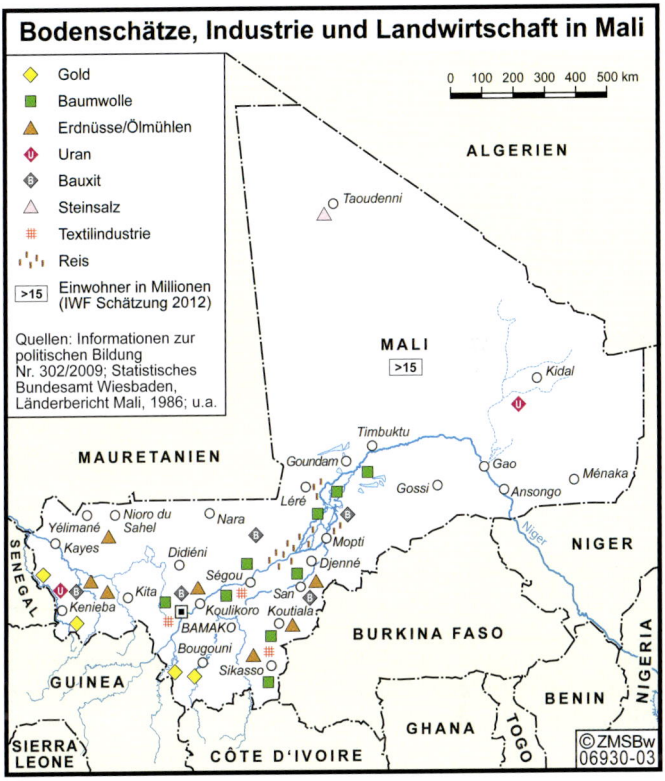

Bodenschätze, Industrie und Landwirtschaft in Mali

Gold
Baumwolle
Erdnüsse/Ölmühlen
Uran
Bauxit
Steinsalz
Textilindustrie
Reis
>15 Einwohner in Millionen
(IWF Schätzung 2012)

Quellen: Informationen zur
politischen Bildung
Nr. 302/2009; Statistisches
Bundesamt Wiesbaden,
Länderbericht Mali, 1986; u.a.

0 100 200 300 400 500 km

ALGERIEN

Taoudenni

MALI
>15

Kidal

Timbuktu

MAURETANIEN

Goundam
Léré

Gossi

Gao
Ansongo

Ménaka

NIGER

Niger

Yélimané
Kayes

Nioro du
Sahel
Nara

Didiéni

Mopti

Ségou
Kita
San
Koulikoro
Koutiala
BAMAKO
Bougouni
Sikasso

Djenné

BURKINA FASO

Kenieba

GUINEA

BENIN

SIERRA
LEONE
CÔTE D'IVOIRE
GHANA
TOGO

NIGERIA

©ZMSBw
06930-03

SENEGAL

Eine französische Exploration entdeckte vor einigen Jahren
Uran-, Kupfer-, Silber- und Bauxitvorkommen bei Falea am Man-
dingo-Plateau im Grenzgebiet zum Senegal. Bohrproben einer
kanadischen Gesellschaft ergaben unweit der französischen La-
gerstätte den recht hohen Urangehalt von über 6 Prozent. Außerdem explorierte eine australisch-britische Unternehmung
größere Uranlager bei Kidal sowie Phosphatvorkommen bei
Gao. Eine weitere kanadische Bergbaugesellschaft hat erhebliche
Phosphatvorkommen im Tal von Tilemsi entdeckt. Die zuletzt
genannten Lagerstätten befanden sich im Rebellengebiet. In den
kommenden Jahren ist darüber hinaus der Abbau von Mangan-

erzvorkommen geplant, da Geologen Mali große Lagerstätten dieser Rohstoffe zuschreiben.

Baumwolle wurde so zu Beginn des 21. Jahrhunderts durch Bergbauprodukte als wichtigstes Exportgut abgelöst. Mit einem Anteil von mehr als 75 Prozent an den malischen Exporterlösen dominiert die Ausfuhr der Bodenschätze diese volkswirtschaftlich wichtige Statistik. Rund 80 Prozent dieser Erlöse stammen wiederum aus dem Goldexport (Stand 2012).

Große Hoffnungen für die Zukunft beruhen auf der Exploration und Verwertung der Bodenschätze im Land. Hierzu muss die Regierung in Bamako mit den interessierten internationalen Bergbaugesellschaften Förderverträge schließen, die das Land nicht übervorteilen.

Industrie, Tourismus, Handel und der informelle Sektor

Mali hat nur einen kleinen industriellen Sektor. Unmittelbar nach der Unabhängigkeit wurden Anfang der 1960er Jahre einige größere staatliche Unternehmen zur Verarbeitung landwirtschaftlicher Produkte aufgebaut. Heute ist der Industriesektor lediglich von sekundärer Bedeutung und wird von kleinen sowie mittelgroßen Betrieben dominiert. Fast 75 Prozent der 17 000 Arbeitsplätze in der Industrie befinden sich in Bamako und seiner Umgebung. Bedeutendste Industriezweige sind die Nahrungsmittelindustrie und die Baumwollentkörnung sowie eine Textilfabrik. Vor wenigen Jahren wurde in der Nähe Bamakos die erste Düngemittelfabrik des Landes eröffnet. Seither konnte die Kunstdüngerversorgung der einheimischen Agrarwirtschaft deutlich verbessert werden. Zudem wird ein Teil der Produktion in die Nachbarstaaten exportiert.

Eines der derzeit größten Industrieprojekte umfasst den Bau einer großen Zuckerfabrik sowie die Anlage von 14 000 ha bewässerter Zuckerrohranbaufläche unter Beteiligung eines brasilianischen Zuckerkonzerns im Gebiet des »Office du Niger«. Zudem wurde Ende 2012 eine mit chinesischer Unterstützung errichtete weitere Zuckerfabrik eröffnet, sodass Mali schon in wenigen Jahren von einem Importeur zu einem regional bedeutenden Exporteur von Zucker werden könnte.

Gleichwohl ist die Investitionsquote in der Industrie im Gegensatz zu der im Bergbau seit langer Zeit rückläufig. Ohne internationale Geldgeber würde die malische Industrie verfallen. 2012 erzeugte die Industrie Waren im Wert von ungefähr 1,89 Mrd. Euro, das sind weniger als ein Viertel des Bruttoinlandprodukts.

Der ebenfalls noch recht schwach ausgeprägte Handels- und Dienstleistungssektor hat in den letzten Jahren durch den Tourismus einen gewissen Aufschwung erfahren, der jedoch durch Entführungen und den militärischen Konflikt seit 2012 abrupt gestoppt wurde. Auch deshalb wird Mali in den kommenden Jahren nicht wie einige der nordafrikanischen Staaten durch Tourismus bedeutende Mengen an Devisen einnehmen können, zumal der Massentourismus aufgrund der Lage des Landes und der schwach ausgeprägten Infrastruktur noch längere Zeit einen Bogen um das Land schlagen wird.

Die wichtigsten Handelspartner Malis sind die EU-Staaten und China sowie die Nachbarländer Senegal und Elfenbeinküste. Der malische Außenhandel ist zurzeit noch defizitär. Wichtigste Einfuhrgüter sind Ausrüstungen, Geräte, Fahrzeuge, Mineralölprodukte sowie Nahrungsmittel. Bei den Exportprodukten steht seit Jahren mit Abstand Gold an der Spitze, gefolgt von Baumwolle, Nutztieren und Früchten. Die malische Volkswirtschaft ist folglich in hohem

pa/dpa/Oliver Lang

Subsistenzwirtschaft ist die Lebensgrundlage für viele Malier: Eine Frau trägt Waren auf einer Schale auf dem Kopf. Das Bild entstand am 18. März 2013 in Bamako.

Maße von der Entwicklung der Weltmarktpreise für Gold und Baumwolle abhängig.

Durch eine verstärkte Diversifizierungsförderung sollen diese Abhängigkeit reduziert und die Exporte insgesamt erhöht werden. Angestrebt wird insbesondere ein verstärkter Export von Mangofrüchten, wobei sich deren Exportvolumen von 2005 bis 2012 fast verzehnfacht hat und sie somit zum viertwichtigsten Exportprodukt geworden sind.

Die immer wiederkehrenden bürgerkriegsartigen Auseinandersetzungen in den Nachbarländern wirken sich seit jeher negativ auch auf die Wirtschaftsentwicklung Malis aus. So werden die Exportmöglichkeiten in diese Länder sowie die Abwicklung des Außenhandels über deren Überseehäfen erheblich beschnitten.

In den rasch wachsenden Städten Malis ist der sogenannte informelle Sektor wichtig für eine Vielzahl wirtschaftlicher Prozesse auf der Mikroebene. Dieser seit einigen Jahren als fünfter Wirtschaftssektor (neben Landwirtschaft, Industrie, Dienstleistung, Information) bezeichnete Teil einer Volkswirtschaft umfasst alle wirtschaftlichen Tätigkeiten, die nicht von offiziellen Statistiken erfasst werden. In Mali werden ein beträchtlicher Teil der handwerklichen Tätigkeiten und einfachen Dienstleistungen, aber auch die Herstellung und der Verkauf von Produkten auf lokalen Märkten über diesen Sektor abgewickelt. Gleichwohl bestehen hier ernsthafte Probleme. So sind die im informellen Sektor erzielten Einkommen häufig so gering, dass der Zugang zu Krediten und Produktionsmitteln stark eingeschränkt ist. Mittlerweile gibt es aber zur Abhilfe eine wachsende Zahl von Mikrofinanzinstitutionen. Entstehende Streitigkeiten u.a. in Bamako zwischen der Stadtverwaltung und Betreibern des informellen Sektors sollen zukünftig auch sachgerechter als bisher gelöst werden. Die politischen Entscheidungsträger haben erkannt, dass dieser Wirtschaftsbereich den Lebensunterhalt eines Großteils der städtischen Bevölkerung sichert. Mittelfristig muss es aber das Ziel der malischen Regierung sein, diesen Sektor überflüssig zu machen und die Menschen in steuer- und sozialabgabenpflichtige Anstellungen zu bringen.

Wie in den meisten afrikanischen Staaten sind für Mali die Rücküberweisungen von im Ausland lebenden Auswanderern von volkswirtschaftlicher Bedeutung. Nach Schätzungen des

IWF belief sich 2010 die Summe auf rund 200 Millionen Euro, was in etwa 10 Prozent des Bruttoinlandsprodukts ausmachte. Diese Devisen unterstützen den Import und die Zahlungsfähigkeit dieses wirtschaftlich armen Landes.

Nachteilig auf die ökonomische Entwicklung Malis wirkt sich auch die verbreitete Korruption aus, die nach einer Weltbank-Studie weltweit zu den wichtigsten Investitionshemmnissen zählt. In den vergangenen Jahren konnte Mali aber Fortschritte in der Korruptionsbekämpfung erzielen. Das Land nimmt so nach neuesten Studien weltweit mittlerweile einen Mittelfeldplatz in der »Korruptions-Wahrnehmung« ein.

Fazit

Mali ist eines der ärmsten Länder der Welt und hat unter ökonomischen Gesichtspunkten vielfältige strukturelle Probleme aufzuweisen. Dennoch bietet das Land Hoffnung auf Besserung. Diese Hoffnung beruht vor allem auf den Bodenschätzen des Landes sowie seiner Landwirtschaft. Auf der Basis dieser beiden volkswirtschaftlichen Bereiche müssen die Regierenden in Bamako darum bemüht sein, die Industrie und den Handel des Landes weiter zu stärken und den informellen Sektor so weit wie möglich zu reduzieren. Langfristig sollte es das Ziel sein, alle Produktionsbereiche dem Weltmarktniveau anzunähern und somit den Export einheimischer Güter zu stärken. Höhere Exportzahlen könnten zu einer Ausweitung des Imports von Produkten führen, was wiederum eine Erhöhung des Lebensstandards im Land zur Folge hätte.

Das Hauptproblem des Landes ist gegenwärtig die unsichere politische Lage. Sie hemmt nicht nur die volkswirtschaftliche Entwicklung, sondern bringt auch eine geringere Investitionsbereitschaft ausländischer Unternehmen mit sich. Eine nachhaltige Lösung der volkswirtschaftlichen Probleme kann sich erst mit der Stabilisierung der politischen Lage ergeben.

Dieter H. Kollmer

Mündliche Überlieferung und schriftliche Fixierung von literarischen Texten gehen in Mali – wie in ganz Westafrika – bis heute Hand in Hand. Die »Meister des Wortes« sind Hüter und Vermittler von Geschichte und Geschichten. Tausende von Manuskripten, die von Gelehrten der Universität Timbuktu gesammelt wurden, belegen die Bedeutung einer frühen Schriftkultur. Im heutigen Mali gibt es eine vielfältige, auch international tätige Literaturszene. Durch seine Kolonialvergangenheit gehört das Land zur Frankofonie: Schriftsprache ist nach wie vor überwiegend das Französische, es werden aber auch Werke in einheimischen Sprachen im Land verlegt. Mehrere Romane aus Mali liegen in deutscher Sprache vor. Ein Bestseller war das 1984 erschienene zweibändige Werk »Segu« von der auf Guadeloupe geborenen Französin Maryse Condé über das Schicksal einer malischen Familie seit dem Ende des 18. Jahrhunderts.

■ Literatur in Mali

»An jedem Tag, an dem ein alter Mensch in Afrika stirbt, verbrennt eine Bibliothek.«

Dieser Spruch schmückt – in französischer Sprache – das Pariser UNESCO-Gebäude. Er stammt von Amadou Hampaté Ba (ca. 1900–1991), der damit auf die Bedeutung und die Gefährdung der mündlichen Überlieferung hinwies. Wenn ein Mensch, der Wissen angesammelt hat, stirbt, ohne es an seine Nachkommen oder Schüler weitergegeben zu haben, ist dieses Wissen genauso verloren wie eine verbrannte Bibliothek.

Als europäische Forscher, unter ihnen viele Deutsche, im 19. Jahrhundert begannen, Sprichwörter, Märchen, Legenden und Lieder aufzuzeichnen, wurden sie von den Afrikanern belächelt, denn die mündliche Überlieferung funktionierte ja noch: Mütter erzählten ihren Kindern Märchen und sangen ihnen Lieder vor. Zu festlichen Anlässen wurden Epen und Legenden rezitiert. Jeder kannte die Geschichten um Sundjata Keita, den Gründer des Reiches Mali, die Erzählungen von der Pilgerfahrt des Königs Mansa Musa, der im 14. Jahrhundert mit einem Gefolge von angeblich 60 000 Männern und Frauen nach Mekka reiste, und die Lobgesänge auf Sonni Ali, den Eroberer von Timbuktu. Geheime Texte dagegen sind auch heute noch bei den »Meistern des Wortes« gut aufgehoben: Kultgesänge und Informationen über Ereignisse und Machtverhältnisse, die nicht für alle Ohren bestimmt sind.

Amadou Hampaté Ba schildert in seiner Autobiografie, wie er als Kind in Bandiagara den »Meistern des Wortes« lauschte, die Lehrer und Entertainer zugleich waren. Als Angehöriger der Fulani, eines Hirtenvolkes, das über mehrere westafrikanische Staaten verteilt lebt und großen Wert auf Bildung und Erziehung legt, sprach er mehrere afrikanische Sprachen. In der Koranschule, deren Besuch für das schon seit Langem islamisierte Volk selbstverständlich ist, lernte er Arabisch. Als die Franzosen, die Hilfskräfte für die Verwaltung brauchten, eine Quote afrikanischer Kinder als Schüler ihrer Kolonialschule festlegten, wurde er hierfür ausgewählt. Man konnte sich allerdings aus dieser Verpflichtung loskaufen, was viele afrikanische Familien taten, denn sie fürchteten, die französische Schule würde ihnen ihre Kinder entfremden. Auch Amadous Mutter, eine wohlhabende Händlerin, wollte lieber Geld bezahlen, als ihren Sohn den Weißen auszuliefern, aber sein Koranlehrer hielt sie davon ab: »Warum sollte die Tatsache, dass Amadou zur Schule geht, einen Ungläubigen aus ihm machen? Der Prophet selbst hat gesagt: Die Kenntnis einer Sache, gleich welcher, ist der Unkenntnis vorzuziehen; und auch: Sucht Wissen von der Wiege bis zum Grab, und sei es in China!«

So suchte Amadou Hampaté Ba von klein auf Wissen, wo immer er es fand, und es wurde sein Lebenswerk, die afrikanische Tradition durch die Übertragung auf Medien, die nicht an sterbliche Menschen gebunden sind, zu retten. Als Angestellter der französischen Kolonialverwaltung reiste er durch ganz Westafrika und zeichnete die mündliche Überlieferung auf. Nach der Unabhängigkeit Malis hatte er viele einflussreiche Posten inne und kümmerte sich als Mitglied des Exekutivrates der UNESCO um die Bewahrung afrikanischen Kulturgutes. Zu Beginn der 1970er Jahre gab er seine politischen Ämter auf und schrieb – neben weiteren Forschungsarbeiten

©Rue des Archives/AGIP/SZ Photo

– einen Roman, »Wangrins seltsames Schicksal«, über das Leben eines Kolonialdolmetschers, den er in seiner Jugend persönlich kennengelernt hatte. In seiner Autobiografie, von der bisher zwei Bände erschienen sind (»Jäger des Wortes« und »Oui mon commandant«), verknüpft er historische Fakten mit persönlichen Erinnerungen zu einem spannenden Epos, das bis ins 19. Jahrhundert zurückreicht.

Auch Yambo Ouologuem (geb. 1940) stammt

Yambo Ouologuem

SZ Photo/Kester & Co.

Leo Frobenius, 1928.

aus Bandiagara. Er gehört zur Ethnie der Dogon. 1968 erregte sein Roman »Das Gebot der Gewalt« Aufsehen. Das Buch wurde in Frankreich mit dem renommierten »Prix Renaudot« ausgezeichnet und bis heute immer wieder neu aufgelegt. In drastischer Sprache demontiert Yambo Ouologuem die behauptete Idylle vorkolonialer Gesellschaften, in der muslimische Eroberer und französische Kolonialisten brutal um die Herrschaft kämpfen. Die Einwohner des fiktiven Reiches Nakem – vom Erzähler »Negerpack« genannt – sind ihnen wehrlos ausgeliefert. Inmitten dieser Wirren geht ein deutscher Ethnologe namens Fritz Schrobénius seinen Forschungen nach und lässt sich dabei hinters Licht führen: Gern akzeptiert er vorgetäuschte Beweise angeblich paradiesischer Zustände der frühen Agrargesellschaft. Hier karikiert Ouologuem den Frankfurter Völkerkundler Leo Frobenius (1873–1938), dessen Arbeit in Afrika auf Unverständnis stieß.

Der Kampf um die Städte des Songhay-Reiches, das auf dem Gebiet des heutigen Mali lag, ist auch Stoff der zweibändigen Familiensaga »Segu« von Maryse Condé. Sie ist keine Malierin, sondern wurde in Guadeloupe geboren. Durch Heirat kam sie nach Guinea, wo sie ihre Promotion über westafrikanische Geschichte schreiben wollte. Ihre Erkenntnisse schienen ihr dann als Romanstoff besser geeignet. Am Beispiel der Familie Traoré erzählt sie, wie ein Volk, das sein Leben im Einklang mit der Natur genießt, durch die aufgezwungenen monotheistischen Religionen gleichsam erstarrt: Musik und Tanz, Fröhlichkeit und Genuss jeder Art werden von den Gotteskriegern verboten.

Während der Dschihad wütet, lauern im Busch Sklavenjäger und verschleppen junge Menschen an die Küsten, wo europäische Händler sie aufkaufen und nach Amerika verschiffen. Bald tritt auch das Christentum auf den Plan: Söhne und Enkel der Traorés geraten teils freiwillig, teils unter Zwang in die neuen Strömungen und entfernen sich geistig und geografisch immer weiter von den Mauern ihrer Heimatstadt.

Auch in diesem Roman spielt ein europäischer Forscher eine kleine Rolle: Am Anfang der Geschichte taucht ein Weißer vor den Mauern Segus auf und erweckt die Neugierde der Menschen, die noch nicht ahnen, welche Folgen diese Begegnung haben wird. Es ist das Jahr 1795, in dem der schottische Entdecker Mungo Park auf der Suche nach dem Verlauf des Niger nach Segu kam.

Eines der – unerreichten – Ziele von Mungo Park war Timbuktu, die geheimnisvolle Oasenstadt, von der viele europäische Forschungsreisende träumten. Sie war Verkehrsknotenpunkt und Hort des Wissens zugleich. Die Karawanenroute der westlichen Sahara endete hier, die Universität von Sankore zog seit dem 14. Jahrhundert muslimische Intellektuelle der ganzen Welt an. In der nach dem Gelehrten Ahmed Baba (1556–1627) benannten Bibliothek wurden über zwanzigtausend Handschriften gesammelt. So gehört auch die geschriebene Literatur, sei es in Arabisch, sei es in Tamaschek, der Sprache und Schrift der Tuareg, zum kulturellen Erbe Malis. Die jüngsten Angriffe auf diese und andere Bibliotheken zeigen aber auch, dass nicht nur mündlich tradiertes Wissen gefährdet ist. Hier brannten Bibliotheken im wörtlichen Sinn. Ihre Rettung ist die Digitalisierung der Dokumente, die bereits in Arbeit ist.

Erlebte Geschichte aus malischer Sicht präsentiert die – leider nicht ins Deutsche übersetzte – Autobiografie der Politikerin Aoua Keita (1912–1980) »Femme d'Afrique« von 1975. Sie erzählt den Weg der französischen Kolonie »Sudan« zum heutigen Staat Mali und ihren Anteil daran. Dabei sind ihre Widersacher nicht nur die Franzosen, sondern auch die Männer ihres Volkes. 1959, nach ihrer Wahl zur Abgeordneten, verbot ihr ein Dorfchef, sein Gebiet zu betreten mit der Begründung, ihre Frechheit, politisch tätig zu sein, trage zur Missachtung der afrikanischen Männer bei. Das lebendig und anekdotenreich erzählte Werk, das auch Fehlentwicklungen klar benennt, gehört zur Sachliteratur, enthält aber – ganz im Sinne afrikanischer Wissensvermittlung – Elemente der kreativen Literatur.

Aïcha Fofana (1957–2003) hat in Paris, Mannheim und Oxford studiert. In ihren Romanen und den Theaterstücken, die sie mit Victoria Diawara inszenierte, kritisiert sie Korruption, Heuchelei und Unterdrückung der Frauen. Letztere sieht sie insbesondere in der noch vielerorts üblichen Leviratsehe, d.h. der erzwungenen Ehe einer Witwe mit dem Bruder ihres Mannes, durch die sichergestellt wird, dass Besitz und Kinder in der väterlichen Familie verbleiben.

In allen literarischen Genres ist der Arzt und Politiker Seydou Badian Kouyaté, seit 2009 Noumboina (geb. 1928) zu Hause. Sein Drama »La mort de Chaka« (Tschakas Tod) über den südafrikanischen Zulu-Herrscher gehört zur Literatur der »Négritude«, welche die afrikanische Kultur und Geschichte aufwertete. Noch in der Kolonialzeit schrieb er mit dem kleinen Roman »Sous l'orage« (Unter dem Gewitter) ein Plädoyer für die behutsame Erneuerung der Sitten: Eine junge Frau schafft es, den ihr zugedachten Ehemann abzulehnen und einen Studenten, den sie liebt, zu heiraten, ohne dass der Familienfriede darunter

©Rue des Archives/AGIP/SZ Photo

Der malische Entwicklungsminister Seydou Badian Kouayté (l.) trifft den senegalesischen Präsidenten Léopold Sédar Senghor in Dakar zu Gesprächen über die Verbesserung der Beziehungen zwischen den beiden Ländern am 26. Januar 1963.

leidet. Das Buch wurde seit 1963 immer wieder neu aufgelegt und war der Verkaufsschlager des Pariser Verlages »Présence Africaine«.

Badian war unter Modibo Keita Landwirtschafts- und Entwicklungsminister. In dieser Zeit schrieb er auch den Text der malischen Nationalhymne. Nach dem Militärputsch von 1968 war er bis 1975 in Haft, ging dann nach Paris. Dort entstand sein Roman »Noces sacrées« (Heilige Hochzeit), ein Versuch, die als »Fetischismus« diskreditierte afrikanische Magie zu rehabilitieren: Ein Franzose bekommt nach dem Kauf einer als heilig geltenden Statue Alpträume, die ihn an den Rand des Wahnsinns treiben, bis er dem Rat eines afrikanischen Arztes folgt und sich einem Reinigungsritual unterzieht.

Immer wieder hört man von afrikanischen Autoren, dass sie nicht so frei seien, ihre Themen zu wählen, wie Schriftsteller anderer Länder. Man erwarte von ihnen die Beschreibung der eigenen Geschichte. Sie seien moderne »Griots«, Barden, deren Aufgabe es sei, Geschehnisse in künstlerische Form zu bringen und zu vermitteln.

Massa Makan Diabaté (1938–1988) aus Kita war ein ausgebildeter Griot, der Tradition und Moderne mit seiner Kunst zusammenbrachte. Nach dem Besuch der französischen Schule und dem Studium in Paris begann er mit Übersetzungen der ihm von seinem Onkel überlieferten Mandingo-Epen ins Französische. Später schrieb er Romane, die mit Preisen ausgezeichnet wurden. Ein Gymnasium in Bamako trägt seinen Namen.

Der erste malische Kriminalroman liegt auch auf Deutsch vor: »Bogenschütze« von Modibo Sounkalo Keita (geb. 1948), erschienen im Original 1984 in Paris. Ein reicher Mann, den die Leute »die Hyäne« nannten, wird tot aufgefunden. Kommissar Mbayes Recherchen beginnen im ethnographischen Museum. Denn die Mordwaffe ist ein Pfeil, dessen Herkunft Mbaye zum Mörder führen kann. Traditionelles magisches Denken und moderne Verbrechensaufklärung gehen Hand in Hand, während der Bogenschütze seine nächsten Opfer niederstreckt: wohlhabende Bürger, die vor Jahren ihr Dorf im Stich gelassen haben. Einen goldenen Fetisch sollten sie verkaufen und dafür Lebensmittel zurückbringen, aber sie steckten sich das Geld in die eigenen Taschen. Ein Freund des Kommissars, der Journalist Simon, reist in dieses Saheldorf, wo die Bauern unter der Dürre leiden und Entwicklungshilfe nur ein Tropfen auf den heißen Stein ist und dennoch Begehrlichkeiten weckt.

Der Autor, der in der Sowjetunion studiert hat und Rundfunkjournalist war, versteht seinen Roman als Anklage gegen diejenigen, die von der Dürre profitieren: die Veruntreuer und Krisengewinnler, die ganz oben sitzen und das ganze Land, auch die Presse kontrollieren. Auch deshalb konnte der Autor seinen Protest in Buchform nur in Frankreich veröffentlichen. Er wurde 1984 mit dem »Grand Prix littéraire de l'Afrique noire« ausgezeichnet; seine zentrale Forderung aber ist immer noch nicht erfüllt: gerechte Preise für Afrikas Produkte anstelle von Almosen.

Moussa Konaté, 1951 in Kita geboren, siedelt seine Kriminalromane im Dogonland an. In »L'empreinte du renard« (Fuchsspur) etwa ergeben die Untersuchungen unter anderem, dass die Autorität junger Funktionäre nur vorgeschoben wird; die wahre Herrschaft üben immer noch, wie überall in Afrika, die alten Männer aus.

Moussa Konaté ist ein überaus produktiver Autor. Um sich ganz dem Schreiben widmen zu können, gab er zum Entsetzen aller seine Stelle als Gymnasiallehrer auf. Der Pariser Verlag »Présence Africaine« veröffentlichte 1981 seinen ersten Roman »Le prix de l'âme« (Der Preis der Seele). Moussa Konaté verfasst außer Romane auch Theaterstücke und Erzählungen sowie Märchen und Kinderbücher, die er in seinem eigenen Verlag »Le Figuier« in Bamako herausbringt. Er schreibt – wie alle bekannten malischen Autoren – auf Französisch, propagiert aber inzwischen auch die einheimischen Sprachen. Er gehört zur Leitung der Buchmesse Bamako (Festival Etonnants Voyageurs) und hat 2006 in Limoges (Frankreich) den Verlag »Hivernage« gegründet.

Ein im Dezember 2012 gegründetes malisches Gremium von Repräsentanten der Universität, des Buchhandels und des Schriftstellerverbandes hat den Roman »Femmes sans avenir« (Frauen ohne Zukunft) von Hanane Keita zum Buch des Jahres 2012 gekürt. Die in Ägypten geborene Autorin setzt sich mit der Polygamie auseinander und propagiert eine frauenfreundliche Lesart des Korans.

Almut Seiler-Dietrich

Ethnische Identität ist nur eine von vielen in afrikanischen Ländern wie Mali. Vielmehr empfinden die Menschen zahlreiche Zugehörigkeiten wie die zu einer gemeinsamen Religion oder der Herkunft aus einem bestimmten Gebiet. In Mali sind zudem die sogenannten Scherzverwandtschaften verbreitet. Gleichwohl lassen sich oftmals mit der größere Gruppen umfassenden Ethnizität am leichtesten Massen politisch mobilisieren. In Mali ist dies besonders deutlich an den Auseinandersetzungen zwischen den Angehörigen der meist hellhäutigeren Tuareg und den in der Regel dunkelhäutigeren Bewohnern der südlichen Landesteile zu sehen. Dabei sind es neben der gemeinsamen Sprache vor allem die nomadische Lebensweise bzw. deren Ende sowie Benachteiligungen durch die Zentralregierung, welche die Tuareg als ethnische Gruppe zusammenhalten. Die Bevölkerung des Südens lässt sich zahlreichen Ethnien zuordnen. Hierbei ist erkennbar, dass überwiegend die Angehörigen der Mande die bedeutendsten Positionen bekleiden. Ansonsten spielen ethnische Zugehörigkeiten und Zuschreibungen nur eine untergeordnete Rolle.

■■■ Die ethnische Dimension
des Konfliktes in Mali

Gesellschaftliche Strukturen sind niemals gleichbleibend, sondern unterliegen einem ständigen Wandel und einer Neukonstruktion. Traditionen werden erfunden, weiterentwickelt und wieder verworfen. Sie dienen im Rahmen von offenen oder stillschweigend akzeptierten Regeln dazu, Werte und Verhaltensnormen durch Wiederholung einzuschärfen, wodurch eine Kontinuität mit der Vergangenheit hergestellt wird.

Die Konstruktion von ethnischen Zugehörigkeiten, sowohl durch Selbst- wie auch durch Fremdzuschreibungen, fand und findet auch in Mali immer wieder erneut statt und unterliegt einer permanenten Reproduktion. Wenn also im folgenden Text Völker und deren Siedlungsgebiete sowie hauptsächliche ökonomische Betätigungen und andere »Charakteristika« beschrieben werden, so sind sie unter den oben angesprochenen Aspekten zu betrachten.

Oft wurden ethnische Identitäten erst durch die Politik der Kolonialmächte geschaffen. Vor der Kolonisierung waren in Afrika wie überall auf der Welt multiple Identitäten üblich, die gleichberechtigt nebeneinander standen. Diese wurden aus Gründen der Machtausübung jedoch häufig einer besonderen Identität untergeordnet. Bis heute sind die Auswirkungen dieser Entwicklung in vielen Konflikten zu spüren, da ethnische und religiöse Identitätsvorstellungen am stärksten zu wirken scheinen. Die Beziehungen der einzelnen Gruppen zueinander sind von mehreren Faktoren, wie historischen, ökonomischen und politischen Verbindungen, abhängig und unterliegen ebenfalls einer permanenten Neuinterpretation.

Ethnizität in Mali

Eine Besonderheit, deren Bedeutung oft hervorgehoben wird, ist die »Cousinage à Plaisanterie« (Scherzverwandtschaft). Einigen Analysten und fast allen Einheimischen gilt sie als wesentlicher Faktor für das Zusammenleben in Mali und anderen Staaten in Westafrika. Manche sehen diese Form von Beziehungen sogar als grundlegend für die Gesellschaft an. Im Rahmen dieser Scherzbeziehungen dürfen sich die Mitglieder verschiedener Gruppen nach im Wesentlichen festen Regeln gegenseitig verspotten. Diese Tradition wird im Alltag nach wie vor gepflegt. Sowohl innerhalb ethnisch definierter als auch zwischen unterschiedlichen Gruppen ist dies möglich. Diese Form der Beziehungsgeflechte soll historisch weit zurückreichen. Darstellungen der »Cousinage à Plaisanterie« haben allerdings immer einen romantisierenden Beigeschmack, wenngleich ihre Bedeutung als gesellschaftliche Institution nicht geschmälert werden soll. Dass dieser Form des Miteinanders eine Bedeutung zukommt, wird schon alleine dadurch belegt, dass es dafür unterschiedliche Namen in den afrikanischen Sprachen Malis gibt.

Ethnie, Stamm und Volk

Für viel Verwirrung sorgen die oftmals austauschbar verwendeten Begriffe Ethnie, Volk und Stamm. Tatsächlich teilen sie eine gemeinsame Herkunft von dem griechischen Wort Ethnos, das etwa Volk, aber auch Stamm bedeuten kann. Mit der europäischen Weltexpansion und später Kolonisation von Gebieten in Afrika, Amerika und Asien verwendeten die Eroberer diese Kategorien, um die unterworfenen Bevölkerungen zu untergliedern. Denn Stände und später Einkommensgruppen wie in Europa waren für sie nicht erkennbar. Im 19. Jahrhundert verfeinerten die wissenschaftlich orientierten Völkerkundler und Ethnologen diese Praxis und erfanden dabei sogar teilweise neue Gruppen. Mittlerweile ist der Stammesbegriff verrufen, da er häufig mit der Eigenschaft »primitiv« verbunden wurde.

Die Europäer orientierten sich bei ihren Einteilungen zwar an den vor Ort vorgefundenen Begriffen von Gruppen, jedoch verstanden sie diese meist im Sinne von kleinen Nationalstaaten als klar voneinander abgegrenzt. Tatsächlich existierten jedoch vielfache Zugehörigkeiten wie die zu handwerklichen Gruppen oder Herkunftsorten, die durchaus ineinander übergingen oder wechselten. Zudem erkannten schließlich auch Soziologen und Ethnologen, dass die vermeintliche gemeinsame Abstammung der Einheimischen oft nur eine gefühlte war, sich jedoch kaum nachweisen ließ und dementsprechend auch neu definiert werden konnte. Die bis heute weitverbreiteten Karten mit klar umrissenen Siedlungsgebieten von Ethnien sind daher nicht nur aufgrund der ihnen zugrundeliegenden Daten sehr fragwürdig.

Gleichwohl schufen die Kolonialherren durch ihre Einteilungen auch tatsächliche Gemeinschaften. Denn da sie nie genügend Soldaten und Verwaltungspersonal aus der Heimat mitbrachten, mussten sie einheimische Gruppen als Mittler in einem System des »Teilens und Herrschens« verwenden. Diese Gruppen machten sie in der Regel mittels der genannten ethnischen und Stammes-Kategorisierungen aus und wiesen deren Angehörigen Vorteile zu. Da sowohl Territorium als auch Kolonialapparat größtenteils gleich blieben, erhielt sich diese ethnische Politik auch nach der Unabhängigkeit vieler ehemaliger Kolonien.

Das verheerendste afrikanische Beispiel aus jüngerer Zeit ist sicherlich der Völkermord in Ruanda von 1994. Eine entscheidende historische Voraussetzung hierfür war, dass zunächst die deutschen und nach dem Ersten Weltkrieg die britischen und belgischen Kolonialherren der Gruppe der Tutsi Herrschaftsfunktionen zuwiesen und diese damit erst fest von anderen Gruppen abgrenzten. Rebellen der zahlenmäßig größeren Bevölkerungsgruppe der Hutu begehrten in mehreren Aufständen schließlich auf und ermordeten zahlreiche Tutsi, die sie durch ihre Ausweispapiere identifizieren konnten. Gleichwohl ist die Vorstellung von »ethnischen Kriegen« irreführend, da es sich bei den ethnischen Einteilungen nur um ein, zudem selten konsequent verwendetes Mittel zur Bildung von bewaffneten Gruppen in Konflikten handelt. Diese Gruppenbildungsmechanismen sind jedoch nicht selbst die Ursache der Konflikte. *PM*

In der Innenpolitik Malis sind ethnische Spannungen kaum vorhanden, von den Rebellionen der Tuareg abgesehen. Obwohl die Geschichte Malis seit der Unabhängigkeit turbulent verlaufen ist, prägte im Wesentlichen doch inter-ethnische sowie inter-religiöse Toleranz das Zusammenleben. Der Grund dafür könnte jedoch weniger in den ethnischen Beziehungen liegen als vielmehr im ökonomischen Bereich.

Die verschiedenen Gruppen, die hauptsächlich von landwirtschaftlicher Betätigung leben, konkurrieren weder um dasselbe Land, noch sind sie in der Lage, soviel Überschuss zu produzieren, dass sie anderen Gruppen ihre Position über den Markt streitig machen. Viehzüchtende Gruppen im Norden waren demgegenüber viel schlechter gestellt. Dürreperioden haben ihren Viehbestand immer wieder dezimiert und sie fühlen sich sowohl von der Regierung, als auch von internationalen Hilfsorganisationen vernachlässigt. Preise für Futtermittel steigen, während der Viehpreis fällt. Denn in Zeiten besonders schlechter Bedingungen versuchen viele verzweifelte Tierbesitzer, ihr Vieh zu verkaufen, bevor es verhungert und damit wertlos wird.

Besonders vor diesem ökonomischen Hintergrund, aber auch angesichts des Zugangs zu politischer Entscheidungsmacht sind die gewaltsamen Konflikte und Auseinandersetzungen in Mali zu betrachten. Dass dabei ethnische und/oder religiöse Vorurteile bemüht werden, dient mehr der Mobilisierung bereits aktiver oder möglicher Mitstreiter. Letztendlich werden, wie in allen menschlichen Gesellschaften, soziale Strukturen und Hierarchien permanent reproduziert und den Umständen angepasst.

Urbanisierung und Mobilität waren und sind auch in Mali wesentlich dafür verantwortlich, dass die Menschen vermehrt ihre ursprüngliche Heimat verlassen und sich meist aus ökonomischen Gründen in den Städten niederlassen. Dieser Trend wird sich in den nächsten Jahren fortsetzen und verstärken. Damit geht einher, dass traditionelle Vorstellungen und Bräuche aufgegeben, verändert und neue erfunden werden. Angaben über Siedlungsräume und hauptsächliche wirtschaftliche Betätigung sind daher mit Vorsicht und aus einer historischen Perspektive zu betrachten.

Ethnische Gruppen in Mali

In Mali werden mehr als 50 Sprachen gesprochen, wobei jeweils die Anzahl der Sprecher stark variiert. Sie reicht von nur ein paar hundert Personen (z.B. Jahanka) bis zu mehreren Millionen (Bamanankan). Als ehemalige Kolonialsprache besitzt Französisch ein großes Gewicht. Neben den sprachlichen existieren in Mali aber auch ethnische Kategorien, die im täglichen Leben ebenso eine Rolle spielen wie die Scherzbeziehungen, die über ethnische Grenzen hinweg ein zentraler Faktor des Zusammenlebens sind.

Heiraten über ethnische Grenzen hinweg sind nicht unüblich und die Frage der Identität wird meist nur in Konfliktsituationen thematisiert. Besonders wichtig erscheint im Zusammenhang mit Konfliktsituationen die Rolle der Religion. Die religiöse Praxis weist jedoch deutliche Unterschiede auf. Während Musik für einen Teil der Bevölkerung wesentlich ist und in das tägliche Leben integriert werden kann, lehnen andere bereits Klingeltöne von Mobiltelefonen aus religiöser Überzeugung ab. Im Folgenden werden exemplarisch einige ethnische Gruppen ausgewählt, um die Vielfalt in Mali zu dokumentieren.

Die Tuareg: Marginalisierte Rebellen

Die wohl bekannteste ethnisch definierte Gruppe in Mali sind die sogenannten Tuareg. Sie sind ein halbnomadisches Berbervolk, die Angaben über ihre Anzahl schwanken zwischen 1,2 und 1,5 Mio. Menschen. Sie leben in voneinander unabhängigen Föderationen vorwiegend in Mali und Niger, aber auch zu einem geringeren Anteil in Burkina Faso, im Süden Algeriens, im Südwesten Libyens und im Norden Nigerias. Sie stellen in keinem der Staaten die Bevölkerungsmehrheit. In Mali wird ihr Anteil an der Bevölkerung auf ca. 10 Prozent, möglicherweise auch darunter geschätzt. Zwischen den Tuareg gibt es regionale Unterschiede, über eine gemeinsame Sprache sind sie jedoch miteinander verbunden. Sie selbst bezeichnen sich als Kel Tamasheq (Sprecher des Tamasheq). Zur Herkunft der Bezeichnung Tuareg gibt es mehrere Erklärungen. Sicher ist, dass der Begriff während der Kolonisierung von den Franzosen übernommen und damit in den europäischen Sprachgebrauch eingeführt wurde und für die betroffenen Menschen negativ besetzt ist.

Es ist insgesamt sehr schwierig, die Gesellschaft der Tuareg zu beschreiben, da keine einheitliche, für alle Tuareg-Gruppen verbindliche Terminologie existiert, die Größe und Bedeutung der Gruppen variieren und historische und geografische Faktoren ebenfalls eine Rolle spielen. Was sich jedoch feststellen lässt, ist, dass sich die Gesellschaft der Tuareg nicht nur horizontal in politische Einheiten unterschiedlicher Größe gliedert, sondern von außen betrachtet auch vertikal in Klassen bzw. Kasten. Zusätzlich zu den Kategorien Adel und Vasallen unterteilten sich die Tuareg in religiöse Stämme, Handwerker, Bau-

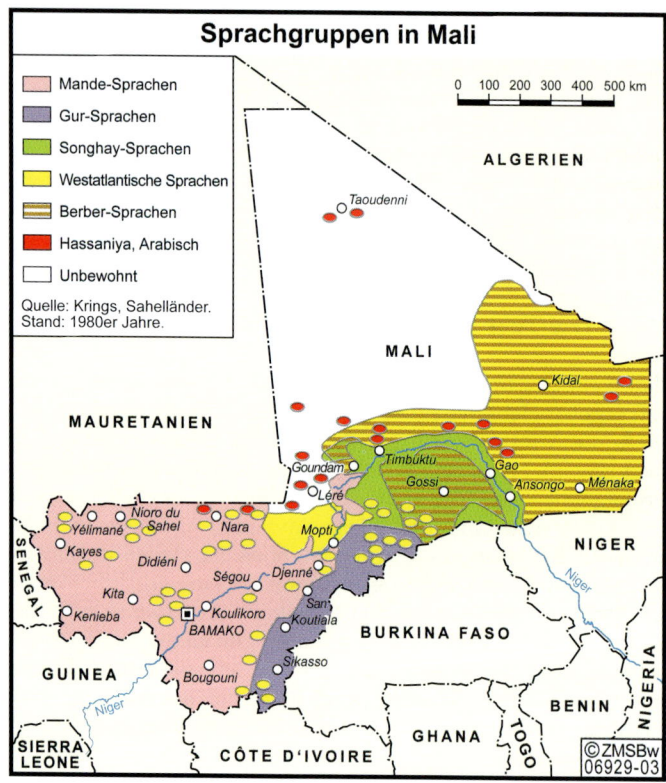

Sprachgruppen in Mali

Mande-Sprachen
Gur-Sprachen
Songhay-Sprachen
Westatlantische Sprachen
Berber-Sprachen
Hassaniya, Arabisch
Unbewohnt

Quelle: Krings, Sahelländer.
Stand: 1980er Jahre.

0   100 200 300 400 500 km

ALGERIEN

Taoudenni

MALI

MAURETANIEN

Kidal

Timbuktu   Gao
Goundam   Gossi   Ansongo   Ménaka
Léré

Nioro du
Sahel   Nara   Mopti
Yélimané
Kayes   Didiéni
Ségou   Djenné
Kita   San
Kenieba   Koulikoro   Koutiala
BAMAKO

NIGER

BURKINA FASO

GUINEA   Bougouni   Sikasso

BENIN
GHANA   TOGO   NIGERIA

SIERRA
LEONE   CÔTE D'IVOIRE

SENEGAL

Niger

©ZMSBw
06929-03

ern und Sklaven, was in abgeschwächter Form bis heute weiter
wirkt. Ihre ökonomische Betätigung war in der Vergangenheit
im Wesentlichen auf Viehzucht und andere Tätigkeiten in der
landwirtschaftlichen Produktion beschränkt. Große Bedeutung
kam dem Handel zu, weshalb die Tuareg auch als »Spediteure«
durch die Sahara einen wichtigen Beitrag leisteten und leisten.
In der jüngeren Vergangenheit nutzten sie ihre Kenntnisse auch
für Schmuggel von Menschen, Waffen, Drogen, Öl und Zigaretten. Mehrere der dabei genutzten Routen führen durch Mali und
sichern vielen Menschen ihren Lebensunterhalt.

Vor allem in der zweiten Hälfte des 20. Jahrhunderts hat sich
das Leben für die Tuareg dramatisch verändert. Neue Grenzen,

Tuareg-Nomaden ziehen im Januar 2012 nahe der Stadt Timbuktu mit Kamelen und Ziegen durch die Wüste.

pa/dpa/Clare Byrne

die durch die Entkolonialisierung entstanden, bedeuteten nicht nur neue Länder und damit nationale Identitäten, die den Tuareg bis heute oft fremd geblieben sind, sondern auch Einschränkungen in der nomadischen Lebensweise. Daneben trugen ökologische Faktoren zur sozialen und ökonomischen Transformation bei. Katastrophale Dürreperioden dezimierten mehrmals den Viehbestand und damit die Lebensgrundlage vieler Tuareg.

In den neu entstandenen Staaten blieben die Tuareg bis heute am Rand der Gesellschaft, Rebellionen wie in Mali entfremdeten sie zusätzlich. Daher haben sich sowohl ihre gesellschaftliche Organisation als auch ihre wirtschaftliche Betätigung vor allem im Bereich größerer Ortschaften substanziell verändert. Dies wirkte sich nicht nur auf soziale Strukturen, sondern auch auf die wirtschaftlichen Möglichkeiten aus. Viele Tuareg haben ihre nomadische Lebensweise aufgegeben und leben nun in Dörfern und Städten.

In den 1930er Jahren begannen sich im Süden Malis politische Eliten herauszubilden. Im Norden fand unter den Tuareg keine ähnliche Entwicklung statt, weshalb sie auf die politischen Entwicklungen seit der Unabhängigkeit kaum einen Einfluss nehmen konnten. Ihre feudale soziale Organisation brach während der sozialistischen Phase nach der Unabhängigkeit zusammen und wurde nach den Aufständen von 1964 weitgehend zerschlagen. Allerdings änderte sich damit nichts an der Teilhabe an staatlichen Institutionen, denn die Tuareg fanden trotzdem nicht in die Mitte der malischen Gesellschaft, sondern blieben weiterhin ausgeschlossen. Dürreperioden ab den 1970er Jahren zwangen viele Tuareg dazu, ihre bisherigen Siedlungsgebiete zu verlassen. Sie fanden in Algerien und vor allem in Libyen Zuflucht, wo sie ab den 1980er Jahren in den Streitkräften Muammar al-Gaddafis kämpften, um das nötige Einkommen zum Überleben zu sichern.

Trotz eines 1996 geschlossenen Friedensabkommens mit der Regierung in Bamako, entluden sich in Mali Spannungen immer wieder sporadisch und gewaltsam. Isolierte bewaffnete Rebellionen in den Jahren 2006 und 2007 folgten auf Klagen über die Marginalisierung des Nordens. Verschiedenen Quellen zufolge könnte es sich jedoch auch um Streitigkeiten über Schmuggelaktivitäten gehandelt haben. Nicht zuletzt haben aber politische und ökonomische Marginalisierung sowie soziale Entwicklungen innerhalb der Tuareg-Gesellschaft zu einer Ethnisierung der Identität geführt, die im heutigen Konflikt eine wesentliche Rolle spielt.

Großräumige Konflikte, die eine ökonomische Grundlage hatten, wie etwa um Weiderechte oder den Zugang zu Ackerland, waren, abgesehen von den Tuareg-Rebellionen in der Vergangenheit, eher die Ausnahme. Was sich während der letzten Jahre allerdings zuspitzte, sind die Auseinandersetzungen um die Kontrolle des Schmuggels sowie der Schmuggelrouten.

Mande-Völker als politisch dominanter Faktor

Die Mande-Völker stellen etwa die Hälfte der Bevölkerung Malis dar. Dieser Gruppe gehören sowohl die Bambara als auch die Malinke und Soninke an, wobei die Bambara das zahlenmäßig größte Volk sind. Es ist nicht verwunderlich, dass daher seit der Unabhängigkeit auch viele Menschen eine Bambara-Identität besitzen und wichtige Positionen in Staat und Wirtschaft innehaben. Zu einem gewissen Grad gilt das auch für die Malinke. Beide Gruppen haben die Politik seit der Unabhängigkeit maßgeblich mitgeprägt. Der Einfluss dieser Gruppen ist jedoch nicht nur auf ihre zahlenmäßige Größe zurückzuführen. Andere Faktoren scheinen eine ebenso wichtige Bedeutung zu haben. Traditionell leben Bambara und Malinke in Süd- und Zentralmali und hatten damit einen geografischen Vorteil durch die Nähe zur Hauptstadt Bamako. Ein weiterer Faktor ist die »westliche« Ausbildung, die Angehörigen beider Gruppen bereits während der kolonialen Periode zuteil wurde. Die Dominanz der Bambara wird auch dadurch sichtbar, dass etwa 80 Prozent der Malier ihre Sprache als Verkehrssprache im täglichen Umgang nutzen.

Die politische und ökonomische Dominanz seit der Unabhängigkeit ist aber nur eine Seite der Medaille. Während der letzten Jahrzehnte sollen sich in der Hauptstadt Bamako Allianzen zwischen politischer Elite und Schmugglern von Waren aller Art gebildet haben, deren Basis weniger ethnisch oder religiös bestimmt wird, sondern eher auf Profitmaximierung ausgerichtet ist. Langfristige politische Lösungen nach allfälligen Wahlen im Sommer 2013 werden dieser Komponente verstärkt Rechnung tragen müssen.

Weitere relevante ethnische Gruppen

Eine der in Europa am bekanntesten ethnischen Gruppen in Mali ist die der Dogon. Sie leben in der Umgebung der Provinzstadt Bandiagara auf dem Mopti-Plateau. Die Siedlungen der Dogon bilden einen der touristischen Anziehungspunkte des Landes und die »Felsen von Bandiagara« genannten Siedlungen gehören zum Weltkulturerbe der UNESCO. Traditionelle Kunstformen sowie die Beibehaltung einer als traditionell empfundenen Lebensweise tragen zum ökonomischen Erfolg bei. Der Tourismus ermöglicht es einigen Dogon, ihr Auskommen als Kunsthandwerker zu finden, während sich die meisten Menschen in der Region nach wie vor landwirtschaftlich betätigen. Auf fehlende ökonomische Perspektiven weist auch die Tatsache hin, dass Dogon auf Arbeitssuche auch in die Hauptstadt sowie bis in die benachbarte Elfenbeinküste aufgebrochen sind. Ein interessanter Aspekt der Geschichte der Dogon ist, dass sie in der Vergangenheit Versuchen zur Missionierung bis zu einem gewissen Grad widerstehen konnten und nur etwa 30 Prozent zum Islam konvertierten. Der weitaus größte Teil der Dogon blieb traditionellen Religionsvorstellungen treu.

Ähnlich verhält es sich mit den Senufo (Eigenbezeichnung Siena), die ihre traditionellen Siedlungsgebiete im Südosten des Landes haben. Auch sie üben nach wie vor ihre afrikanische Religion aus. Der Anteil an Migranten unter ihnen scheint jedoch höher zu sein. Vor allem die städtischen Gebiete in Mali, aber auch die Elfenbeinküste und Frankreich galten in der Vergangenheit als bevorzugte Ziele der Migration.

Die meisten Angehörigen ethnischer Gruppen in Mali leben entweder als Bodenbauern, Nomaden oder Halbnomaden, einige von ihnen führen ihre Wurzeln auf frühere Großreiche zurück. Zu nennen wären in diesem Zusammenhang exemplarisch die Soninke (auch Saracolé), die im Nordwesten entlang des Senegal-Flusses ihr Hauptsiedlungsgebiet haben. Die Gesellschaft ist nach wie vor in einem relativ rigiden Kastensystem organisiert. Sie sollen Nachkommen der Menschen des Reiches Ghana (siehe Beitrag Hofbauer) sein, das etwa vom 8. bis zum 11. Jahrhundert in der Grenzregion des heutigen Mali und Mauretanien existierte.

Im Südosten Malis leiten die Songhay ihre Nachkommenschaft vom Songhay-Reich ab, das vom 15. Jahrhundert bis zur Zerstörung durch Marokko 1591 mit Gao als Hauptstadt bestand (siehe Beitrag Hofbauer). Die Songhay leben im Wesentlichen als Subsistenzbauern im Tal des Niger zwischen den Orten Djenné und Ansongo, einige nomadische Gruppen finden sich allerdings in ganz Mali sowie in Niger und Algerien.

Die Peul (auch Ful bzw. Fulani) leben über das gesamte westliche Afrika verteilt. In Mali siedeln sie im Bereich des Binnendeltas des Niger, wo ihre Sprache Fulfulde als Verkehrssprache genutzt wird. Gruppen finden sich auch noch im Osten des Landes.

Neben den oben angeführten ökonomischen Betätigungsfeldern siedeln in Mali auch mehrere ethnische Gruppen entlang des Niger, wie Bobo,

pa/Gavin Hellier/Robert Harding World Imagery

Eine Fulani-Frau mit traditionellen goldenen Ohrringen im Juni 2006.

Diawara und Bozo, deren Angehörige im Wesentlichen von der Fischerei leben.

Nördlich des Niger lebt neben den Tuareg eine weitere Gruppe, die oft vergessen wird: die sogenannten Mauren, ein Berbervolk, das zwischen Mali und Mauretanien überwiegend nomadisch lebt. Auch ihre Gesellschaft verfügt über ein rigides Kastensystem, in welchem die herrschende Kaste nach wie vor über ihre ehemaligen Sklaven oder deren Nachkommen dominiert.

Die Zukunft ethnischer Beziehungen

Inter-ethnische Konflikte könnten mit Blick auf die Nord-Süd-Trennung in Zukunft eine größere Bedeutung gewinnen. Während die Gefahr gewaltsamer Auseinandersetzungen im Süden nur begrenzt zu existieren scheint, könnten im Norden Racheakte durch Soldaten aus dem Süden durchaus ethnischen Charakter haben, indem Tuareg oder Angehörige anderer im Norden siedelnder Gruppen gezielt dafür ausgesucht werden. Diesbezügliche Anschuldigungen wurden vor allem zu Beginn der französischen Intervention von mehreren Nichtregierungsorganisationen wie »Human Rights Watch« ins Treffen geführt. Dies wiederum könnte die Nord-Süd-Trennlinien weiter verstärken.

Konflikte zwischen Gruppen aus den beiden Landesteilen könnten auch innerhalb der Sicherheitskräfte auftauchen, falls eine politische Einigung die (Wieder-)Eingliederung von Soldaten aus dem Norden vorsieht, ohne dass entsprechende Maßnahmen wie eine Sicherheitssektorreform durchgeführt werden. Diese müsste die ethnische Dimension berücksichtigen. Ethnische oder regionale Einheiten mit Soldaten nur aus einer ethnischen Gruppe oder einer Region erscheinen ebenso wenig zielführend wie die Aufstellung multiethnischer Verbände. In diesen könnten Angehörige von Minderheiten aus dem Norden auf individueller Ebene diskriminiert werden. Für Mali wird es in diesem Dilemma als Staat darauf ankommen, ethnische, religiöse oder regionale Differenzen auszuräumen und eine nationale Identität zu schaffen, die alle Malier umfasst, ohne dabei andere Identitäten zu benachteiligen oder zu zerstören.

Gerald Hainzl

Die damals überwiegend als Nomaden lebenden Tuareg widersetzten sich der Kolonialisierung durch Frankreich lange erfolgreich. Schließlich dennoch unterworfen, verwalteten die Franzosen die Tuareg über Mittler, lokale Häuptlinge, was die Tuareg jedoch bis zum Ende der Kolonialzeit nicht von Aufständen abhielt.

Die aus dem Süden des Landes stammenden Machthaber des unabhängigen Mali versuchten, die Tuareg zwangsweise zu modernisieren. Hiergegen rebellierten diese bereits 1963, jedoch erfolglos. Unter den aus dem Land vertriebenen Führern und Intellektuellen der Tuareg formierte sich, mit libyscher Unterstützung, die Keimzelle weiteren Widerstands. Anfang der 1990er Jahre erfolgten erneut Aufstände im Norden Malis, in deren Folge sich die Tuareg auch untereinander bekämpften. Mit – später nicht erfüllten – Zusagen über die Gewährung von Autonomie seitens der malischen Regierung ließ sich der Krieg beenden. Dennoch begann bereits im nächsten Jahrzehnt eine neue, nur kurzfristig militärisch unterdrückte Rebellion. Im 2012 begonnenen Krieg schafften es rebellierende Tuareg schließlich für kurze Zeit, die Macht im Norden zu übernehmen und den ideologisch mittlerweile tief verankerten eigenen Staat Azawad zu proklamieren. Das Foto zeigt Mitglieder der MNLA, die am 14. Februar 2012 die Flagge des von ihnen ausgerufenen Staates Azawad schwenken.

▰ Separatistische Bestrebungen der Tuareg in Mali

Grenzziehung und Staatenbildung der Kolonialmächte führten dazu, dass das Siedlungsgebiet der Tuareg sich seit der Unabhängigkeit auf fünf souveräne Länder verteilt: Algerien, Burkina Faso, Libyen, Mali und Niger. Die »Herren der Wüste« widersetzten sich zunächst der Eingliederung und Herrschaft durch die Kolonialmächte Frankreich und Italien (Libyen) und dann ihrer Einbindung in die postkolonialen Staaten. Drei Besonderheiten kennzeichnen den Wunsch der Tuareg nach einem eigenen Staat: erstens die Tatsache, dass ihr Siedlungsgebiet, das zwischen fünf postkolonialen Staaten aufgeteilt worden ist. Zweitens sind irredentistische Forderungen nach einer Vereinigung aller Tuareg in einem Flächenstaat nie offiziell laut geworden, geschweige denn unterstützt worden – selbst wenn es schon immer sezessionistische Bestrebungen bei den Tuareg in Mali und Niger gegeben hat, die sogar zu bewaffneten Aufständen in den beiden Ländern geführt haben. Drittens haben Tuareg-Vertreter bis zur jüngst erfolgten Gründung der Separationsbewegung »Mouvement National de Libération de l'Azawad« (MNLA) in Mali den Wunsch nach nationaler Unabhängigkeit in offiziellen Verhandlungen mit den Staaten, gegen die sie kämpften, nie angesprochen.

Das politische System der Tuareg und der aufgezwungene Kolonialstaat

Seit Langem leben die Tuareg in den Gebirgszügen der Zentralsahara – Ajjer, Hoggar (Ahaggar), Aïr und Adagh n'Ifoghas (Adrar des Iforas) –, in den benachbarten Ebenen der Sahel-Sahara am südlichen Rand der Wüste und im inneren Nigerbogen. Sie sind ausnahmslos Muslime, aber nicht für alle Tuareg hat der Islam dieselbe identitätsstiftende Bedeutung. Bis zur zweiten Hälfte des 20. Jahrhunderts lebten viele Tuareg als Nomaden, betrieben Viehzucht und Karawanenhandel. Die Dürren der 1970er und 1980er Jahre führten dazu, dass die Tuareg ihre wirtschaftlichen

Aktivitäten und ihre Lebensweise änderten; neben der Viehzucht betrieben sie vermehrt Ackerbau oder lebten nun als abhängig Beschäftigte in Dörfern und Städten der benachbarten Länder.

Seit jeher waren die Tuareg in mehreren ähnlich strukturierten Stammesverbänden politisch organisiert; diese herrschten über bestimmte Teile der Tuareg-Welt und vor der kolonialen Eroberung auch über benachbarte Völker. Die Stammesverbände stritten um wirtschaftliche und politische Ressourcen, sodass sich eine interne politische Hierarchie von Stämmen herausbildete. Dieser politische Raum gehörte zu den letzten Teilen Afrikas, die kolonisiert wurden. Gegen die kolonialen Eroberer leisteten die meisten Tuareg-Gruppierungen starken Widerstand und es gelang ihnen mehrmals, französische Expeditionen zu besiegen. Wenngleich sich alle Stammesverbände am Anfang des 20. Jahrhunderts geschlagen gaben, brachen während des Ersten Weltkrieges zahlreiche Revolten aus. Der andauernde Widerstand kleinerer Gruppen führte dazu, dass die »Pax Gallica« erst 1934 erreicht wurde.

Nach der Eroberung und »Befriedung« nahmen die Tuareg jedoch einen privilegierten Platz in der kolonialen Vorstellung der Franzosen ein. Das »koloniale Privileg« hatte jedoch zweifelhafte Auswirkungen. Weder Zwangsarbeit noch Militärdienst mussten die Tuareg leisten, gleichzeitig waren sie aber auch bis Mitte der 1940er Jahre von westlicher Bildung ausgeschlossen. Die Sicht der Tuareg auf diese Zeit ist heute äußerst ambivalent. Zwar hegen viele gegenüber ihren früheren Kolonialherren, insbesondere den Franzosen, wohlwollende Gefühle, aber die Erinnerung an den Widerstand gegen die westlichen »Ungläubigen« ist bis heute lebendig geblieben.

Eine auf 1931 datierte Aufnahme von Tuareg-Reitern und Fußsoldaten in Timbuktu.

Die Rebellionen der 1999er Jahre in Mali

Im Norden Malis erhoben sich die Tuareg 1990 gegen den malischen Staat. Der Aufstand der Tuareg war ein Konflikt geringer Intensität. Bereits in den späten 1980er Jahren hatten sie mit logistischen Vorbereitungen begonnen, indem sie Waffendepots einrichteten. Ende Juni 1990 griff eine Gruppe spärlich bewaffneter Rebellen die Stadt Ménaka in Nordmali an und eröffnete damit die Kampfhandlungen. Die Rebellen organisierten sich als die »Mouvement Populaire pour la Libération de l'Azawad« (MPLA). In dieser Phase errang die MPLA einige Siege über die malische Armee. Ungefähr 200 erfahrene Guerillas setzten eine hoch-bewegliche motorisierte Guerillataktik ein. Die malischen Streitkräfte waren gezwungen, zwei Drittel ihrer Verteidigungsstärke einzusetzen: ungefähr 4000 Mann. Die meisten Opfer bei den Vergeltungsmaßnahmen der malischen Armee waren Zivilpersonen, weshalb die Zivilbevölkerung mit den Rebellen sympathisierte und viele junge Männer sich der MPLA anschlossen.

Die Kampfweise der Tuareg

Die Aufstände von Tuareg-Gruppen seit den 1990er Jahren zeigen, dass diese sich darauf verstehen, Elemente ihrer traditionellen Kampfweise mit modernen Mitteln zu verbinden. Dies wird deutlich entlang der Forschungsergebnisse des Ethnologen Georg Klute (siehe Beitrag Klute/Lecocq), der sich seit über 20 Jahren auch vor Ort mit den Kriegen der Tuareg wissenschaftlich befasst.

Ursprünglich zumeist als Nomaden lebend, führten die Tuareg auch ihre Kämpfe in der für Nomaden typischen Form. Das heißt, sie griffen ihre Gegner meist überraschend an, indem sie die Geschwindigkeit von Pferden oder Kamelen nutzten und

pa/Ferhat Bonda

Typischer Toyota-Pick-up-Truck wie ihn die Tuareg-Rebellen als Gefechtsfahrzeug nutzen, aufgenommen am 14. Februar 2012.

sich in den Nahkampf stürzten. Mit dem Einsatz präziser Feuerwaffen und schließlich sogar gepanzerter Gefechtsfahrzeuge durch die Kolonialmächte gingen diese Vorteile verloren.

Erst mit der Möglichkeit, geländegängige Fahrzeuge zu erwerben, konnten die Tuareg wieder Elemente der traditionellen nomadischen Kampfweise anwenden. Ähnlich wie andere Rebellengruppen der außerwestlichen Welt, verwenden sie seit dem Aufstand der 1990er Jahre typischerweise Toyota-Pick-up-Trucks, mit denen sie überraschend angreifen. Voraussetzung hierfür war ein längerer Prozess, in dessen Verlauf sich die Tuareg bereits für den Grenzschmuggel die Technik dieser Fahrzeuge aneigneten und sie an ihre Lebensräume anpassten. Hierzu statten sie die Geländewagen mit selbstgefertigten Extratanks und zusätzlichen Stoßdämpfern sowie improvisierten Staubfiltern aus. Um möglichst lange unentdeckt zu bleiben, tarnen sie die Fahrzeuge mit Wüstenfarben und nutzen während der Fahrt die Konturen des Geländes aus. Als Bewaffnung montieren sie schließlich Maschinengewehre mit Dreibein auf die Ladefläche.

Üblicherweise befinden sich bis zu zwölf Mann auf einem Fahrzeug, von denen drei einschließlich Kommandant im Fahrerhaus sitzen. Die übrigen Kämpfer befinden sich auf der Ladefläche. Von diesen bedient einer das Maschinengewehr, ein weiterer ist mit Panzerfaust und die restlichen zehn sind mit Sturmgewehren bewaffnet. Nur im Notfall – etwa beim überraschenden Treffen auf den Gegner – kämpfen die Tuareg unmittelbar vom fahrenden Fahrzeug herab. In der Regel sitzen sie ab und kämpfen zu Fuß. Gerade wenn sie überraschenderweise auf einen überlegenen Gegner treffen, reißen die Fahrer meist das Steuer herum und ziehen Kurven, um eine Staubwand zu erzeugen. Hinter dieser weichen sie entweder aus oder lassen die Kämpfer absitzen und in Stellung gehen. Da die Pick-up-Trucks über eine große Reichweite verfügen sowie finanziell günstiger und leichter in Stand zu halten sind als gepanzerte Fahrzeuge, hat auch die reguläre malische Armee diese vermehrt in ihr Arsenal aufgenommen.

Zumindest aus den 1990er Jahren sind mehrere Fälle überliefert, in denen Tuareg-Kämpfer selbst zahlenmäßig deutlich überlegene Gegner im Nahkampf angriffen. Georg Klute führt dies auf ihre traditionellen Ehrvorstellungen zurück, welche die Anwendung von Distanzwaffen als feige verachten. *PM*

Außer dem Tuareg-Aufstand bedrängte eine demokratische Oppositionsbewegung in Bamako das malische Regime unter Moussa Traoré. Die Oppositionellen zeigten sich zunehmend mutiger, da die Elitetruppen aus der Hauptstadt in den Norden verlegt wurden. Um einen der Konflikte zu lösen, unterzeichnete Traoré im Januar 1991 eine Waffenstillstandsvereinbarung mit der MPLA, die unter der Vermittlung von Algerien zustande kam. In den Verträgen vereinbarten die Unterzeichner einen Sonderstatus für den Norden von Mali, was praktisch einer Autonomie für die Tuareg gleichkam. Dies rettete aber nicht das Regime. Traoré wurde am 26. März 1991 in einem Staatsstreich gestürzt, dem tagelange Demonstrationen und Gewaltakte in Bamako vorausgegangen waren.

Der erfolgreiche Kampf gegen Mali setzte in der Tuareg-Gesellschaft eine soziale und politische Dynamik frei. Ab Januar 1991 zersplitterte die Rebellenbewegung angesichts gewalttätiger interner Konflikte, die bis Oktober 1994 andauern sollten. Die Aufspaltungen der MPLA in verschiedene Bewegungen traten entlang von Stammeslinien auf und spiegeln eine in der Tuareg-Gesellschaft vorhandene Machtdynamik wider, die ihren Ursprung in den Allianzen und Feindseligkeiten in Zusammenhang mit der kolonialen Durchdringung hat. Sie verdeutlichten aber auch die internen politischen Konflikte, die hinsichtlich der zukünftigen Organisation der Tuareg-Gesellschaft und der Zielsetzungen des Aufstands bestanden.

Die Abweichler organisierten sich in der »Front Populaire pour la Libération de l'Azawad« (FPLA). Einige Monate später wurde die »Armée Révolutionaire pour la Libération de l'Azawad« (ARLA) gegründet. Die arabischen Nomadengruppen in Mali bildeten Ende 1990 die »Front Islamique Arabe de l'Azawad« (FIAA). Die Anführer der MPLA änderten schließlich den Namen ihrer stark verkleinerten Bewegung in Mouvement »Populaire de l'Azawad« (MPA).

Auf den Sturz des Diktators Traoré folgte eine demokratische Regierung unter Präsident Konaré. Dieser hatte im April 1992 unter der Vermittlung Frankreichs und Mauretaniens ein neues Friedensabkommen, den Nationalen Pakt, unterzeichnet. Der Nationale Pakt sah ein wirtschaftliches Sonderprogramm für den Norden vor und legte fest, dass ehemalige Aufständische in

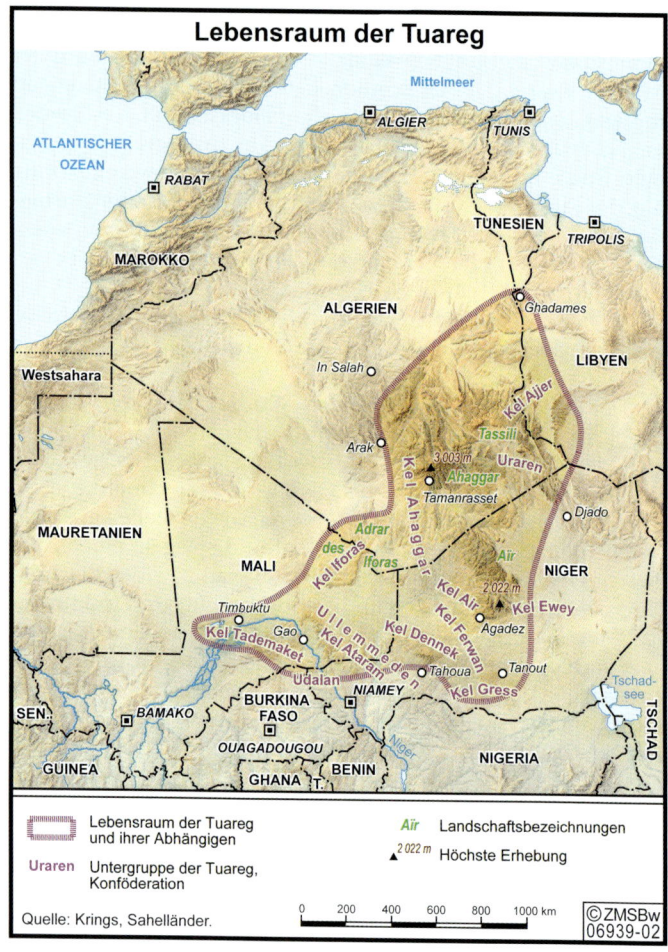

Lebensraum der Tuareg

Lebensraum der Tuareg und ihrer Abhängigen	*Aïr* Landschaftsbezeichnungen
Uraren Untergruppe der Tuareg, Konföderation	▲ 2 022 m Höchste Erhebung

Quelle: Krings, Sahelländer.

0   200   400   600   800   1000 km

© ZMSBw
06939-02

die malischen Streitkräfte einzubinden seien. Dieses Programm wurde nie umgesetzt, und die Einbindung ehemaliger Aufständischer in die malischen Streitkräfte erwies sich als schwierig. Folglich »desertierten« viele ehemalige Aufständische und schlossen sich bestehenden Bewegungen an, die sich dem Nationalen Pakt widersetzten, oder gründeten neue Bewegungen mit kaum definierten Zielsetzungen.

Somit gingen auch die Kämpfe weiter, obwohl der Nationale Pakt den Aufstand offiziell beendet hatte. Von Januar 1993 bis Oktober 1994 bekämpften sich die Aufstandsbewegungen der Tuareg untereinander, wobei die Zahl der Splittergruppen stetig zunahm. Der Hauptkonflikt bestand zwischen der MPA auf der einen und ARLA und FPLA auf der anderen Seite. Mit logistischer Unterstützung der malischen Armee besiegte die MPA die ARLA Ende 1994 und übernahm damit die regionale Macht. Es gelang der MPA schließlich, die Kontrolle über die meisten der Aufstandsbewegungen zu gewinnen.

Mittlerweile gingen bewaffnete Banden ehemaliger Aufständischer, die der Kontrolle ihrer Gruppierungen entglitten waren, eigenständig vor und raubten Reisende und gewerbliche Transporte aus. Im April 1994 reagierten Kaufleute und Militärs der Songhay-Bevölkerung auf die Überfalle der Tuareg, die diese ungehindert auf Siedlungen am Fluss Niger ausführten, und stellten mit Unterstützung von Teilen der Armee und möglicherweise mit der Zustimmung der Regierung eine Miliz auf. Die neue Bewegung, genannt »Ganda-Koy« – Herrscher über das Land in der Sprache der Songhay –, beging Übergriffe gegen die Tuareg und arabische Bewohner in den größeren Städten im Norden Malis (siehe Beitrag Schreiber, Bewaffnete Gruppen). Aus diesem Grund flohen ungefähr 100 000 Tuareg und Araber in die Nachbarländer.

Zu diesem Zeitpunkt war die Zivilbevölkerung im nördlichen Mali der Situation so überdrüssig geworden, dass traditionelle Führungspersönlichkeiten Treffen zur Versöhnung aller ethnischen Gruppen in Nordmali veranlassten. Hieraus ging der Bourem-Pakt hervor: eine ausschließlich lokale Initiative, jenseits von staatlichen Strukturen oder Aufstandsbewegungen. Der Bourem-Pakt wurde das Vorbild für ähnliche Initiativen, die internationale Nichtregierungsorganisationen, vor allem die norwegische Kirche, unterstützten. Am 26. März 1996 fanden in Timbuktu die lokalen Initiativen ihren Höhepunkt in einer feierlichen Zeremonie – der »La Flamme de la Paix«. Hierbei wurde ein Friede geschlossen, der zwar zerbrechlich, aber dennoch von beinahe zehnjähriger Dauer war.

Späte 1990er bis Mitte der 2000er Jahre

Dezentralisierung der Verwaltung und Demokratisierung in Mali bedeuteten für die Tuareg, dass sie ihr politisches Leben freier gestalten konnten. Einige Tuareg stiegen zu Ministern auf. Dennoch blieb Gewalt Teil des politischen Prozesses. Der Besitz von Schusswaffen hatte sich bei den Tuareg allmählich zur Alltäglichkeit entwickelt. Alte und neue Konflikte über Weideland und die Stammeshierarchie wurden nun im Rahmen von Dezentralisierung und Demokratisierung sowie in bewaffneten Zusammenstößen und Überfällen zwischen den Stämmen ausgetragen. Im Norden Malis wurde die Verbindung von Gewalt und Demokratie spöttisch als »demokalashi« bezeichnet.

Am Anfang des 21. Jahrhunderts stieg die geostrategische und wirtschaftliche Bedeutung der Sahara stark an. Touristen und Migranten, die sich auf dem Weg nach Europa befanden, schufen neue Einkommensquellen. Außerdem rückte die Sahara in den Fokus von Ölgesellschaften, die auf der Suche nach Bodenschätzen an einer erneuten »Aufteilung« Afrikas beteiligt waren. Entwicklungsgelder erlaubten, eine bescheidene Infrastruktur zu errichten. Brücken, Teertraßen und eine elektronische Kommunikationsinfrastruktur wurden geschaffen. Das internationale Verkehrswesen und der internationale Handel, angefangen von algerischen Lebensmitteln bis zu kolumbianischem Kokain, belebten den alten Handel durch die Sahara wieder.

Von größter Bedeutung ist die geopolitische Dimension. Als Teil des Kampfes gegen den Terrorismus – »War on Terror« – nach dem Anschlag vom 11. September 2001 wandten die USA ihre Aufmerksamkeit der äußeren Peripherie der muslimischen Welt zu, darunter auch der Sahelzone und der Sahara (siehe Beitrag Münch). Diesen Schwerpunkt hatten sie mit ihren Gegnern, den Verbreitern des weltweiten Dschihad gemeinsam. Um das Jahr 2000 herum hatte sich die »Groupe Salafiste pour la Prédication et le Combat« (GSPC) in der algerischen Sahara festgesetzt und breitete sich von dort nach Nordmali und Niger aus. 2007 nannte sich die GSPC in al-Qaida in den Ländern des Islamischen Westens (al-Qaida im Islamischen Maghreb, AQIM) um (siehe Beitrag Schreiber, Bewaffnete Gruppen).

Die Konflikte Mitte der 2000er Jahre

Im Jahr 2006, zehn Jahre nach Ende der Aufstände in den 1990er Jahren, flammten in Mali und Niger erneut Konflikte auf. Interne Machtkämpfe in den Tuareg-Gemeinden von Nordmali, die mit den vorstehend beschriebenen Konflikten zwischen MPA und ARLA zusammenhingen, führten zur Gründung einer neuen Rebellenbewegung im Mai 2006, der »Alliance Démocratique du 23 Mai pour le Changement« (ADC). An der Spitze der Bewegung standen mehrere ehemalige Führer der MPA, die in höhere Dienstgrade der malischen Armee aufgestiegen waren. Die Bewegung erhob keine klar formulierten Forderungen, kritisierte aber heftig die ungleiche Entwicklung in Nord- und Südmali wie auch die nicht erfolgte Umsetzung des Nationalen Paktes von 1992. Die ADC schlug Verhandlungen unter der Vermittlung von Algerien vor, denen die Regierung von Mali zustimmte. Ein Teil der Malier lehnte jedoch die in Algier im Juni 2006 unterzeichnete Vereinbarung ab, weil der Präsident ihrer Meinung nach den Forderungen der Rebellen nachgegeben hatte.

Auf ihrer Website behauptete die ADC, keinerlei Verbindungen zu muslimischen Terroristen zu haben. Um diese Aussage zu beweisen, griff die ADC die GSPC (später AQIM) an, die noch in Nordmali präsent war. Die malische Nationalversammlung billigte die Vereinbarung von Algier Anfang 2007, was zur Auflösung der ADC im März desselben Jahres führte. Einige Abtrünnige unter den Tuareg lehnten jedoch die getroffene Vereinbarung ab und gründeten im September 2007 die »Alliance Touarègue du Nord Mali pour le Changement« (ATNMC). Es waren insbesondere zwei ihrer Taktiken, die die ATNMC so unpopulär machten: der noch nie dagewesene Einsatz von Landminen und die Festnahme von Kriegsgefangenen, von denen einige selbst Tuareg waren.

Weder die ADC noch die ATNMC fanden allgemeinen Zuspruch unter den Tuareg. Beide galten als Ergebnisse lokaler Machtpolitik. Diese Sicht wurde durch die Tatsache untermauert, dass der Armeetruppenteil, der die neuen Bewegungen bekämpfte, unter der Führung eines ehemaligen, nun in die malische Armee integrierten Tuareg-Rebellen stand. Diesem gestattete die malische Regierung, eine besondere Einheit aufzustellen, die ausschließlich aus Tuareg-Soldaten seines eigenen Stammes bestand. Im Februar 2009 gewann die Einheit die militärische Auseinandersetzung mit der ATNMC und damit endete der militärische Konflikt vorläufig.

Azawad, islamischer Anspruch und die Internationalisierung des Konflikts

Im Oktober 2010 gründeten Tuareg in Nordmali die »Mouvement National de l'Azawad« (MNA): eine zivile Bewegung, die durch politische Aktivitäten Autonomie in Mali erreichen wollte. Die Regierung ignorierte die Forderungen der Bewegung und nahm zwei ihrer Führer fest. Der Arabische Frühling und vor allem die Revolution in Libyen hatten weitere Auswirkungen auf die Bewegung. Anfang 2011 verstärkten Tuareg die libysche Armee im Kampf gegen libysche Revolutionäre. In dieser Zeit rekrutierte Muammar al-Gaddafi Tuareg und andere Sahelbewohner als Söldner. Nach dem Sturz Gaddafis im August 2011 kehrten viele der Tuareg unter Mitnahme von persönlichen und schweren Waffen nach Mali zurück; sie befanden sich in Begleitung von Tuareg-Wanderarbeitskräften, die sich ihnen aus Sicherheitsgründen angeschlossen hatten. Wegen der (tatsächlichen oder vermuteten) Unterstützung für Gaddafi verübten libysche Revolutionäre Vergeltung gegen afrikanische Migranten, vor allem Tuareg.

Während die Mehrheit der Rückkehrer, die in der libyschen Armee gedient hatte, die Aufnahme in die malische Armee forderte und erhielt, schlossen sich andere der MNA an und gründeten die »Mouvement National pour la Libération de l'Azawad« (MNLA). Die neue nationalistische Bewegung der Tuareg verfügte somit über einen gut ausgestatteten militärischen Flügel und einen medien- d.h. interneterfahrenen politischen Flügel. Letzterer formulierte die Forderungen der Bewegung nach Selbstbestimmung, Menschenrechten sowie Rechten für indigene, also einheimische Völker und veröffentlichte sie auf Englisch, Französisch und Arabisch.

Im November 2011 organisierte die MNLA einige Protestdemonstrationen in Nordmali, bei denen sie die Selbstbestimmung oder die Unabhängigkeit für Azawad forderte. Die MNLA ist die erste Separatistenbewegung der Tuareg, die sich offen dazu bekannt hat, für einen unabhängigen Staat Azawad zu kämpfen, wobei sie sich mit eindeutig nationalistischen Symbolen schmückt. Die Forderung nach Unabhängigkeit ist auf der Website der Bewegung aufgeführt (www.mnlamov.net/).

Die aus den libyschen Arsenalen entwendeten Waffen, die nun frei verfügbar waren, besorgte auch die internationale Gemeinschaft. Es bestand die Befürchtung, dass diese Waffen in die Hände von AQIM fallen könnten. Die zurückgekehrten Tuareg-Kämpfer wurden verdächtigt, solche Waffen nach Mali eingeführt zu haben. Dies führte zu erhöhten Spannungen in Nordmali, da sowohl die USA als auch Frankreich auf die malische Regierung Druck ausübten, ihre militärische Präsenz im Norden zu verstärken.

Im Dezember 2011 erhöhte die malische Armee ihre Truppenpräsenz im Norden. Dies und die Tatsache, dass Tuareg, die libysche Soldaten gewesen waren, nur verzögert in die malische Armee aufgenommen wurden, boten den Anlass für den erneuten Ausbruch von Feindseligkeiten Anfang 2012. Am 17. Januar begann die MNLA ihre Angriffe in Nordmali. Innerhalb von zweieinhalb Monaten gelang es ihr, alle Städte und Dörfer im Norden zu erobern und die malische Armee vollständig zu besiegen. Am 6. April erklärte die Bewegung die Unabhängigkeit von Nordmali und kündigte die Einrichtung des neuen Staates Azawad an.

Zwei Faktoren begünstigten den Erfolg der Aufständischen: Am 21. März putschte eine Gruppe von rangniedrigen Offizieren und setzte Präsident Touré ab. Die Putschisten kritisierten Tourés Umgang mit dem Aufstand der Tuareg als ambivalent, zu nachgiebig und unprofessionell, was zu den wiederholten Niederlagen der malischen Armee geführt habe. Der Staatsstreich verbesserte die militärische Lage indes nicht, sondern ließ die Befehlsketten zusammenbrechen. In der Folge erreichte die logistische Versorgung nicht mehr die im Norden kämpfenden Truppenteile. Einige Verbände, die sich selbst überlassen waren, zogen sich angesichts der sich auf dem Vormarsch befindenden Rebellen einfach zurück.

Der zweite Faktor, der den Erfolg der Rebellen erklärt, ist die Tatsache, dass die MNLA in Nordmali Allianzen mit Gruppierungen islamistischer Ausrichtung geschlossen hatte, insbeson-

pa/abaca/Tack Jullen

Junge Malier protestieren am 6. April 2012 in Bamako gegen die Besetzung des Nordens durch die MNLA und die Teilung Malis.

dere mit der »Dschamat Ansar Dine« (Gamâ'at Ansâr ud-Dîn). Diese ist nicht mit der »Ansar Dine« in Südmali zu verwechseln, obwohl der arabische Name bei beiden darauf verweist, dass sie – im Gegensatz zur französisch betitelten Nationalbewegung MNLA – religiöse Legitimität erlangen wollen. Die Ansar Dine beteiligte sich daran, die regionale Hauptstadt Kidal und die Stadt Tessalit zu belagern und zu erobern. Letztere liegt an der algerisch-malischen Grenze und beherbergt eine wichtige malische Garnison sowie einen militärischen Flughafen, den auch die US-Luftwaffe nutzte. Die Aufständischen eroberten Tessalit, obwohl die malische Armee mit Kampfhubschraubern, Kampfjets und gepanzerten Fahrzeugen für Verstärkung sorgte und sie von US-Kräften ebenfalls unterstützt wurde. Auf der Regierungsseite führten Tuareg-Einheiten der malischen Armee die Operationen gegen Tuareg-Rebellen an, unter ihnen Rückkehrer aus Libyen. Tuareg kämpften also auf beiden Seiten.

MNLA und islamistisch ausgerichtete Gruppierungen schlossen aus rein pragmatischen Gründen Allianzen, denn beide Seiten verfolgen unterschiedliche Ziele. Die Forderung der MNLA, einen Staat Azawad zu gründen, steht in scharfem Kontrast zur islamistischen Ideologie der anderen Gruppierungen. Am Tag der Unabhängigkeitserklärung durch die MNLA sagte ein Sprecher von Ansar Dine, dass die Bewegung dagegen sei, einen neuen Staat zu gründen, und stattdessen für die Verbreitung des Islam kämpfen werde.

Die unterschiedlichen Ziele führten einige Zeit später vor Ort zu einer Teilung des eroberten Raumes. Jede Gruppierung schnitt sich ihren Teil von Azawad heraus, insgesamt waren es 800 000 km² oder zwei Drittel des Staatsgebietes von Mali. Jedoch war die Koexistenz der bewaffneten Gruppen von kurzer Dauer. Bereits im September 2012 wurde die MNLA aus Gao vertrieben, der größten eroberten Stadt, die zur Hauptstadt des Staates Azawad erklärt worden war. Nach blutigen Kämpfen vertrieb die »Mouvement pour l'Unicité et le Jihad en Afrique de l'Ouest« (MUJAO), eine Ende 2011 gegründete und anscheinend von Islamisten mauretanischer Herkunft dominierte Splittergruppe der AQIM, die MNLA aus der Stadt. Zu MUJAO gehören auch Malier unterschiedlicher ethnischer Zugehörigkeit und andere Sahelbewohner, aber nur sehr wenige Tuareg, wenn überhaupt (siehe Beitrag Schreiber, Bewaffnete Gruppen). Die MNLA hatte die Unterstützung der Einwohner verloren, da ihre Kämpfer sich sehr undiszipliniert aufführten: Sie stahlen, plünderten und vergewaltigten Frauen in den von ihnen besetzten Gebieten.

Offensichtlich verfügte die MNLA nicht über die notwendigen Fähigkeiten, Verwaltungsstrukturen aufzubauen, die öffentliche Ordnung sicherzustellen, ein Rechtssystem einzuführen und – was am wichtigsten war – den Schutz vor Gewalt zu gewährleisten. Sie verlor damit, was als wichtigste Form von Legitimität politischer Macht gilt. Knapp ein halbes Jahr nachdem er proklamiert worden war, schienen der Staat Azawad und der Traum von der Unabhängigkeit ihr Ende gefunden zu haben. Im November 2012 vertrieb die MUJAO die MNLA aus Ménaka. Zudem verließ die MNLA Léré, auf Grund der Drohung durch die Ansar Dine, ihre Stellungen in dieser Stadt anzugreifen.

Der Sezessionsbestrebungen der MNLA und die Durchsetzung einer islamischen Gesellschaftsordnung, die von vielen Beobachtern als unzeitgemäß und willkürlich oder als beides betrachtet wurde, erregte internationale Aufmerksamkeit in Afrika und weltweit. Schließlich verhandelten die einzelnen Akteure: MNLA und Ansar Dine auf der Seite der Tuareg, die afrikanischen und westlichen Staaten, Afrikanische und Europäische Union, die Westafrikanische Wirtschaftsgemeinschaft (ECOWAS), VN-Organisationen und VN-Sicherheitsrat sowie Diplomaten oder (selbsternannte) Vermittler jedweder Provenienz in verschiedenen Konstellationen auf der anderen Seite. Dabei wurden viele Punkte und Probleme behandelt. Der wichtigste in diesem Zusammenhang zu erwähnende Punkt war die Entscheidung von malischer Regierung und ECOWAS militärisch einzugreifen, um den Norden zurückzuerobern. Anfang Oktober verabschiedete der VN-Sicherheitsrat eine von der französischen Regierung eingebrachte Resolution, auf deren Grundlage Truppen Frankreichs und der ECOWAS Anfang 2013 intervenierten (siehe Beitrag Schreiber, Konfliktlinien).

Ausblick

Nach dem überraschenden Angriff der Ansar Dine auf Stellungen der malischen Armee Mitte Januar 2013 in Zentralmali und nach der prompten Reaktion der französischen Streitkräfte, war der Konflikt in Mali endgültig international geworden. Mit dem Einsatz von Truppen aus verschiedenen Ländern der ECOWAS und der logistischen und finanziellen Unterstützung seitens der EU und der USA bestehen nur geringe Zweifel daran, dass das vorrangige Ziel der internationalen Intervention, nämlich die Wiederherstellung der territorialen Integrität Malis, erreicht wird. Es muss jedoch noch die Frage beantwortet werden, ob damit auch die malischen Tuareg alle sezessionistischen Projekte auf absehbare Zeit aufgeben.

In diesem Beitrag wurden die sezessionistischen Utopien der Tuareg, die es seit der Entkolonialisierung in Afrika gegeben hat, zurückverfolgt. Obwohl die Tuareg ihre Vorstellungen von nationaler Unabhängigkeit früh in internen Diskussionen formuliert haben, forderte erst die MNLA in Mali in jüngster Zeit diese auch offiziell ein. Dabei ist bemerkenswert, dass es nie ein übergreifendes sezessionistisches Projekt aller in den fünf postkolonialen Staaten lebenden Tuareg-Gruppierungen gegeben hat. Das könnte einerseits ein Hinweis auf die Beständigkeit der Stammesföderationen, aus denen das politische System der Tuareg besteht, bzw. allgemein der traditionellen politischen Ordnungen in Afrika sein. Andererseits könnte dies auch auf die Auswirkungen verweisen, die die (post-kolonialen) nationalen Identitäten auf das politische Empfinden der verschiedenen Tuareg-Gruppierungen in den jeweiligen post-kolonialen Staaten hatten.

Nachdem islamistische Gruppierungen die MNLA militärisch besiegt und die internationale Koalition Jagd auf islamistische und dschihadistische Gruppierungen gemacht haben, scheint für die Utopie eines unabhängigen Tuareg-Staates kein Raum mehr vorhanden zu sein. Das wäre aber ein vorschnelles Urteil. Im Norden Malis gibt es seit der Unabhängigkeit des Landes die Forderung nach Unabhängigkeit oder Autonomie. Diese besteht neben oder zeitweilig auch in Opposition zu einem »islamischen Anspruch«, der die Stärkung des Islam und die Einführung einer islamischen Gesellschaftsordnung als Ziele verfolgt. Es ist bemerkenswert, dass es eine Bewegung gibt, die den sezessionistischen Nationalismus der Tuareg mit der islamischen Ideologie zu verbinden schien: Ansar Dine. Ansar Dine besaß hauptsächlich deshalb lokale Anziehungskraft, insbesondere in der Region Kidal, weil die Bewegung den islamischen Anspruch zu erfüllen schien. Bemerkenswert ist, dass der Kontrast zum Tuareg-Gegenstück MNLA die lokale Anziehungskraft von Ansar Dines stärkte. Während Ansar Dine eindeutig die Einführung einer islamischen Ordnung fordert, hat die MNLA Azawad als säkularen Staat ausgerufen, was große Teile der vorwiegend muslimischen Bevölkerung abgestoßen hat. Bereits im Juli 2012 beschränkte der Sprecher von Ansar Dine, Ahmada ag Bibi, in einem Interview mit einer algerischen Zeitschrift die Forderung auf Anwendung der Scharia ausschließlich auf die Region Kidal; diese Aussage ist seitdem mehrfach wiederholt worden. Regionale Autonomie zugleich mit einem »islamischen« Anspruch zu formulieren, wie durch ag Bibi, war ein Hinweis auf die interne Spaltung der Bewegung, die dann am 24. Januar 2013, nach Beginn der militärischen Intervention der internationalen Koalition, auch tatsächlich erfolgte.

Georg Klute und Baz Lecocq

(Der Beitrag ist eine gekürzte Fassung aus: Georg Klute and Baz Lecocq, Tuareg Separatism in Mali and Niger. In: Wolfgang Zeller and Jordi Tomás (Eds.), Secessionism in Africa, London (in Vorb.).

Zivilisten durchstöbern eine malische Polizeiwache in Gao am 11. Februar 2013, einen Tag nach dem Angriff von bewaffneten islamistischen Gruppen.

Nach außen und auf dem Papier verfügt Mali zwar über ein Staatswesen und demokratische Institutionen, sie sind aber nicht annähernd mit denen in Europa oder Nordamerika zu vergleichen. Gleichwohl ist der häufig gewählte Begriff des »Staatszerfalls« unzutreffend, da die Zustände und Verhaltensnormen in Mali seit seiner Unabhängigkeit nie anders waren. So beteiligte sich stets nur eine Minderheit der Bevölkerung an den Wahlen. Politiker nehmen ihre Aufgaben meist im Sinne eines an einzelnen Personen ausgerichteten Patron-Klienten-Verhältnisses wahr. Um politische Konflikte zu lösen, band die jeweilige Regierung möglichst viele Menschen in den Staatsapparat ein und versorgte sie mit staatlichen Ressourcen. Dies funktionierte allerdings nur solange, wie die Mittel dafür vorhanden waren. Nie kontrollierte die Regierung zudem vollständig das komplette Staatsgebiet. Um die unruhigen Gebiete zu beherrschen, gingen die Repräsentanten der Regierung Bündnisse mit einzelnen bewaffneten Gruppen ein, die sie als Stellvertreter nutzten. Das Versagen dieses Systems war einer der Gründe dafür, dass die Regierung 2012 die Kontrolle über den Norden verlor.

■ Der malische Staat. Vom Flaggschiff der Demokratie zum Schiffbruch im Fahrwasser der Anarchie?

Bevor Mali international den zweifelhaften Ruf als das nächste Afghanistan (»Afrikanistan«) erhielt, galt das Land auf dem afrikanischen Kontinent über 20 Jahre lang als Vorzeige-Demokratie. Malis beispielhafter Übergang zur Demokratie Anfang der 1990er Jahre fand breite Anerkennung. Fand noch 2002 ein friedlicher Machtwechsel statt, so wurde Präsident Amadou Toumani Touré jedoch von jungen Offizieren und Soldaten der Armee kurz vor den Wahlen 2012 gestürzt. Daraufhin brach in den drei im äußersten Norden gelegenen Regionen Malis die staatliche Autorität zusammen, als eine undurchschaubare Allianz von lokalen und internationalen Milizen das Gebiet unter ihre Kontrolle brachte. Scheinbar über Nacht ist damit ein Flaggschiff der Demokratie ins Fahrwasser der Anarchie geraten und hat Schiffbruch erlitten.

Die staatliche Herrschaft war jedoch schon immer zerbrechlich, wie im ersten Abschnitt dieses Beitrags zu sehen sein wird. Niemals war der malische Staat ein von der Gesellschaft entfernter bürokratischer Apparat. Vielmehr blieb er über informelle politische Netzwerke eng mit ihr verbunden und war in der Ausübung seiner Kontrollfunktionen stets von nichtstaatlichen Akteuren abhängig. Mit dem Aufkommen der verschiedenen grenzüberschreitend agierenden kriminellen und salafistischen Netzwerke im Laufe des letzten Jahrzehnts wurde die staatliche Autorität immer weiter geschwächt, bis sie schließlich vollends zusammenbrach, was im zweiten Teil dargestellt wird.

Die jüngsten tragischen Ereignisse sind daher eher ein Anzeichen dafür, wie sich die ohnehin bereits prekären Formen des Zusammenwirkens von staatlichen und nichtstaatlichen Akteuren weiter verändern. Sie verweisen also nicht darauf, dass eine fest etablierte staatliche Ordnung plötzlich zusammengebrochen ist.

Unsichere Stützen der staatlichen Autorität

Der malische Staat hat die Gesellschaft niemals »von oben« regiert, gestützt auf formelle und von einer effektiven sowie neutralen staatlichen Bürokratie durchgesetzte Regeln. Viele anthropologische und soziologische Studien weisen überzeugend darauf hin, dass es nicht sinnvoll ist, auf dem afrikanischen Kontinent abstrakt zwischen Staat und Gesellschaft zu unterscheiden. Vielmehr waren beide Seiten durch personalisierte und informelle Beziehungen von jeher in hohem Maße eng miteinander verbunden.

Im Jahre 1946 gründeten Intellektuelle in den Städten Malis die Partei »Rassemblement Démocratique Africain« (Afrikanische Demokratische Sammlungsbewegung, RDA) und bauten anschließend informelle Beziehungen zu Machthabern in den ländlichen Regionen auf, um sich eine breite politische Unterstützung zu sichern. Im Land gibt es keine klaren ethnischen, religiösen oder gesellschaftlichen Trennlinien, die für bestimmte Wählergruppen stehen. Die Bürger Malis haben daher von ihren politischen Vertretern stets erwartet, dass sie ihre Interessen auf lokaler Ebene mit den auf nationaler Ebene vorhandenen staatlichen Ressourcen wahrnehmen.

In einigen afrikanischen Ländern hat eine junge, urbane Bevölkerung, die gut informiert, besser ausgebildet und mit der Außenwelt verbunden ist, die politische Dynamik verändert. Die aufstrebenden, lose organisierten urbanen Jugendbewegungen, die von ihren Regierungen umfassendere sozialökonomische Leistungen einfordern, sowie die Oppositionsparteien machen sich diese wachsende Wählergruppe gerne zu Nutze. Bisher hat jedoch noch keine der Parteien in Mali diese Wählergruppe beachtet und eingebunden. Stattdessen setzen die Parteien auch weiterhin auf ihre informellen Netzwerke mit den Machthabern in den ländlichen Regionen. Bislang war überhaupt nur eine Minderheit der malischen Bevölkerung auf diese Weise am öffentlichen Entscheidungsprozess beteiligt, wie die Wahlbeteiligung in den 1990er Jahren (etwa 20 Prozent) und in den Jahren ab 2000 (etwa 30 Prozent) belegt.

Die informellen Netzwerke beherrschten nicht nur die Beziehungen zwischen Staat und Gesellschaft, sondern ließen auch die formellen Grenzen zwischen den verschiedenen Bereichen staatlicher Macht verschwimmen. So wie fast überall auf dem Kontinent wurden die Malier kurz nach dem Eintritt in die Unabhängigkeit von einem Ein-Parteien-Regime regiert. Anfang der 1990er Jahre erlebten sie dann den Übergang zur Demokratie. Dieser Übergang in Mali galt weithin als beispielhaft; sowohl die bürgerlichen als auch die politischen Freiheiten wurden in den darauf folgenden zwei Jahrzehnten respektiert.

Eine ältere Aufnahme des Regierungspalastes in Bamako, offenbar während des Besuchs des deutschen Bundespräsidenten.

Darüber hinaus öffnete sich der lange von den südlichen Bevölkerungsgruppen dominierte Staat, als zahlreiche Vertreter der nördlichen Bevölkerungsgruppen, vor allem der Tuareg, hochrangige Positionen in der staatlichen Verwaltung einnahmen. Die malische Demokratie blieb dennoch weitgehend eine rein formale und theoretische Angelegenheit, und autoritäre Praktiken aus der Zeit der Ein-Parteien-Regierung wurden beibehalten. Die Exekutive beherrschte weiterhin die anderen

Bereiche staatlicher Machtausübung. Trotz eines ehrgeizigen Dezentralisierungsprogramms verdient das politische System Malis eher die Bezeichnung »superpräsidial« als »halbpräsidial«, wie zuletzt immer wieder behauptet wurde.

Die von der Exekutive gestaltete Politik gedieh nicht zuletzt auch im Kontext der Ein-Parteien-Herrschaft. Die »Alliance pour la Démocratie en Mali-Parti Pan-Africain pour la Liberté, la Solidarité et la Justice« (ADEMA-PASJ) sicherte sich nach den Wahlen von 1992 und 1997 die Mehrheit der Sitze im Parlament. Informelle Parteienetzwerke unterwanderten die staatliche Verwaltung auf allen Ebenen, übernahmen die Kontrolle über die wichtigsten Wirtschaftssektoren und reichten bis in die militärische Hierarchie. Das Regime versuchte, einflussreiche oppositionelle Stimmen in der Gesellschaft für sich zu vereinnahmen. Es überrascht nicht, dass die meisten Bürger in den 1990er Jahren der Ansicht waren, dass das Land immer noch in Alleinherrschaft durch eine Partei regiert werde.

Nach den Wahlen im Jahr 2002 endete diese Ein-Parteien-Herrschaft, doch eine Mehr-Parteien-Demokratie mit einer deutlich vernehmbaren und funktionierenden Opposition entstand nicht. Präsident Touré, der über keine eigene politische Hausmacht verfügte, rief alle im Parlament vertretenen Parteien dazu auf, seine Regierung zu unterstützen und sich daran zu beteiligen. Er stellte diese auf Konsens beruhende Form der Demokratie häufig als Alternative zu der westlichen, auf Konfrontation ausgerichtete Demokratie dar. In der Praxis verfestigte diese Plattform der Einigkeit jedoch nur die Politik der Gleichschaltung und sorgte dafür, dass es kein Gegengewicht in der Gesellschaft und im Parteiensystem mehr gab. Eine noch nie dagewesene Zahl von politischen Eliten mit einer schmalen und örtlich begrenzten Klientel profitierte jetzt von dem bevorzugten Zugang zu staatlichen Ressourcen.

Die Legitimation des Staates wurde jedoch in der zehnjährigen Amtszeit Tourés weiter untergraben. Die Zustimmung zur Demokratie sank seit 2002 stetig, obwohl der malischen Regierung beträchtliche Ressourcen zur Verfügung standen. In den zurückliegenden zehn Jahren erzielte das Land wirtschaftliche Wachstumsraten von etwa 4 Prozent jährlich und internationale Geber stellten der Regierung pro Jahr zwischen 600 Millionen und einer Milliarde Dollar zur Verfügung. Die Lebensbedingungen für den größten Teil der Bevölkerung verbesserten sich aber keineswegs. Zwar gingen die Armutszahlen in den Städten zurück, doch der Anteil der armen Bevölkerung in den ländlichen Gebieten – in denen die meisten Malier leben – ist seit Anfang der 1990er Jahre fast unverändert geblieben.

Indem es die Bedürfnisse der mit dem Machtzentrum verbundenen Eliten-Netzwerke in den Vordergrund stellte, entfremdete sich das Touré-Regime immer stärker von der Mehrheit der Durchschnittsbürger. Dies wird besonders deutlich im landwirtschaftlichen Sektor, in dem es Hunderttausende Hektar Land an politisch nahestehende Investoren vergab, während es die Interessen der einfachen Bauern größtenteils ignorierte. Die zahllosen Korruptionsskandale und Fälle von finanzieller Misswirtschaft, die der oberste Finanzprüfer meldete und von denen viele ungeahndet blieben, feuerte die Verärgerung der Bevölkerung über das Regime weiter an. Schließlich erreichte die Enttäuschung über Präsident Touré ein solches Ausmaß, dass die meisten Stadtbewohner in einer Meinungsumfrage kurz nach dem Militärputsch im März 2012 angaben, sie freuten sich über seinen Sturz.

Teilnehmer des Militärputsches auf dem von ihnen besetzten Gelände des staatlichen Radio- und Fernsehsenders am 22. März 2012.

pa/dpa/epa/Malin Palm

Die Krise der staatlichen Autorität und ihrer Legitimation kann jedoch kaum als alleinige Ursache für den völligen Zusammenbruch staatlicher Autorität in den nördlichen Landesteilen innerhalb einer solch kurzen Zeit gelten. Als Erklärung dieses plötzlichen Zusammenbruchs werden im nächsten Abschnitt die gewagten Sicherheitsstrategien der jeweiligen malischen Machthaber bis zum Ende der 1990er Jahre dargestellt.

Sicherheitsstrategien: Indirekte Herrschaft und das Prinzip »Teile und herrsche«

Nie verfügte der malische Staat über das alleinige Gewaltmonopol. Er war auch nicht in der Lage, in seinem gesamten Staatsgebiet hoheitlich tätig zu werden. Die staatliche Ordnung ist vor allem von den Tuareg-Nomaden herausgefordert worden, die immer wieder zu den Waffen griffen, um gegen den ihrer Ansicht nach erzwungenen Anschluss an den malischen Staat zu kämpfen. So sind seit der Staatsgründung 1960 die Beziehungen zwischen den »schwarz-afrikanischen« Volksgruppen und den »weißen« Berber-Gruppen (insbesondere den Tuareg) problembehaftet und durch gegenseitige (ethnisch bedingte) Vorurteile getrübt. Auch wenn diese Sicherheitsprobleme oft mit dem Konflikt zwischen den Tuareg und dem malischen Staat erklärt werden, erscheint die Dynamik vor Ort in Wirklichkeit weit weniger deutlich.

Alle malischen Regime sind mit bestimmten örtlichen (Stammes-)Gruppierungen strategische Bündnisse eingegangen, um ihre Herrschaft zu sichern und Kontrolle auszuüben. Schon in der Kolonialzeit stellten staatliche Organe gemeinsame Truppen mit bestimmten Tuareg-Clans auf, die Revolten anderer Tuareg-Gruppierungen gegen die Kolonialherrschaft niederschlugen. Durch ihre Bündnisse mit den französischen Truppen gelang es örtlichen Gruppierungen, sich (wieder) als stärkster Machtfaktor zwischen der Bevölkerung und der Zentralgewalt zu positionieren. Anfang der 1960er Jahre nutzte auch die malische Unabhängigkeitsbewegung gezielt die Spannungen zwischen den Tuareg-Gruppierungen aus, als der Nachfolger des Oberhaupts aller Tuareg (Amenokal) gewählt wurde, und stachelte eine der beteiligten Gruppierungen zur Gewalt an.

Anfang der 1990er Jahre kam es zu einer zweiten Revolte der Tuareg gegen den malischen Staat, die von einer halbwegs geeinten Front getragen wurde. Diese zerfiel jedoch ebenfalls bald wieder in verschiedene Gruppierungen. Die Tuareg, die alles andere als eine homogene Volksgruppe bilden, sind nach Verwandtschaftsverhältnissen (in verschiedene Clans) sowie in Gruppen mit unterschiedlichem Status (von Adligen bis zu ehemaligen Sklaven) geteilt. Die genaue Bedeutung eines Clans oder einer Statusgruppe ist allerdings örtlich umstritten und Änderungen unterworfen. Verschiedene Gruppierungen stellten ihre eigenen Milizen auf, die sich schon bald gegenseitig herausforderten.

Der Konflikt entwickelte sich allmählich zu einem begrenzten Bürgerkrieg, als sich örtliche Songhay- und arabische Milizen einmischten (siehe Beitrag Schreiber, Bewaffnete Gruppen). Die politischen Eliten in der malischen Hauptstadt nutzten diese Spannungen in und zwischen den Gemeinschaften in Nordmali aus. Mit Hilfe dieser »Milizenstrategie« entledigte sich der Staat teilweise seiner Sicherheitsverantwortung und verbündete sich mit örtlichen Milizen, die er sich gelegentlich formell unterstellte. So handelte der malische Staat, weit davon entfernt, das Gewaltmonopol auszuüben, als ein Machtzentrum unter zahlreichen örtlichen Milizen.

picture alliance/dpa/Seb Crozier

Colonel Major El Hajj ag Gamou war mit seinen Kämpfern zeitweise einer der letzten Tuareg-Kommandeure, der nach der Rebellion noch auf Seiten der Regierung stand.

In einer Art »politischer Tauschbörse« wurden viele ehemalige Rebellenführer schließlich für den Frieden gewonnen und zahlreiche Tuareg-Kämpfer in die Streitkräfte eingegliedert. Sie erhielten die Aufgabe, in Teilen der Nordregionen für Sicherheit zu sorgen (siehe Beitrag Schreiber, Bewaffnete Gruppen). Die Sicherheitsaufgaben wurden somit zwischen zahlreichen Institutionen ausgehandelt und aufgeteilt und lagen nicht ausschließlich in der Hand des Staates.

Die staatliche Autorität stützte stets stark personenbezogene und informelle politische Netzwerke. Der Staat vertraute in der Wahrnehmung seiner Kernaufgaben auf nichtstaatliche Akteure, insbesondere im Bereich der Sicherheit. Diese unsicheren Stützen von Staat und Gesellschaft wurden mit dem Aufkommen von grenzüberschreitenden kriminellen Netzwerken im darauffolgenden Jahrzehnt weiter geschwächt.

Transnationalismus und die Schwächung der staatlichen Autorität

Auch wenn Mali weiterhin nur geringe Bedeutung für die offizielle Weltwirtschaft besitzt (mit Ausnahme seiner Goldexporte), hat es doch im letzten Jahrzehnt eine zentrale Rolle innerhalb der internationalen kriminellen Netzwerke eingenommen. Seit Beginn dieses Jahrhunderts profitieren die Netzwerke des interkontinentalen Drogenhandels von der fest etablierten »sozialen Infrastruktur« als Basis für die Schmuggelwirtschaft in der Sahelzone. Hybrid-Netzwerke, die sowohl von Stammesgruppierungen als auch von Vertretern des Staates aufgebaut wurden, schmuggelten über viele Jahrzehnte Konsumartikel, Zigaretten, Menschen, Waffen und Treibstoff durch die Sahelzone. Nach einem alarmierenden Bericht des United Nations Office on Drugs and Crime im Jahre 2007 kamen schätzungsweise 25 Prozent des auf dem europäischen Markt angebotenen Kokains über West-Afrika nach Europa; dabei entwickelte sich Nordmali zu einem wichtigen Umschlagplatz. Gewaltige Mengen an Drogen wurden auf dem Land- oder Luftweg nach Nordmali transportiert, und einfache Bürger konnten zusehen, wie sich Staatsbedienstete luxuriöse Villen in den »Kokain-Vierteln« bauen ließen.

Ebenso arbeiteten Staatsbedienstete heimlich mit dem südlichen Ableger von »al-Qaida au Maghreb Islamique« (AQIM) – die neue Bezeichnung für die »Groupe Salafiste pour la Prédication et le Combat« (Algerische Salafistengruppe für Predigt und Kampf, GSPC) – zusammen, die seit 2003 allmählich in Nordmali Fuß fasste. Diese kriminellen Salafisten entführten zwischen 2003 und 2011 mehr als 50 Menschen. Mit den Lösegeldern, die (westliche) Regierungen und internationale Firmen zahlten, verschaffte sich die Gruppe eine wichtige und beständige Einnahmequelle. Einige Staatsbedienstete auf den höchsten Ebenen profitierten beträchtlich von ihrer Rolle bei der Befreiung dieser Geiseln. Auch wenn staatliche und nichtstaatliche Akteure bereits seit Jahrzehnten mit den internationalen Schmugglern zusammenarbeiten, verschärften sich im letzten Jahrzehnt aufgrund des Umfangs und des Wertes der betreffenden Handelsware (Kokain und Geiseln) die Sicherheitsprobleme in Nordmali.

Die gewalttätigen Auseinandersetzungen zwischen den konkurrierenden, auf Stammesbeziehungen aufgebauten Schmugglernetzwerken nahmen stark zu. Eine Schmugglerallianz zwi-

Das Militär Malis

Die malische Armee umfasst etwa 7350 Soldaten. Davon gehören die meisten zum Heer, etwa 400 zur Luftwaffe und 40 zur Marine des Binnenlandes. Neben dem Militär im engen Sinne werden noch etwa 4800 Mann aus paramilitärischen Verbänden wie Gendarmerie und Republikanischer Garde zu den malischen Streitkräften gerechnet. Die malischen Militärausgaben liegen unter Berücksichtigung statistischer Unsicherheiten mit rund 1,9 Prozent des Bruttoinlandsprodukts (BIP) zwar am oberen Ende, jedoch insgesamt in einem Rahmen wie er auch für andere Mitgliedsstaaten der ECOWAS typisch ist. Andere Staaten der Region wie Malis Nachbarländer Algerien und Mauretanien sowie der Tschad wenden gemessen an ihrer Wirtschaftsleistung etwa doppelt so viel Geld für ihr Militär auf.

Bereits 1993 begannen die USA mit militärischen Ausbildungsprogrammen in Mali. 1997 folgte die erste Unterstützungsmaßnahme, die vor allem die regionale Zusammenarbeit zwischen den Streitkräften verbessern sollte. In diesem Rahmen bildeten US-Soldaten 800 bis 1000 malische Soldaten aus. Nach dem 11. September 2001 intensivierten die USA die regionale Kooperation mit Staaten der Sahel-Region im Rahmen der so genannten »Pan-Sahel Initiatve« (PSI).

In Mali bildeten die USA eine schnelle Einsatzgruppe von 150 Mann aus und gaben ihr eine entsprechende Ausrüstung. 2004 wurde das Programm mit der »Trans-Sahara Counter-Terrorism Initiative« (TSCTI) ausgeweitet und kurz darauf in »Trans-Sahara Counterterrorism Partnership« (TSCTP) umbenannt. Für die folgenden fünf Jahre war dafür eine halbe Milliarde US-Dollar vorgesehen, davon 20–30 Prozent für militärische Ausgaben in neun Ländern der Region. Halbjährlich fanden seitdem gemeinsame Übungen unter dem Namen »Operation Flintlock« statt, die 2012 aufgrund des Beginns des Krieges in Nordmali abgesagt werden mussten.

Waffenlieferungen im engeren Sinne erhielt Mali in größerem Umfang zuletzt in der zweiten Hälfte der 1990er Jahre von den USA (14 Mio. US-Dollar 1997–1998). Andere Lieferanten in den letzten 20 Jahren waren China (7 Mio. US-Dollar / 2000), die Tschechische Republik (13 Mio. US-Dollar / 2005) und Bulgarien (22 Mio. US-Dollar / 2007–2009 und 3 Mio. US-Dollar / 2012). Ausländische Hilfen machen insgesamt den Großteil des malischen Militärhaushalts aus. Militärische Hilfe im weiteren Sinn erhielt Mali auch von Deutschland im Rahmen des Ausstattungshilfeprogramms der Bundesregierung für ausländische Streitkräfte. Diese Leistungen betrugen von 2007 bis 2010 über 6 Mio. Euro und für den Planungszeitraum 2009 bis 2012 war Mali eines von nur wenigen Partnerländern (siehe S. 188 f: Bundeswehr in Mali).

Trotz dieser Waffenlieferungen und Ausbildungshilfen gilt die malische Armee generell als schlecht ausgerüstet und ausgebildet. Dies ist vor allem darauf zurückzuführen, dass nur ein geringer Teil der Mittel aus dem Verteidigungshaushalt die Truppen erreichte und viel Geld durch höhere Offiziere veruntreut wurde. Dies dürfte mit einer der wesentlichen Gründe für den Putsch vom März 2012 gewesen sein. Seither ist das malische Militär gespalten und noch ein knappes Jahr später, im Februar 2013, kam es zu Schusswechseln zwischen einzelnen Truppenteilen. *WS*

schen Kunta-Arabern und Ifoghas-Tuareg (Iforas) lieferte sich wiederholt Kämpfe mit Imghad-Tuareg-Schmugglern, arabischen Händlern vom Stamm der Berabiche und Schmugglern der Sahrawi. Arabische Schmuggler in Gao und Timbuktu gründeten daraufhin private Milizen, um ihre Geschäfte zu schützen. Die algerischen Salafisten bauten stabile Arbeitsbeziehungen zu diesen Milizen auf, als sie sich allmählich in und um Gao und Timbuktu niederließen. Im Laufe der Jahre nahmen sie auch Gesinnungsgenossen aus der Region auf, z.B. Mitglieder der nigerianischen »Boko Haram«.

Die Rivalitäten zwischen den verschiedenen Tuareg-Gruppierungen entluden sich jedoch 2006 in einer weiteren Revolte gegen den Staat. Anstatt auf seine eigene Armee, vertraute Präsident Touré lieber auf die arabischen Schmugglermilizen, die auch mit AQIM zusammenarbeiteten, sowie auf eine informelle Tuareg-Miliz, die mit den Rebellen verfeindet war. Indem er seine Kernaufgabe, die Sicherheitsverantwortung, an Drogen schmuggelnde Milizen übertrug, behielt der Staat die Kontrolle über die nördlichen Regionen durch die – wie die internationale Krisengruppe es nannte – »Fernsteuerung der Regierungsgewalt über zweifelhafte, kriminelle und mafiöse Mittelsmänner«.

Ein komplexes und grenzüberschreitendes kriminelles Netzwerk verband somit staatliche Akteure auf allen Ebenen, örtliche Milizen, einige Tuareg-Gruppierungen und radikale Salafisten. Dennoch wurde das Kräftegleichgewicht zwischen den staatlichen und bewaffneten nichtstaatlichen Akteuren immer labiler, als reiche örtliche Milizen ihr Waffenarsenal erheblich erweiterten. Eine Verschiebung in diesem zerbrechlichen Kräftegleichgewicht untergrub schließlich kurz nach Beginn des neuen Jahrzehnts die letzten Reste staatlicher Autorität und Legitimation.

Wechselnde Allianzen und der Zusammenbruch des Staates

Ende 2010 wurde eine neue Widerstandsbewegung der Tuareg (Mouvement National de Libération de l'Azawad = Nationale Bewegung für die Befreiung des Azawad, MNLA) gegründet, die sich aus einer neuen Generation von Rebellen rekrutierte. Sie war Nutznießer der wachsenden Einigkeit zwischen den verschiedenen Gruppierungen und konnte später auch auf die nach dem Sturz von Muammar al-Gaddafi zurückfließenden, gut ausgebildeten und ausgerüsteten Kämpfer aus Libyen zurückgreifen. Gemeinsam mit Ansar Dine, einer bewaffneten Gruppe unter der Führung von Iyad ag Ghali, dem ehemaligen, zum Islam konvertierten, hochrangigen Tuareg-Rebellen, malischen Diplomaten und Unterhändler bei Geiselnahmen, nahm die MNLA im Januar 2012 ihre Angriffe gegen die malische Armee wieder auf.

Dutzende malische Soldaten wurden in einem Blutbad in Aguelhok unter noch ungeklärten Umständen brutal niedergemacht. Daraufhin kam es in der Hauptstadt zu Massendemonstrationen gegen das äußerst unpopuläre Regime unter Touré. In einem offensichtlich chaotischen und schlecht geplanten Militärputsch stürzte eine kleine Gruppe von verärgerten jüngeren Offizieren und Soldaten im März den Präsidenten. Die Tatsache, dass sich die meisten Einwohner der malischen Hauptstadt in einer Meinungsumfrage zufrieden über seine Amtsenthebung zeigten, verdeutlicht die gravierende Regierungskrise im Zentrum des Staates.

Nach dem Militärputsch flohen die meisten Staatsbediensteten aus Nordmali. Die Rebellen von MNLA und Ansar Dine übernahmen innerhalb von wenigen Wochen die Kontrolle über zwei Drittel des Staatsgebietes, ohne auf nennenswerten Widerstand zu stoßen. Da sich aber zwei bewaffnete Gruppen nicht auf die Modalitäten der Regierung einigen konnten, veränderten sich die Allianzen in Nordmali erneut. Gemeinsam mit AQIM und ihrem Ableger, der »Mouvement pour l'Unicité et le Jihad en Afrique de l'Ouest« (MUJAO), vertrieb Ansar Dine die MNLA aus den Städten im Norden. Einige Drogenschmugglermilizen verbündeten sich mit diesen neuen Machthabern, während regierungstreue Milizen über die Grenzen nach Mauretanien und Niger flohen.

In der Zwischenzeit kämpften verschiedene Gruppierungen um die Kontrolle über den Zentralstaat. Die ECOWAS zwang zwar die Anführer des Militärputsches, die Macht wieder an eine von Zivilisten geführte Übergangsregierung abzugeben.

Allerdings übten die Putschisten weiterhin beträchtlichen Einfluss hinter den Kulissen aus. Zudem dauerten die internen Grabenkämpfe in der Armee an und entfachten offen ausgetragene, gewaltsame Auseinandersetzungen. Es bedurfte einer französischen Militärintervention, um einen weiteren Militärputsch zu verhindern, einen plötzlichen Vorstoß der Rebellen von Ansar Dine in den Süden aufzuhalten und die Städte im Norden von den Besatzern zu befreien.

Der malische Staat übte niemals allein die Herrschaft im Land aus. Sie war stets das Ergebnis wechselnder Allianzen zwischen staatlichen und nichtstaatlichen Akteuren. Die aktuellen Ereignisse stellen keinen plötzlichen Zusammenbruch einer stabilen staatlichen Ordnung dar, sondern eine Veränderung in dem bisherigen gewagten Zusammenspiel staatlicher und nichtstaatlicher Akteure. Es ist offensichtlich, dass die »Wieder«-Herstellung der staatlichen Autorität alles andere als eine technokratische staatszentrierte Übung sein kann.

Martin van Vliet

In Mali bildeten sich vor dem 2012 begonnenen Krieg mehrere bewaffnete nicht-staatliche Gruppen, die das Konfliktgeschehen bestimmen. Von diesen will in erster Linie die Ende 2011 gegründete »Mouvement National de Libération de l'Azawad« (Nationale Bewegung für die Befreiung des Azawad, MNLA) die Volksgruppe der Tuareg repräsentieren, auch wenn ihr nur eine kleine Minderheit der Bevölkerung folgt. Sie eroberte Anfang 2012 den Großteil des Nordens und rief die Unabhängigkeit aus. Hierbei kämpfte sie zusammen mit der ebenfalls teilweise aus Tuareg bestehenden Ansar Dine, die sich jedoch islamistisch legitimierte und die Grenzen Malis bewahren will. Sie verdrängte schließlich die MNLA weitgehend im Norden. Ebenfalls islamistisch legitimiert sich die kleinere »Mouvement pour l'Unicité et le Jihad en Afrique de l'Ouest« (Bewegung für Einheit und Dschihad in Westafrika, MUJAO). Sie spaltete sich von der »al-Qaida au Maghreb Islamique« (AQIM) ab und verfolgt wie sie überregionale Ziele. Schließlich existieren noch verschiedene regierungsfreundliche Milizen, die sich im Kampf gegen die Tuareg gebildet haben.

Das Bild zeigt Tuareg-Rebellen im April 2012 auf einem Pick-up-Truck mit angeblich aus Libyen mitgebrachten Waffensystemen.

■ Nichtstaatliche bewaffnete lokale und internationale Gruppen in Mali

An dem Mitte Januar 2012 begonnenen Krieg im Norden Malis sind vier größere Rebellengruppen beteiligt. Insbesondere auf diese wird im Folgenden näher eingegangen. Neben diesen Rebellengruppen haben sich auch einige Milizen gebildet, die im Laufe des Jahres 2012 im Widerstand gegen die Rebellen entstanden sind.

Mouvement National de Libération de l'Azawad (MNLA)

Ende 2010 wurde die »Mouvement National d'Azawad« (MNA) gegründet, um verschiedene Probleme Nordmalis auf die politische Tagesordnung in Mali zu bringen. Allerdings erkannten die Politiker in der Hauptstadt Bamako diese nicht an. Im Gegenteil: Ihre Führer wurden beim Gründungstreffen in Timbuktu verhaftet und ihre Demonstrationen polizeilichen Repressalien ausgesetzt. Dies war eine Quelle, die zur Gründung der »Mouvement National de Libération de l'Azawad« (MNLA) führte. Die andere waren Tuareg, die in Libyen entweder bereits länger als Soldaten in der regulären Armee gedient hatten oder die erst während des dortigen Krieges im Jahr 2011 von Muammar al-Gaddafi zur Bekämpfung der Rebellen angeworben worden waren.

Ungeklärt ist, inwieweit Ibrahim ag Bahanga, der Führer der Tuareg-Rebellion von 2007 bis 2009, diese Libyen-Kämpfer angesichts der absehbaren Niederlage des Gaddafi-Regimes bereits für eine neue Rebellion in Mali rekrutiert hatte, da er im August 2011 bei einem Autounfall ums Leben kam. Auch Iyad ag Ghali, der sowohl an den Rebellionen der 1990er als auch der 2000er Jahre jeweils in den Anfangsphasen als Anführer beteiligt gewesen war, soll bereits eine erneute Rebellion geplant haben, sodass der Sturz Gaddafis für ihn zu einem passenden Zeitpunkt kam. Über ag Ghali wird berichtet, dass er sich Ende 2011 vergeblich um den Führungsposten der kurz zuvor gegründeten MNLA beworben haben soll.

Mitte Januar 2012 begann die MNLA dann mit ihren Angriffen auf weit auseinander liegende Ziele in Ménaka, Tessalit, Aguelhok, Léré und Niafounké. Ihr sollen zu diesem Zeitpunkt über 1000 Kämpfer angehört haben, darunter 400 ehemalige Soldaten oder Söldner aus Libyen. Verbündet war die MNLA zu Beginn des Krieges vor allem mit Ansar Dine sowie mit der MUJAO und AQIM. Insbesondere um ihre Stellung in diesem Bündnis mit den islamistischen Gruppen hervorzuheben, reklamierte die MNLA in der frühen Phase des Krieges Erfolge – darunter vor allem den Angriff auf Aguelhok – für sich. Für das internationale Ansehen erwies sich dies aber als kontraproduktiv, da schon bald Anschuldigungen öffentlich wurden, denen zufolge bei der Eroberung der dortigen Militärbasis 80 bereits gefangen genommene Soldaten getötet worden waren.

Über die Führung der MNLA ist wenig bekannt: Als ihr Generalsekretär fungiert Bilal ag Sharif, ein Cousin des verstorbenen Ibrahim ag Bahanga. Chef des Politbüros ist Mohamed ag Ghali und kommandiert werden die Kämpfer vom MNLA-Stabschef Mohamed ag Najem. Lediglich von letzterem ist bekannt, dass er zuvor als Offizier in der libyschen Armee diente. Im Februar 2012 hieß es, dass Hamma ag Mahmoud, ein früherer Minister (1968–1991) und späterer Präsidentenberater (1992–2002) in Ménaka von der MNLA zum Staatschef von Azawad ausgerufen wurde. Auf der Homepage der MNLA erschien ag Mahmouds Name später aber nur noch als Verantwortlicher für Außenbeziehungen und internationale Kooperation.

pa/Ferhat Bouda

Tuareg-Kämpfer der MNLA posieren vor einem Fotografen im Februar 2012.

Die MNLA-Rebellen, die als Vertretung eines Tuareg-Nationalismus gelten können, nahmen mit ihren Verbündeten rasch einige Militärstützpunkte ein, stießen aber in den ersten beiden Monaten noch auf Widerstand der malischen Armee. Zugute kam den Rebellen der Putsch am 22. März, der zum Sturz von Präsident Amadou Toumani Touré führte. Innerhalb der folgenden zehn Tage konnten die Rebellen die beiden größten Städte des Nordens, Gao und Timbuktu, erobern und übernahmen damit de facto die Kontrolle über die gesamte Region. Am 5. April verkündeten die Tuareg-Rebellen das Ende der Kampfhandlungen, einen Tag später riefen sie die Unabhängigkeit aus.

Trotz erster Unstimmigkeiten im Bündnis zwischen den Tuareg-Rebellen und den islamistischen Gruppen kam es erst ab Ende Mai zu bewaffneten Auseinandersetzungen zwischen ihnen. Aus diesen gingen fast überall die islamistischen Gruppen als Sieger hervor. Von den größeren Ortschaften konnte die MNLA lediglich Ménaka nahe der Grenze zu Niger bis in die zweite Novemberhälfte hinein verteidigen. Aufgrund ihrer Verdrängung durch die islamistischen Gruppen wurde die MNLA in der Folgezeit vor allem als potenzieller Verbündeter der malischen Armee bei einer Rückeroberung Nordmalis gesehen, zumal sie ihre Forderung nach einer Unabhängigkeit zugunsten einer größeren Autonomie fallen ließ. Obwohl die MNLA im Januar 2013 die französischen und tschadischen Tuppen bei der Rückeroberung Kidals unterstützte, erließ die malische Regierung Mitte Februar Haftbefehle gegen MNLA-Führer.

Ansar Dine

Mitte Dezember 2011 wurde Ansar Dine (Verteidiger des Glaubens) erstmals erwähnt. Sie wurde von Iyad ag Ghali (siehe S. 156 f.: Kurzbiografie Iyad ag Ghali) gegründet. Auch in ihr sollen sich – ähnlich wie in der MNLA – mehrere hundert Tuareg-Kämpfer versammelt haben, darunter Offiziere und Soldaten aus den Armeen Malis und Libyens.

Entgegen den Behauptungen der MNLA soll Ansar Dine in den nördlichen Gebieten die Hauptlast der Kämpfe mit der Armee getragen haben und dabei unter anderem in Kidal, Aguelhok, Tinezawaten und Tessalit erfolgreich gewesen sein. Insbesondere das Tuareg-Zentrum Kidal stand seit der Aufkündigung des Bündnisses mit der MNLA unter der Kontrolle Iyad ag Ghalis. Hier stellte sich Intallah ag Attaher, der wichtigste traditionale Führer der Tuareg gegen ag Ghali und forderte Anfang Juni zum sofortigen Verlassen der Ansar Dine auf. Dieser Apell wurde allerdings dadurch konterkariert, dass sein Sohn und designierter Nachfolger Alghabass ag Intallah der Ansar Dine beitrat.

Iyad ag Ghali

Iyad ag Ghali wurde 1958 geboren und gehört zu den Ifogha, dem bedeutendsten Clan der Tuareg. Ende der 1970er Jahre ging er wie viele andere junge Tuareg aufgrund der Folgen der Dürre ins Ausland, um seinen Lebensunterhalt zu bestreiten. In Libyen ließ er sich für die »Islamische Legion« rekrutieren, mit der Muammar al-Gaddafi seine Vormachtansprüche in der Region durchsetzen wollte. Ag Ghali ging so zunächst in den Libanon, um in dem dortigen Krieg an der Seite der Palästinenser zu kämpfen. Weitere militärische Erfahrung sammelte er auf libyscher Seite bei der Auseinandersetzung mit dem Tschad in der zweiten Hälfte der 1980er Jahre.

Bei seiner Rückkehr nach Mali war er zunächst der unangefochtene Anführer der 1990 begonnenen Rebellion. Trotz anfänglicher Erfolge entschied er sich bereits früh für eine Einigung mit der malischen Regierung, sodass die Rebellion ab 1991 von anderen Tuareg geführt wurde und sich die von ag Ghali geführte »Mouvement Populaire de l'Azawad« (MPA) in den nächsten Jahren vor allem mit anderen Tuareg-Gruppen Kämpfe lieferte.

Mit Beendigung des Krieges 1996 wurde ag Ghali wohl im Rang eines Oberst formal in die malische Armee integriert, füllte diesen Posten aber nie aus und übernahm auch sonst kein offizielles Amt, weder innerhalb seines Clans noch innerhalb der neuen demokratischen Institutionen.

Ende der 1990er Jahre nahm ag Ghali an einem Kurs der »Dawa al-Tablighi«, einer aus Pakistan stammenden missionarischen Bewegung teil, und setzte seine Islamstudien auch in den nächsten Jahren fort. Sein Weg führte ihn dabei unter anderem 2002 für einige Zeit an eine Moschee in Saint Denis, einem Vorort von Paris. 2004 verbrachte er sechs Monate in einem Lager der Dawa in Pakistan. Seit 2003 übernahm ag Ghali einen zunehmend fundamentalistischen Standpunkt, aber keinen dschihadistischen.

Zwischenzeitlich wirkte er 2003 als Vermittler bei der Freilassung der in der Hand der GSPC in Nordmali befindlichen Geiseln mit. 2006 nahm er an der kurzen Tuareg-Rebellion teil. Wie 1990 schloss er auch diesmal rasch einen Friedensvertrag mit der malischen Regierung. Sein letzter Beitrag während der ohne ihn weiter andauernden Rebellion bestand 2007 in einem – allerdings vergeblichen – Vermittlungsversuch. Anschließend wurde er von Präsident Amadou Toumani Touré, wohl um ag Ghalis wachsendem Einfluss entgegenzuwirken, im November 2007 zum konsularischen Berater in Djiddah (Saudi-Arabien) ernannt. Von dort wurde er allerdings 2010 ausgewiesen, nachdem er Kontakt mit Dschihadisten aufgenommen haben soll.

Ende 2011 soll sich Iyad ag Ghali vergeblich um den Führungsposten bei der »Mouvement National pour la Libération de l'Azawad« (MNLA) beworben haben. Anschließend gründete er im letzten Quartal 2011 mit der Ansar Dine seine eigene Rebellengruppe.   WS

Am 16. Juni wies ag Ghali die von der MNLA ausgerufene Unabhängigkeit Azawads zurück und forderte stattdessen die Einführung der Scharia in Nord- und Südmali. Vermittler der Afrikanischen Union (AU) hoben dies als bloße nationalistisch-islamistische Forderung hervor, mit der sich die Ansar Dine von den dschihadistischen und nicht national beschränkten Zielen insbesondere von »al-Qaida au Maghreb Islamique« (al-Qaida im Islamischen Maghreb, AQIM) positiv unterscheide. Damit verbunden war das Angebot an Ansar Dine, eine Rolle bei den Verhandlungen über eine politische Lösung der Krise in Mali zu spielen.

In der Tat nahm Ansar Dine auch mehrfach an Gesprächen insbesondere mit Blaise Compaoré teil, dem Präsidenten Burkina Fasos, der als Vermittler der westafrikanischen Regionalorganisation ECOWAS agierte. Zu dem positiven Image von Ansar Dine dürfte auch die folgende Einschätzung von Human Rights Watch über Kriegsverbrechen der Rebellen in Nordmali beigetragen haben: »Ansar Dine fighters took several measures to protect civilians from the widespread looting, sexual violence, and other abuses by the MNLA, Arab militias, and common criminals«, also »Kämpfer der Ansar Dine ergriffen zahlreiche Maßnahmen, um Zivilisten von den verbreiteten Plünderungen, sexueller Gewalt und anderen Übergriffen von MNLA, arabischen Milizen und normalen Kriminellen zu schützen«. Allerdings sorgte Ansar Dine mit der Zerstörung von Sufi-Schreinen in der Weltkulturerbe-Stadt Timbuktu auch für negative Schlagzeilen.

Wegen ihrer Einbindung in die regionalen Vermittlungsgespräche, aber auch wegen ihrer Verortung in der Kidal-Region, kam der Vorstoß der Ansar Dine im Januar 2013, der letztlich zur französischen Intervention führte, etwas überraschend. Die dahinter stehenden Überlegungen sind noch ungeklärt. Zwar hat Ansar Dine den De-facto-Waffenstillstand in der Woche vor Beginn der Kämpfe aufgekündigt. Doch ist aus den ersten Berichten nicht klar ersichtlich, wer zuerst geschossen hat und damit die erneute Auseinandersetzung vom Zaun brach: Ansar Dine oder malische Soldaten.

Eine Folge der dann eingetretenen Niederlagen von Ansar Dine im Zuge der französisch dominierten Intervention im Januar war, dass sich Alghabass ag Intallah von dieser abspaltete und mit der »Mouvement Islamique de l'Azawad« (Islamische Bewegung von Azawad, MIA) seine eigene Gruppe gründete, die die vorrückenden französischen und tschadischen Truppen bei der Eroberung der Stadt Kidal als wichtigstem Zentrum der Tuareg unterstützte.

Mouvement pour l'Unicité et le Jihad en Afrique de l'Ouest (MUJAO)

Seit wann es die MUJAO gibt, ist nicht ganz klar. Einerseits soll sie erst gegen Ende des Jahres 2011 von dem Mauretanier Hamada Ould Mohamed Kheirou gegründet worden sein. Andererseits habe sie aber bereits im Oktober 2011 drei europäische Geiseln entführt.

Als sicher gilt dagegen, dass es sich bei der MUJAO um eine Abspaltung von AQIM handelt. In ihrer ersten Erklärung behauptet sie aber deswegen nicht, in Gegnerschaft zu AQIM zu stehen. Als wahrscheinliche Erklärung für die Abspaltung von MUJAO wird die Weigerung von AQIM gesehen, ihre Führung für nicht-algerische Kämpfer zu öffnen.

Neben ihrem Gründer taucht in den Berichten wiederholt Sultan Ould Badi als wichtiger Anführer der MUJAO auf. Es handelt sich um einen ethnischen Araber aus der Gao-Region. Er soll darüber hinaus ein bekannter Drogenhändler sein, dessen wahre Identität aber unklar ist.

In den Reihen der MUJAO finden sich allenfalls wenige Tuareg. In Nordmali gehören ihr eher Islamisten aus anderen Bevölkerungsgruppen wie Mauren und Araber an. Darüber hinaus ist die MUJAO offensichtlich für gewaltbereite Islamisten aus anderen Ländern Westafrikas attraktiv. Zum Beispiel behauptete die MUJAO am 18. Juli 2012, allein innerhalb der beiden vorangegangenen Tage mehr als 200 neue Kämpfer aus Burkina Faso, Senegal und Elfenbeinküste (Côte d'Ivoire) rekrutiert zu haben. Dies wird gestützt durch Berichte, denen zufolge der französische Geheimdienst Waffenlieferungen durch Burkina Faso an die MUJAO festgestellt haben soll. Über diese neu rekrutierten Islamisten hinaus sollen sich auch mehrere hundert Kämpfer der islamistischen Gruppe »Boko Haram« (Westliche Bildung ist Sünde), die seit 2009 in Nigeria Krieg führt, in Nordmali aufhalten und für die MUJAO oder an ihrer Seite kämpfen. Weitergehende, aber kaum zu beweisende Berichte sprechen davon, dass die MUJAO auch von Katar unterstützt wurde.

Im Unterschied zur MNLA und zu Ansar Dine verfolgt die MUJAO eine über Mali hinausreichende Agenda. Zielscheibe war dabei vor allem Algerien: Bereits die Entführung der

pa/AP Photo/Jerome Delay

Ein Bild Osama Bin Ladens klebt auf einem im Januar 2013 aufgenommenen Motorrad in Mopti, etwa 630 km nördlich Bamako.

drei europäischen Geiseln im Oktober 2011, zu denen sich die MUJAO bekannte, fand in Algerien statt. Im April 2012 übernahm die MUJAO die Verantwortung für einen Autobombenanschlag auf das Hauptquartier der Gendarmerie im algerischen Tamanrasset. Und Anfang September tötete die MUJAO Tahar Touati, den algerischen Vize-Konsul in Gao, den sie fünf Monate zuvor entführt hatte.

Al-Qaida au Maghreb Islamique (AQIM)

Im Gegensatz zu den drei anderen in Mali seit 2012 aktiven Rebellengruppen handelt es sich bei AQIM um eine bereits länger existierende Organisation. Hervorgegangen ist sie aus dem Krieg, der 1992 in Algerien begann, nachdem das dortige Militär dem Wahlsieg einer islamistischen Partei mit einem Putsch zuvorgekommen war. AQIM bzw. ihre Vorläuferorganisation, die »Groupe Salafiste pour la Prédication et le Combat« (Algerische Salafistengruppe für Predigt und Kampf, GSPC), wurde 1998 gegründet, um die wahllose, sich zunehmend auch gegen Zivilisten richtende Gewalt islamistischer Kämpfer einzudämmen. Die bewaffneten Aktionen der GSPC richteten sich als Folge dieser »Re-Politisierung« in erster Linie gegen die algerischen Sicherheitskräfte. Ihr Operationsgebiet war vor allem der Nordosten Algeriens. Wie und warum sich die GSPC 2002/03 in Südalgerien etablierte, ist bis heute unklar. Spektakulär war aber ihre erste öffentlich wahrgenommene Aktion in der Sahelzone: Zwischen Februar und April 2003 wurden in Südalgerien 32 deutsche, österreichische und schweizerische Sahara-Touristen entführt und in zwei Gruppen geteilt. Während algerische Sicherheitskräfte die erste Gruppe schon bald befreiten, konnte die zweite Gruppe von Geiselnehmern nach Nordmali entkommen. Dort wurden die Entführten nach Vermittlung der malischen Regierung und auch des ehemaligen Tuareg-Rebellenführers Iyad ag Ghali im August 2003 freigelassen.

Ein zumindest für die Außenwahrnehmung wichtiger Schritt war die Umbenennung der GSPC in AQIM im Januar 2007. Ihre Aktivitäten von Mauretanien, über Südalgerien, Mali, Niger bis in den Tschad blieben aber beschränkt: Seit der Geiselnahme von 2003 wurden bis Anfang 2011 lediglich 25 Entführungen,

Anschläge oder bewaffnete Auseinandersetzungen registriert, die mit der GSPC/AQIM im Zusammenhang standen. Da die meisten Vorfälle Entführungen betrafen, sprachen Beobachter von einer regelrechten Entführungsindustrie. Die Schätzungen über die daraus resultierenden Einnahmen liegen mindestens im zweistelligen Millionenbereich und reichen bis zu 150 Mio. Euro. Auch sonst schien sich AQIM mehr auf illegale und parastaatliche Aktivitäten als auf die gewaltsame Durchsetzung islamistischer Ziele zu konzentrieren. Dabei soll sich AQIM zunächst am Cannabis- und Zigarettenschmuggel beteiligt haben, um dann später auch in das Geschäft mit Kokain einzusteigen. Strittig ist, ob AQIM selbst ein wesentlicher Akteur im Schmuggelgeschäft war oder ob ihre Rolle eher in der »Besteuerung« derjenigen lag, die direkt am Schmuggel beteiligt waren.

Im März 2009 trafen sich die beiden Führer der südlichen AQIM-Einheiten, Mokhtar Bel Mokhtar und Abd al-Hamid Abu Zeid, sowie der in der AQIM-Hierarchie direkt über ihnen stehende Yahia Djouadi. Letzterer wollte einerseits zwischen den beiden Rivalen vermitteln und andererseits eine Repolitisierung der Organisation erreichen. Dabei galt Abu Zeid als der ideologiefestere der beiden Anführer, während Bel Mokhtar vor allem mit dem Zigarettenschmuggel in Verbindung gebracht wurde und deswegen auch den Spitznamen »Marlboro-Pate« trug. Bel Mokhtar war darüber hinaus durch Heiraten mit vier Frauen mit prominenten arabischen und Tuareg-Familien in Nordmali verbunden.

Mali blieb, obwohl Rückzugsort von AQIM, lange Zeit von AQIM-Aktionen verschont. Dies mag zunächst daran gelegen haben, dass die Entführer von 2003 für die Freilassung ihrer Geiseln neben einer Lösegeldzahlung als Gegenleistung eine relative Immunität auf malischem Territorium erhalten haben sollen. Dass die malische Regierung AQIM ernsthaft bekämpfte, wurde vielfach bezweifelt. Dies änderte sich ab etwa Mitte 2009, als sich die Vorfälle in Mali häuften: Malische Sicherheitskräfte wurden von AQIM-Kämpfern angegriffen und die Zahl der Entführungen auf malischem Territorium stieg an. Auch der Umstand, dass AQIM ihre ursprüngliche Präsenz und ihren Einfluss von der Kidal-Region nach Süden in Städte wie Gao, Djenné und Mopti auszudehnen begann, soll zu einem Umdenken bei den malischen Behörden beigetragen haben.

Die Stärke von AQIM bei Beginn des Krieges in Mali wurde auf 500-800 Kämpfer in und außerhalb Algeriens geschätzt, wobei lediglich ein kleinerer Teil auf den südlichen Ableger entfällt. Diese Schätzungen machen klar, dass die Bedeutung von AQIM im Krieg in Mali zumindest anfänglich nicht so sehr in ihrer militärischen Stärke in Form von Kämpfern lag. Attraktiv für die anderen Rebellen-Gruppen war die AQIM vor allem wegen ihrer finanziellen Mittel, die sie aus Entführungen und durch die Beteiligung am Schmuggel angesammelt hatte. Diese Mittel setzte Bel Mokhtar ein, indem er sich z.B. im März 2012 drei Wochen in Libyen aufhielt, um dort Waffen zu kaufen.

Entsprechend der im engeren Sinne geringen militärischen Stärke wird die AQIM in Berichten über die Entwicklung des Krieges in Nordmali in der Regel immer im Zusammenhang mit

AQIM – Keimzelle des Dschihadismus in Nordafrika

Dreh- und Angelpunkt der islamistischen Expansion in Mali ist »al-Qaida au Maghreb Islamique« (al-Qaida im Islamischen Maghreb, AQIM), die nordafrikanische Filiale von al-Qaida. Sie ist die schlagkräftigste der drei in Mali operierenden Dschihad-Gruppen.

AQIM ging im Januar 2007 aus der algerischen »Groupe Salafiste pour la Prédication et le Combat« (Salafistische Gruppe für Predigt und Kampf , GSPC) hervor; die Umbenennung machte den Anschluss an al-Qaida offiziell und signalisierte zudem eine Internationalisierung. Gemäß ihren Verlautbarungen ist es das Ziel von AQIM, ein »islamisches Emirat« im Maghreb zu errichten und alle »islamfeindlichen Regierungen« sowie westlichen Einflüsse zu beseitigen.

Die Mitglieder von AQIM sind zum großen Teil Dschihad-Veteranen, die bereits seit 2003 in der Sahara operieren. Der hohe Verfolgungsdruck der algerischen Sicherheitsbehörden hatte ihre zuvor auf Algerien konzentrierten Aktivitäten stark eingeschränkt. In der Folge waren die Kämpfer nach Süden ausgewichen und hatten im Norden Malis einen sicheren Hafen für ihre Aktivitäten geschaffen. Hier haben sie seither ein Netzwerk lokaler Allianzen aufbauen können. AQIM und ihr Vorläufer GSPC sind die Keimzelle des Dschihadismus in Nordafrika.

AQIM finanziert sich über Drogen- und Waffenschmuggel sowie durch Lösegelder für entführte Ausländer. Ihr Anführer ist der Algerier Abdulmalik Droukdal. AQIM wird stark von Algeriern dominiert, ihre Mitglieder stammen aber aus allen Staaten der Sahara und der Sahelzone. Die Gruppierung soll Anfang 2012 in Mali über mehrere hundert Kämpfer in vier Brigaden verfügt haben: Tariq bin Ziad (Abd al-Hamid Abu Zeid), Al-Furqan (Yahya Abu al-Hamam), Al-Ansar (Abd-al-Karim al-Targui) und Al-Mulathamin (Mokhtar Bel Mokhtar).

Bel Mokhtar gründete im Oktober 2012 eine eigene Gruppierung namens »Al-Muwaqiun bil-Dima« (Die mit Blut unterzeichnen). Die Kämpfer seines Bataillons nahm er mit. Auslöser für diesen Schritt waren interne Streitigkeiten mit anderen AQIM-Kommandeuren. Noch ist ungeklärt, ob Bel Mokhtars neue Gruppe nominell zu AQIM gehört oder selbstständig operiert. Sie war für den Angriff auf die Gasanlage im algerischen In Amenas verantwortlich.

Eine undatierte Aufnahme des AQIM-Kommandeurs Mokhtar Bel Mokhtar aus einem Propagandavideo.

AQIM kooperiert sowohl mit Ansar Dine als auch mit MUJAO. Die Gruppen verfolgen gemeinsame Ziele und führen zusammen Operationen durch. Sie unterscheiden sich jedoch hinsichtlich ihrer nationalen, tribalen und ethnischen Zusammensetzung sowie ihrer Ideologie. Dennoch sind die Grenzen zwischen den Gruppen fließend. AQIM arbeitet vermutlich bereits seit der Gründung von Ansar Dine mit der Gruppe zusammen. Beide haben sich auf eine Arbeitsteilung geeinigt: AQIM kümmert sich um das dschihadistische Kerngeschäft, die Malier von Ansar Dine verwalten die eroberten Gebiete. Während des Vormarschs der Islamisten hielten AQIM und Ansar Dine Timbuktu besetzt. Bel Mokhtars AQIM-Bataillon »al-Mulathamin« kontrollierte die Stadt Gao, gemeinsam mit MUJAO.

MUJAO hingegen ist eine Abspaltung von AQIM. Der Hintergrund für den Bruch sollen interne Streitigkeiten um die Verteilung von Lösegeldern gewesen sein. Anderen Quellen zufolge waren mangelnde Aufstiegschancen für Nicht-Algerier innerhalb AQIM der Grund.

FP

Ansar Dine oder MUJAO genannt. Zur »Hochburg« von AQIM wurde dabei bis zur Vertreibung im Rahmen der französischen Intervention im Januar 2013 Timbuktu, wo Abu Zeid die Verantwortung über die dortigen AQIM-Kämpfer hatte.

Dass Bel Mokhtar nicht nur an kommerziellen Aktivitäten interessiert war, wie in der Vergangenheit vielfach vermutet wurde, verdeutlicht die Geiselnahme auf dem Gasfeld im algerischen In Amenas Mitte Januar 2013. Anfang März meldete die tschadische Armee bei Einsätzen in Nordmali, sowohl Abu Zeid als auch Bel Mokhtar getötet zu haben. Zwar hat die AQIM bzw. ihre Vorläuferorganisation insbesondere in den ersten Jahren ihres Bestehens ihre Anführer durch Aktionen der algerischen Sicherheitskräfte verloren. Allerdings haben die beiden Führer von AQIM im Süden ihre Einheiten jeweils sehr lange geführt, sodass zum jetzigen Zeitpunkt schwer einzuschätzen ist, was deren Tod für die Kampffähigkeit von AQIM bedeuten würde.

Gegen die Rebellen gerichtete Milizen

Zu den weiteren bewaffneten Gruppen im Norden von Mali gehören die »Ganda Koy« (Herren des Bodens). Diese hatten sich ursprünglich während der Rebellion der 1990er Jahre als Selbstverteidigungsmiliz der Songhay und anderer sesshafter Bevölkerungsgruppen gegen die damaligen Tuareg-Rebellen gegründet und wurden damals für zahlreiche Menschenrechtsverletzungen verantwortlich gemacht. Im Februar 2012 gründeten sich die Ganda Koy erneut. Außerdem werden in einigen Berichten die »Ganda Izo« (Söhne des Landes) genannt, die sich während der Rebellion von 2007 bis 2009 als Nachfolgeorganisation der Ganda Koy gebildet hatten.

Während Ganda Koy und Ganda Izo hauptsächlich in der Gao-Region verankert sind, bildete sich Anfang April in Timbuktu die »Front de Libération National de l'Azawad« (FNLA) als Selbstverteidigungsmiliz der dortigen arabischen Bevölkerung. Diese drei Gruppen schlossen sich am 21. Juli 2012 mit drei weiteren Gruppen zu den »Forces Patriotiques de Résistance« (FPR) zusammen. Allerdings ist so gut wie nichts über die Beteiligung dieser Gruppen an Kampfhandlungen bekannt.

Der Tuareg und Colonel Major El Hajj ag Gamou im Februar 2013 unter seinen Anhängern, mit denen er auf Seiten der Regierung kämpft.

Der ranghöchste Offizier der malischen Armee im Norden, Generalmajor El Hajj ag Gamou, ging nach der Niederlage der Armee in Kidal nach Niger und gründete Mitte Mai seine eigene Miliz, die »Mouvement Républicain pour la Restauration de l'Azawad« (MRRA). Der Tuareg ag Gamou hatte bereits während der Rebellion von 2007 bis 2009 die malische Armee im Norden kommandiert und auch damals auf die Unterstützung von ihm selbst rekrutierter Milizionäre zurückgegriffen. Die MRRA soll über 300 Kämpfer verfügen. Aber auch über die MRRA liegen über die reine Rekrutierungstätigkeit hinaus keine Berichte vor.

Wolfgang Schreiber

Eine thailändische Pharmazeutin des Medikamentenhilfswerks »action medeor« in einem Labor in Mali.

Zahlreiche internationale staatliche und nicht-staatliche Organisationen sowie Vertreter einzelner Staaten lassen enorme finanzielle Mittel in das selbst im afrikanischen Vergleich arme Mali fließen. Diese Hilfen machen den Löwenanteil des Staatshaushalts aus und gelangen in Form unterschiedlicher Programme ins Land. Auf diese Weise erhalten viele Malier wenigstens eine medizinische Grundversorgung und ausreichend Nahrung. Andererseits werden Abhängigkeiten erzeugt. Nicht zuletzt haben sich im Laufe der Jahrzehnte Netzwerke zwischen den herrschenden Schichten und den internationalen Gebern gebildet, sodass die Gelder oft ungleich verteilt werden.

Speziell die Abwehr von Anschlägen auf das eigene Staatsgebiet bezwecken die US-Regierungen seit 2001 mit Militärhilfen in Afrika. In diesem Zusammenhang bilden amerikanische Soldaten auch die malischen Streitkräfte aus. Viele Grundannahmen des »Globalen Krieges gegen den Terror« erwiesen sich jedoch in Mali wie in anderen Ländern des Kontinents als fraglich. Eine weitere Herausforderung stellte der malische Militärputsch vom 22. März 2012 dar – der nunmehr dritte in der Reihe der von den USA unterstützten Staaten.

■■■ Mali als Betätigungsfeld internationaler Akteure: Zwischen Entwicklungshilfe und »Globalem Krieg gegen den Terror«

Im 21. Jahrhundert kann sich keine Weltregion mehr den globalen wirtschaftlichen und politischen Zusammenhängen entziehen. So sind auch in Mali zahlreiche Vertreter internationaler Organisationen und fremder Staaten tätig, die großen Einfluss auf die Lage vor Ort ausüben. Meist wird jedoch ihr Handeln eher durch die Machtverhältnisse und vorherrschenden Annahmen in ihren Herkunftsländern bestimmt. Im Alltag bürgerte es sich der Einfachheit halber ein, meist von Organisationen und Staaten als geschlossen agierenden Einheiten zu sprechen. In der Realität trifft dies jedoch nicht zu. So arbeiten die Vertreter einzelner Staaten in internationalen Organisationen, aber auch verschiedener Ressorts in den jeweiligen Regierungen oftmals eher gegen- als miteinander.

Internationale Organisationen in Mali

Als ein selbst im afrikanischen Vergleich äußerst armes Land erhält Mali seit seiner Unabhängigkeit 1960 umfangreiche Entwicklungshilfen von anderen Staaten und internationalen Organisationen. Derzeit werden diese Mittel auf mehr als die Hälfte des Gesamthaushalts geschätzt. Durch die aus malischer Perspektive astronomischen Summen erhalten internationale Organisationen ein immenses Maß an informeller Mitbestimmung im Land. Niemand verschenkt jedoch Gelder, ohne nicht auch eigene Interessen damit zu verfolgen. Diese können darin bestehen, sich als großzügiger Geber international zu präsentieren, aber ebenso auch dem Zweck dienen, gezielt Einfluss auf politische Entscheidungen in Mali zu nehmen.

Die Finanzhilfen von Weltbank und Internationalem Währungsfonds (IWF) sollen die Armut in Mali lindern und das Land wirtschaftlich wettbewerbsfähiger machen. Ähnliches gilt für die Hilfen der Europäischen Union (EU). Allerdings handeln die Vertreter aller genannten Organisationen und Staaten meist auf der Grundlage von im Westen entwickelten wirtschaftsliberalen Annahmen. Demnach sei der Binnenmarkt zu öffnen, um den Wohlstand zu mehren, ebenso wie der im westlichen Vergleich überdimensionierte Staatsapparat zu verkleinern sei. Hierbei übersehen sie allerdings oft, dass die malische Wirtschaft international wenig wettbewerbsfähig ist. Zudem dient die Versorgung mit staatlichen Ämtern dazu, innenpolitische Gegner ruhig zu stellen. Werden diese wieder entlassen, entstehen häufig gewaltsame Konflikte.

pa/United Archives/DEA PICTURE LIBRARY

Zu den am meisten beachteten Entwicklungsprojekten der jüngeren Zeit in Mali zählt der Bau von drei Brücken in der Hauptstadt Bamako, finanziert durch die chinesische Regierung. Wie in anderen Projekten auch, erfolgt die Hilfe jedoch nicht ohne Gegenleistungen, sondern geht etwa mit Folgeaufträgen der malischen Regierung einher.

Unter den Nichtregierungsorganisationen (NROs) sind im Zuge des weiter unten näher besprochenen »Globalen Krieges gegen den Terror« islamisch ausgerichtete Organisationen aus den wohlhabenden arabischen Golfstaaten und Pakistan in den Blick geraten. Deren Vertreter bieten einerseits Hilfe, andererseits verfolgen sie – wie auch christliche Organisationen – das Ziel, Malier zu ihrem Glauben zu bekehren. Mystische Formen des Islam oder gar traditionelle Religionen sollen aufgegeben werden. Allerdings sollte der Einfluss dieser NROs nicht überschätzt werden. Vielmehr bekennen sich viele Malier meist aus der Not heraus zu den Zielen von NROs, um an deren Hilfen zu gelangen.

Im Laufe der Zeit entstanden lokale Netzwerke zwischen malischen Eliten und den internationalen Organisationen, da viele Malier für diese als Mitarbeiter vor Ort tätig sind. Zudem kooperieren die ausländischen Geberinstitutionen zuvorderst mit den international anerkannten Vertretern des Landes, also der Regierung. Diese wird jedoch in der Praxis parlamentarisch nur wenig kontrolliert. Daher erscheinen die internationalen Organisationen vielen Maliern als Komplizen der Gruppen, die den Staatsapparat dominieren. Hieran änderten auch die zahlreichen Wahlen nichts, die maßgeblich mit finanzieller und logistischer Unterstützung der Vereinten Nationen (VN) zustande kamen. Vielmehr verstärkte sich der Eindruck, dass die jeweiligen Regierungen diese vor allem abhalten ließen, um weiter Mittel etwa der EU zu erhalten.

Internationale Bemühungen zur Friedensschaffung in Mali

Von der Unabhängigkeit 1960 bis zur 2012 einsetzenden Krise fanden bereits zwei innerstaatliche Kriege auf malischem Boden statt. Diese endeten jedoch ohne den Einsatz einer Mission der bedeutendsten internationalen Organisation zur Friedenssicherung, der VN. Dennoch waren Unterorganisationen der VN wie das Flüchtlingshilfswerk (UNHCR) und das Entwicklungsprojekt (UNDP) stets im Land tätig. Nach den Kriegen halfen Vertreter der VN zudem bei der Entwaffnung der ehemaligen Kämpfer. Im Jahr 1996 verbrannten VN und Regierungsvertreter eingesammelte Waffen der Rebellen öffentlichkeitswirksam in der »Flamme des Friedens«.

Mit Zuspitzung des aktuellen Konfliktes in Mali verstärkten auch die Vertreter der EU ihre Aktionen im Bereich der Krisenbewältigung. So erhöhten sie die Hilfen für die Sahel-Region und entsandten 2012 eine Polizeiausbildungsmission in das Nachbarland Niger. Im Januar 2013 beschlossen sie schließlich auch eine

»European Union Training Mission Mali« (EUTM). Diese soll die malischen Streitkräfte stärken, um die Rebellen zurückdrängen zu können. Auch die Bundeswehr entsandte im März ein Kontingent für diese Mission.

Die größte der völkerrechtlich den VN untergeordneten Regionalorganisationen des afrikanischen Kontinents ist die Afrikanische Union (AU). Formal in Teilen der EU nachempfunden, soll sie die Staaten Afrikas politisch integrieren, verfügt aber auch über Regeln zur Eindämmung von Krisen. Völkerrechtlich revolutionär ist dabei die Bestimmung in ihrer Satzung, dass bei rein internen Menschenrechtsverletzungen sowie bei Völkermord in einem Mitgliedsstaat eine humanitäre Intervention möglich sein soll. Allerdings wendeten die Vertreter der AU diesen Artikel bisher nie an. Auch sonst blieb die Organisation hinter ihren Erwartungen zurück. So reagierte sie erst recht spät in der sich 2012 zuspitzenden malischen Krise, trug aber zumindest die Beschlüsse des VN-Sicherheitsrats mit.

Fähigkeiten und Erfahrungen mit Einsätzen der ECOWAS-Streitkräfte
Die »Economic Community of West African States« (ECOWAS, frz. CEDEAO) ist eine 1975 gegründete Organisation zur wirtschaftlichen Zusammenarbeit von zurzeit 15 Staaten in Westafrika. Bereits 1981 wurde im Rahmen der Unterzeichnung eines gegenseitigen Beistandspakts über gemeinsame Streitkräfte nachgedacht. Doch erst seitdem die Region ab Ende der 1980er Jahre zum Schauplatz mehrerer innerstaatlicher Kriege wurde, ist die ECOWAS auch mit einer regionalen Eingreiftruppe in bislang fünf Missionen aktiv geworden: Liberia 1990–1999, Sierra Leone 1997–2000, Guinea-Bissau 1998/99, Liberia 2003 und Elfenbeinküste 2003/04.

Bei diesen Missionen zeigte sich ein strukturelles Problem der ECOWAS für gemeinsame militärische Interventionen, nämlich die Dominanz Nigerias in der Region. Während Nigeria über knapp 80 000 Soldaten verfügt, umfassen die senegalesischen als zweitgrößte Streitkräfte nur etwa 14 000 Soldaten. Bei der ersten Intervention in Liberia und der in Sierra Leone wurden jeweils 12 000 bis 15 000 Soldaten eingesetzt, wobei das Gros der Truppen aus Nigeria stammte. Beide Missionen ergriffen aufgrund der politischen Ziele Nigerias

Partei und waren trotz des zahlenmäßig großen Einsatzes nicht sonderlich erfolgreich. Bei der zweiten Liberia-Intervention wurden noch knapp 4000 Soldaten eingesetzt, die ebenfalls überwiegend aus Nigeria stammten. Die ECOWAS-Truppen wurden allerdings recht bald durch eine VN-Mission ersetzt bzw. in diese integriert. Vom Umfang her wesentlich kleiner waren die Missionen in Guinea-Bissau mit lediglich 600 und die Elfenbeinküste mit etwa 1500 Soldaten. Im Gegensatz zu den Einsätzen in den beiden englischsprachigen Ländern Liberia und Sierra Leone beteiligte sich Nigeria an diesen Missionen nicht.

Seit 1999 hat die ECOWAS ihre Aktivitäten in den Bereichen Konfliktbearbeitung, Frieden und Sicherheit stärker formalisiert. Unter anderem richtete sie einen »Mediation and Security Council« ein. Noch nicht umgesetzt wurde die Aufstellung von ECOWAS-Standby-Einheiten. Dafür beschlossen die Mitgliedsstaaten aber einheitliche Ausbildungsprogramme für diese Einheiten und bestimmten drei Ausbildungsstätten in der Elfenbeinküste, Ghana und Nigeria.

Neben Meinungsunterschieden zwischen den Mitgliedsstaaten im Hinblick auf Notwendigkeit bzw. Dringlichkeit eines Einsatzes hat sich die ECOWAS im aktuellen Konflikt in Mali auch deswegen schwer getan, weil in Mali ein legitimer Ansprechpartner fehlte. Nach dem Putsch vom März 2012 wurde zunächst die Mitgliedschaft Malis in der ECOWAS suspendiert und darüber hinaus die Putschregierung mit Sanktionen unter Druck gesetzt. Zwar wurde noch im April mit den Putschisten die Übergabe an eine zivile Regierung vereinbart und parallel gab es auch erste Überlegungen für eine Eingreiftruppe. Doch dauerte die innenpolitische Blockade in Mali bis September an. Diskutiert wurde dann über eine Truppenstärke von 3300 Soldaten, die allerdings nicht vor dem Herbst 2013 zum Einsatz kommen sollten.   *WS*

In erster Linie um die wirtschaftliche Zusammenarbeit der Länder Westafrikas zu verbessern, schlossen sich die Regierungen dieser Region 1975 in der »Economic Community of West African States« (ECOWAS) zusammen. Im Laufe der Zeit immer stärker formalisiert, sieht diese auch vor, Truppenkontingente zur Friedensschaffung in Mitgliedsstaaten zu entsenden, was auch bereits mehrfach geschah (siehe Infokasten). Diese Interventionen wurden vor allem von den Vertretern Nigerias, die häufig die Agenda der ECOWAS dominieren, aber auch der USA und Frankreichs vorangetrieben. Die Repräsentanten Malis positionierten sich bisher meist als Mittler zwischen den Lagern der englischsprachigen und der französischsprachigen ECOWAS-Länder, die sich oft bei anstehenden Entscheidungen bildeten.

Nach dem malischen Putsch vom 22. März 2012 befassten sich auch die Vertreter der ECOWAS-Staaten mit der Situation im Land. Um die Lage nicht eskalieren zu lassen, handelten sie mit den Putschisten die Bildung einer Übergangsregierung mit deren politischen Gegnern aus. Treibende Kraft waren hierbei offenbar die Repräsentanten Burkina Fasos. Damit sollte zwar die Verfassung Malis möglichst rasch wieder in Kraft treten. Gleichzeitig legitimierte die ECOWAS aber auf diese Weise die Putschisten. Diese sorgten dafür, dass sie einflussreich an der Übergangsregierung beteiligt wurden, und verhinderten eine schnelle internationale Intervention. Geschickt nutzte der Anführer der Putschisten, Hauptmann Amadou Sanogo, seine Handlungsspielräume, indem er einerseits mit der ECOWAS kooperierte, andererseits aber öffentlich deren Handlungen als Eingriff in die Souveränität des Landes brandmarkte. Teilen der

pa/abaca

Togolesische Truppen treffen am 17. Januar 2013 in Bamako unter den Augen eines malischen Soldaten ein. Sie sind Teil der ECOWAS-Mission AFISMA und sollen helfen, den Norden des Landes unter Regierungskontrolle zu bringen.

Bevölkerung schien das Eingreifen der ECOWAS daher auch als Komplizenschaft mit den Putschisten, während andere darin eine unrechtmäßige Einmischung in die inneren Angelegenheiten erblickten.

Mit einem Mandat des VN-Sicherheitsrats ausgestattet, begannen die ECOWAS-Mitgliedsstaaten Anfang 2013, die »African-led International Support Mission to Mali« (AFISMA) aufzustellen. Mit starker französischer und weiterer internationaler Unterstützung, zu der auch die Bundeswehr beiträgt, sollen die dort versammelten Kräfte den Norden des Landes wieder unter Regierungskontrolle bringen.

Vorannahmen des »Globalen Krieges gegen den Terror«

Wie andere Länder wurde Mali schließlich auch zu einem Schauplatz des »Globalen Krieges gegen den Terror«. Nach den Anschlägen von Washington und New York am 11. September 2001 sahen sich die Entscheidungsträger in der US-amerikanischen Regierung unter Präsident George W. Bush noch stärker als zuvor gezwungen, derartige Angriffe in der Zukunft gar nicht erst möglich werden zu lassen. Als Hauptbedrohung nahmen sie den weltweit agierenden »islamistischen Terror« wahr. Dem weltweiten Aktionsradius von Gruppen wie al-Qaida entsprechend, sahen sie es als erforderlich an, der wahrgenommenen Gefahr auch weltweit mit einem »Globalen Krieg gegen den Terror« zu begegnen. Die Administration von Präsident Barack Obama ersetzte diesen Begriff zwar durch den der »Overseas Contingency Operations«, behielt jedoch den Kurs grundsätzlich bei.

Obwohl gerade Regierungen wie die libysche unter Muammar al-Gaddafi international agierende bewaffnete Gruppen unterstützten, nahmen die US-amerikanischen Entscheidungsträger nach dem »11. September« an, dass es vor allem »gescheiterte Staaten« seien, die das Phänomen des »islamistischen Terrors« beförderten. Da sich die entsprechenden Gruppen oft verdeckt bewegten und sich über verbotene Erwerbsweisen mit hohem Ertrag wie Schmuggel finanzierten, sahen US-Behörden auch eine untrennbare Verbindung zwischen organisierter Kriminalität und »Terror«. Dementsprechend betrachteten sie es als erforderlich, die staatliche Ordnung gefährdeter Staaten durch Hilfen für deren Sicherheitskräfte zu stützen. Obwohl viele der Täter bei islamistisch motivierten Anschlägen aus wohlhabenderen Verhältnissen etwa der Golfstaaten, stammten, nahm die US-Seite vor allem die ärmeren Beteiligten wahr. Folgerichtig sah man auch Entwicklungshilfe als geeignetes Mittel, um dem Terrorismus die Grundlage zu entziehen.

Der wirtschaftlich vergleichsweise arme afrikanische Kontinent, mit einer weniger gefestigten staatlichen Ordnung als im Westen und einer muslimischen Bevölkerungsmehrheit stellte vor dem Hintergrund der genannten Annahmen ein großes Potenzial für den »islamistischen Terror« dar. Mit einem an konventionellen Landoperationen geschulten geopolitischen Blick vermuteten die militärischen Verantwortlichen auf US-Seite, dass militante Islamisten aus Afghanistan und nach der Invasion 2003 aus dem Irak über das Horn von Afrika bis in die Sahelzone ausweichen würden. Von hier aus könnten sich diese dann sammeln und zu einem erneuten Angriff gegen den Westen antreten.

pa/AP Photo/Ben Curtis

Im März 2004 bilden US-Spezialkräfte, im Hintergrund sichtbar, malische Soldaten im Wüstenkampf nahe Timbuktu aus. Mit unterschiedlichen zivil-militärischen Programmen intensivierten die USA seit 2002 ihre Unterstützung der malischen Streitkräfte.

Der »Globale Krieg gegen den Terror« in Mali

Der Bedrohungs- und Ursachenanalyse im Kampf gegen den »islamistischen Terror« in Afrika entsprechend, begannen die Verantwortlichen in der US-Regierung bereits 2002 u.a. militärische Maßnahmen anzuordnen. Mit Geld und Ausbildungshilfen stärkten sie die Sicherheitsorgane befreundeter afrikanischer Staaten und knüpften hierbei an bereits bestehende Kooperationsvereinbarungen aus den 1990er Jahren an. Bei einem noch weiter zurückgehenden Blick lassen sich sogar Kontinuitäten erkennen, die bis in die Zeit des Kalten Krieges zurückreichen, als die Akteure in Ost und West versuchten, afrikanische Regierungen auf ihre Seite zu ziehen. Jedoch zählten von Anfang an auch humanitäre und entwicklungspolitische Hilfen zum Maßnahmenpaket des »Globalen Krieges gegen den Terror« in Afrika. Konkret erhielten die malischen Streitkräfte nach 2001 US-amerikanische finanzielle, materielle und Ausbildungshilfe im Rahmen von bereits länger bestehenden Programmen bzw. deren Nachfolgern. Als bedeutender erwies sich hingegen die im Herbst 2002 begonnene und federführend durch das U.S. Department of State geleitete »Pan-Sahel Initiative« (PSI), an der zudem das U.S. Department of Defense und die United States Agency for International Development (USAID) beteiligt waren. Geografisch umfasste die PSI neben Mali noch Mauretanien, Niger und Tschad. Erweitert um Algerien, Marokko, Nigeria, Senegal und Tunesien wurde hieraus 2004 die »Trans-Sahara Counterterrorism Initiative« (TSCTI) bzw. ein Jahr später die »Trans-Sahara Counterterrorism Partnership« (TSCTP).

Mali erhielt von 2005 bis 2008 37 Mio. US-Dollar und zählte damit zu den größten Empfängern der TSCTP-Mittel. Mit dem malischen Putsch vom März 2012 mussten die US-Departments aufgrund eines entsprechenden nationalen Gesetzes, das Hilfen für auf diese Weise ins Amt gelangte Regierungen untersagt, zahlreiche Mittel bis auf Weiteres stoppen. Alle bilateralen US-Hilfen zusammengenommen, erhielt Mali in den Jahren 2012 und 2013 jedoch immer noch rund 70 Mio. US-Dollar.

Obwohl die Federführung dem U.S. Department of State oblag und auch die entwicklungspolitische USAID beteiligt war, realisiert vor allem das U.S. Department of Defense die einzelnen Programme sowie PSI und TSCTI bzw. TSCTP. Auch stellt das U.S. Department of Defense den mit Abstand größten Anteil der Mittel zur Verfügung. Im Jahr 2008 bemängelte das für die Rechnungsprüfung zuständige U.S. Government Accountability Office, dass sich die einzelnen US-Ministerien nur mangelhaft abstimmen würden und keine übergreifende Strategie existiere.

Die in den Ländern des Sahel-Raumes eingesetzten Truppenteile führte das U.S. European Command (USEUCOM) von Stuttgart aus. 2007 fielen die Kompetenzen an das aus Teilen des U.S. EUCOM am selben Standort neu aufgestellte U.S. Africa Command (USAFRICOM), das nun für den ganzen afrikanischen Kontinent ohne Ägypten zuständig ist. Nur in Djibuti errichteten die US-Streitkräfte eine ständige Militärbasis in Afrika, in 15 weiteren Ländern des Kontinents, darunter Mali, besitzen sie Nutzungsrechte. Die US-Regierung schloss darüber hinaus im Februar 2013 ein Stationierungsabkommen mit Malis Nachbarland Niger ab, um von dort aus mit Drohnen operieren zu können.

Senegalesische Fallschirmjäger springen im Juni 2005 gemeinsam mit US-amerikanischen Kameraden aus einer MC-130-Talon-Lockheed. Es handelt sich dabei um die »Operation Flintlock«, eine halbjährliche Übung, an der sich auch die malischen Streitkräfte beteiligen.

Die im Rahmen der Ausbildungshilfe eingesetzten Truppenteile der TSCTP agierten zunächst im Rahmen der Operation »Enduring Freedom-Trans Sahara« (OEF-TS) – später umbenannt in »Operation Juniper Shield«. Eine wichtige Rolle spielen dabei Spezialkräfte, denen US-Verteidigungsminister Donald Rumsfeld bereits kurz nach dem 11. September 2001 eine Schlüsselposition im »Kampf gegen den Terror« zugewiesen hatte. Jedoch mussten sie den malischen Soldaten zuerst infanteristische Grundfertigkeiten beibringen, bis sie auch komplexere Themen wie Zugriffe im Rahmen der Ausbildung vermitteln konnten. Bis zum Putsch bildete die zweimal jährlich stattfindende multinationale Spezialkräfte-Übung »Operation Flintlock« den Höhepunkt der Ausbildung. Ein weiteres Ziel der Ausbildung ist es, den malischen Kooperationspartner dazu zu befähigen, die eigenen Grenzen zu sichern.

Ergebnisse des »Globalen Krieges gegen den Terror« in Mali

Recht einhellig kritisieren Regionalexperten unterschiedlichster Richtungen und selbst ehemalige Nachrichtenoffiziere der US-Streitkräfte die Annahmen und Vorgehensweisen der US-amerikanischen Regierungsvertreter im Rahmen des »Globalen Krieges gegen den Terror« im Sahel-Raum. Hierzu gehört vor allem die nicht überzeugende Gleichsetzung von sich islamisch legitimierenden Gruppen mit international agierenden islamistischen bewaffneten Gruppen, die auch internationale Ziele angreifen.

Vielmehr betonen diejenigen, die sich bereits länger mit dem malischen Konflikt befassen, stets den lokalen Charakter seiner Hauptakteure. Zwar sei nicht zu leugnen, dass auch international tätige Gruppen anwesend und relevant seien, doch werde deren Stärke übertrieben, weil US-Verantwortliche kleinste Hinweise überbetonen oder die prahlerische islamistische Propaganda für bare Münze nehmen würden. Was die Rolle islamischer NROs angehe, so übersähen die US-Behörden, dass viele Malier sich einfach eine entsprechende Rhetorik aneigneten, um von deren

Ressourcen zu profitieren – so wie sie dies auch bei westlichen NROs täten, um an deren Hilfeleistungen zu gelangen.

Als fatal bewerten die meisten Kenner der Region ferner die Gleichsetzung von Schmuggel und »Terrorismus«. In der Tat finanzieren sich auch islamistische bewaffneten Gruppen mit illegalem Handel und nutzen die fehlenden Grenzkontrollen, um sich unbehelligt zu bewegen. Allerdings lebt gleichzeitig ein Großteil der Bevölkerung vom Schmuggel, da dieser schlicht den bereits vor der willkürlichen kolonialen Grenzziehung existierenden traditionellen Handel fortführt. Schließlich gebe es aufgrund fehlender Handelsabkommen für die meisten Bewohner dieses Binnenlandes keine Alternative, da die verzollten Waren zu teuer seien. Daher besteht ein großes Risiko, dass dieser Ansatz zu einer sich selbsterfüllenden Prophezeiung wird, indem die von der Grenzüberwachung benachteiligten Bevölkerungsgruppen sich tatsächlich militanten Kräften anschließen.

Auch die grundsätzlich positive Sicht vieler US-Entscheidungsträger auf malische und andere Regierungsvertreter der Region als Partner im »Globalen Krieg gegen den Terror« trifft bei Regionalexperten auf wenig Verständnis. So ist Mali nach Mauretanien und Niger nun schon das dritte von neun TSCTP-Ländern, dessen zuvor von den USA ausgebildetes Militär die eigene Regierung stürzte. Zudem lassen sich staatliche und nicht-staatliche Seite aufgrund personeller Überschneidungen kaum voneinander unterscheiden. Auch Regierungsvertreter profitieren vom lukrativen Grenzschmuggel und decken ihn daher. Schließlich zeigen die Ereignisse seit Anfang 2012, dass es trotz signifikanter Militärhilfen nicht gelungen ist, die malischen Streitkräfte zum eigenständigen und effektiven Kampf gegen nicht-staatliche bewaffnete Gruppen zu befähigen.

Die Widersprüche des skizzierten US-Engagements in Mali veranlassen gerade vor Ort viele Menschen dazu, an eine Verschwörung zu glauben. Demnach würden die USA den »Globalen Krieg gegen den Terror« nur als Vorwand nutzen, um insbesondere die Errichtung von eigenen Militärbasen in Afrika zu rechtfertigen. Hierdurch könnten sie China zurückdrängen und direkt auf afrikanisches Öl zugreifen. Da Öl in der Sahelzone betriebswirtschaftlich unbedeutend, der Zugriff auf dieses auch ohne Militär möglich ist und die PSI mit ihren Nachfolgern nur mit vergleichsweise geringen finanziellen Mitteln ausgestattet sind, überzeugt diese Theorie jedoch nicht.

Viel bedeutender scheint es zu sein, dass die Vertreter der einzelnen US-Regierungsinstitutionen am »Globalen Krieg gegen den Terror« beteiligt sein wollen, da sie so ihre eigene Bedeutung und damit auch finanzielle Mittel und Personal erhalten können. So entsprang die PSI der Initiative der Führung des USEUCOM. Sie erblickte darin offenbar die Möglichkeit, um aus dem Schatten des U.S. Central Command (USCENTCOM) zu springen, das bereits die Einsätze in Afghanistan und im Irak befehligte. Somit ließe sich auch die von Experten in Frage gestellte Auswahl der PSI-Länder erklären. Denn es waren genau jene, die in der regionalen Zuständigkeit des USEUCOM lagen, während das USCENTCOM für die Länder am Horn von Afrika sowie Ägypten und Sudan zuständig war. Die Auswahl entsprang also offensichtlich nicht einem sachgerechten strategischen Plan.

Philipp Münch

Bundeskanzlerin Angela Merkel empfängt am 15. Januar 2009 den malischen Präsidenten Amadou Toumani Touré zu einem Gespräch im Bundeskanzleramt in Berlin.

Allgemein lassen sich die Beziehungen zwischen der Bundesrepublik Deutschland und Mali als positiv bezeichnen. Unbelastet durch eine koloniale Vergangenheit im Land, erkannte der deutsche Staat als erster die Unabhängigkeit Malis an. Wirtschaftlich ist Mali für Deutschland allerdings recht unbedeutend, woran auch mehrere Handelsabkommen nichts änderten. Deutsche Politik gegenüber Mali war daher in den vergangenen Jahrzehnten vor allem Entwicklungspolitik. Förderlich war hierfür das lange Zeit positive Bild des Landes als (scheinbar) erfolgreiche afrikanische Demokratie. In den 2000er Jahren setzten sich deutsche Entwicklungshilfeorganisationen vor allem zum Ziel, Wasserversorgung und Landwirtschaft, aber auch die Verwaltung Malis zu verbessern. Einschließlich des hohen Anteils an EU-Hilfsgeldern stieg Deutschland bis 2012 zu einem der wichtigsten Geberländer auf. Eine breite parlamentarische Mehrheit unterstützte schließlich 2013 auch den Bundeswehr-Einsatz in Mali.

■■■■ Deutsche Politik gegenüber Mali

Die dramatische Entwicklung in Mali 2012/13 fand ein starkes Medienecho in Deutschland. Eine derart große öffentliche Aufmerksamkeit für das westafrikanische Land ist ungewöhnlich. Denn die Beziehungen Deutschlands zu Mali sind in historischer Perspektive so wenig intensiv wie zu vielen anderen Ländern Afrikas die, wie Mali, französische Kolonie waren oder zu den ehemaligen britischen oder portugiesischen Kolonien gehörten. Erwähnenswert aus der deutsch-malischen Geschichte ist der Afrikaforscher (Historiker und Linguist) Heinrich Barth, der Westafrika, darunter Mali bereits Mitte des 19. Jahrhunderts bereiste und aus völkerkundlicher Perspektive erforschte. In seinem ehemaligen Wohnhaus in Timbuktu existiert bis heute ein kleines Museum. Die Wertschätzung, die Barth in Mali erfuhr und die vom Kolonialismus unbelastete Vergangenheit Deutschlands dort bilden die Grundlage für ein gutes Verhältnis nach der Entkolonialisierung.

Im Jahre 1960 erkannte Deutschland als erstes Land Mali völkerrechtlich an, nachdem die Föderation Malis mit dem Senegal gescheitert war. Als unter dem Eindruck der wirtschaftlichen Krise infolge des Ölpreisschocks von 1974 außenwirtschaftliche Ziele in der deutschen Entwicklungspolitik stärker in den Vordergrund rückten, standen auch in den deutsch-malischen Beziehungen Wirtschaftsfragen auf der Agenda. 1977 unterzeichneten die beiden Regierungen einen bilateralen Investitionsförderungsvertrag, der auch den Schutz von Investitionen vorsah. Wirtschaftlich ist aber Mali für Deutschland von sehr geringer Bedeutung geblieben. Die deutschen Exporte lagen 2008 knapp über einem Gesamtwert von 70 Mio. Euro und die Importe aus Mali erreichten nicht einmal 2 Mio. Euro jährlich. Damit erfüllten sich die bereits seit den 1960er Jahren gehegten Erwartungen an intensive Wirtschaftsbeziehungen nicht.

Die einzige Studie, die deutsche Interessen in afrikanischen Ländern untersucht, verfasst 1996 von Stefan Mair, kommt für Mali zu folgendem Ergebnis: Die mittelbaren wirtschaftlichen Interessen Deutschlands werden als »unbedeutend« eingeschätzt, die sicherheitspolitischen als geringfügig, die ökologischen Interessen als »merklich« und lediglich Werteinteressen (Unterstützung des Vorbildcharakters der malischen Demokratie) lassen sich der zweithöchsten Kategorie zuordnen. Mali ist damit ein Beispiel für das generell schwache und selektive, d.h. vor allem auf Werte konzentrierte Interesse der deutschen Außenpolitik an afrikanischen Staaten. Dies gilt insbesondere dann, wenn konkurrierende Interessen von europäischen Partnern – wie im Falle Malis von Frankreich – bestehen.

Das positive Image Malis

Anfang der 1990er Jahre sagte ein deutscher Diplomat vor Ort im Gespräch mit dem Verfasser, dass Mali ein »verlorenes Bettlerland« sei, »moralisch und wirtschaftlich auf seinem Tiefstand angelangt«. Jahrzehntelang hatten Misswirtschaft, Korruption und eine repressive politische Führung das Land an den Abgrund gebracht. Daher war der demokratische Umschwung in Mali 1991 auch für informierte Beobachter eine Überraschung. Einem Militärputsch von Teilen der Armee folgte keine neue Militärherrschaft, wie viele erwarteten, sondern die Militärs unter Führung von Amadou Toumani Touré begannen, das Land zu demokratisieren und Reformen einzuleiten. Stefanie Hanke bezeichnete Mali als das Land mit »einer exemplarischen Transitionsphase mit vorbildlichem Verfassungsgebungsprozess«. In den folgenden Jahren bis Mitte der 1990er Jahre gelang es auch, den Tuareg-Konflikt zu befrieden und Programme zur Reintegration von Flüchtlingen aufzulegen.

Aus Sicht Deutschlands und anderer Geberstaaten avancierte Mali daher zu einem demokratischen Erfolgsfall. Das Land galt aus entwicklungspolitischer (und wissenschaftlicher) Sicht als ein Beispiel für die Vereinbarkeit von Armut und Demokratie. Die positive politische Entwicklung des Landes widersprach der allgemein geteilten Annahme, dass die Entstehung von Demokratie unauflösbar mit wirtschaftlicher und sozialer Entwicklung zusammenhängen würde: Wirtschaftliche Entwicklung lasse eine Mittelklasse entstehen und diese setze letztlich mehr politische Teilhabe durch. Die politischen Beziehungen verbesserten sich aufgrund der demokratischen Fortschritte spürbar.

Bundespräsident Johannes Rau besuchte im Jahr 2002 Mali und der malische Präsident Touré erwiderte den Staatsbesuch 2003. Die gegenseitigen Staatsbesuche, die jeweils in sehr guter Atmosphäre stattfanden, führten jeweils zu einer Erhöhung der deutschen Hilfszusagen für Mali.

Das Bundesministerium für wirtschaftliche Zusammenarbeit und Entwicklung (BMZ) stellte 2007 eine deutliche Verbesserung

Bundespräsident Johannes Rau und der malische Staatspräsident Alpha Oumar Konaré stehen am 24. Januar 2002 vor dem Unabhängigkeitsdenkmal in der malischen Hauptstadt Bamako.

der Menschenrechtslage fest, lobte die »tiefgreifenden politischen und wirtschaftlichen Reformen« und betrachtete das Land als eine »stabile Mehrparteiendemokratie«. Die zuletzt genannte Einschätzung entsprach jedoch keineswegs der Realität, da die politischen Parteien kaum in der Gesellschaft verankert, inhaltlich und ideologisch vage und beliebig waren und im Grunde genommen als Instrumente ambitionierter politischer Führer dienten. Dies gilt auch für das heutige malische Parteiensystem mit seinen ca. 150 Parteien. Die zweifellos positive Entwicklung des Landes seit Anfang der 1990er Jahre verdeckte den Blick auf die fortbestehenden massiven strukturellen Probleme, darunter vor allem die schwache Staatlichkeit. Zwar erwiesen sich die Einschätzungen über das Entwicklungspotenzial des Landes aus heutiger Sicht als zu optimistisch, auch wenn entsprechende Analysen zunehmend realistischer wurden. Doch waren es vor allem kaum vorhersehbare externe Faktoren, wie der Zerfall Libyens nach dem Sturz Gaddafis und der Einfall gut bewaffneter Tuareg in Allianz mit al-Qaida nahestehenden Gruppen, die zum Zusammenbruch des Landes führten.

Als Militärberater an der ECOWAS-Peacekeeping Schule
»Ecole de Maintien de la Paix« (EMP) in Bamako

Drei regionale Peacekeeping-Trainingszentren sollen der »Economic Community of West African States« (ECOWAS) helfen, ihre Kapazitäten im Bereich der Friedenserhaltung zu stärken. Bereits im Anfangsstadium unterstützte die Bundesrepublik materiell den Aufbau dieser Schulen – u.a. der in Mali errichteten »Ecole de Maintien de la Paix (EMP)«. Im Juli 2010 entsandte die Bundeswehr zudem einen Militärberater im Dienstgrad Oberstleutnant, um dort als sogenannter Direktor Lehrgänge zu fungieren. Er ist seitdem Teil der Führungsebene der EMP, die dem malischen Verteidigungsministerium zugeordnet, de facto aber autark handelt.

Privatbesitz Helmut Opitz

Lehrgangsteilnehmer der EMP sowie Schulstab mit Verfasser dieses Kurzbeitrages, Helmut Opitz.

Eine der Hauptaufgaben des Direktors Lehrgänge besteht darin, alljährlich die Vergabe der Lehrgangsplätze an die teilnehmenden afrikanischen Staaten und subregionalen Organisationen zu organisieren und zu betreuen. Darüber hinaus pflegt er die Kontakte zu den Lehrgangsbüros aller afrikanischen Staaten sowie zu den vorwiegend aus Westafrika stammenden temporären Ausbildern. Er ist zudem dafür zuständig, alle Angelegenheiten zu koordinieren, die mit Anreise und Aufenthalt der Lehrgangsteilnehmer zusammenhängen. Während meiner Zeit als Direktor Lehrgänge wurden weitere Staaten wie Äthiopien, Mosambik, Namibia und Südafrika zu Lehrgängen eingeladen, was den Stellenwert der EMP als einziges bilinguales Peacekeeping-Zentrum (Englisch/Französisch) in Afrika untermauert.

Deutsche Soldaten sind in Mali gern gesehene Gäste. Das Personal der EMP nahm den ersten deutschen Offizier daher sehr positiv auf und integrierte ihn in den Schulstab. Insgesamt arbeitete er mit den malischen Offizieren ausgezeichnet und vertrauensvoll zusammen. Viele hatten bereits an den Universitäten der Bundeswehr studiert oder Sprachlehrgänge in Deutschland besucht; der ehemalige Kommandant der EMP war zuvor malischer Botschafter in Berlin. Die malischen Offiziere setzten daher alle Vorschläge des deutschen Offiziers bei administrativen Angelegenheiten und den entsprechenden Jahresplanungen um. Dies führte u.a. zu Einsparungen im Budget der Schule (ca. 80 000 €), zu einem Anstieg der bilingualen Ausbildung (30 Prozent der Lehrgangsteilnehmer aus anglophonen Ländern 2011) und damit zu einer außerordentlichen Steigerung der Anerkennung und Akzeptanz der Schule auf dem afrikanischen Kontinent. Leider kam der Ausbildungsbetrieb nach dem Putsch 2012 bis April 2013 fast zum Erliegen, da Gebernationen die EMP und die malischen Streitkräfte nicht mehr unterstützten. *HO*

Schwerpunkt der Entwicklungszusammenarbeit

Die deutsche Politik gegenüber Mali war über fünf Jahrzehnte in erster Linie Entwicklungspolitik. Infolge der positiven Demokratieentwicklung intensivierte sich die Entwicklungszusammenarbeit in den 1990er Jahren. Im Jahr 2000 wurde Mali zu einem Schwerpunktland der deutschen Entwicklungszusammenarbeit aufgewertet. Dies macht auch das Länderkonzept des BMZ in der Fassung vom Oktober 2007 deutlich. Das BMZ setzte in Abstimmung mit der malischen Entwicklungsstrategie und in Absprache mit anderen Gebern folgende Schwerpunkte in der Entwicklungszusammenarbeit:

- Verbesserung der Wasserversorgung, Hilfe bei der Abwasserbeseitigung,
- Maßnahmen in der Landwirtschaft zur Steigerung der Produktion, Förderung der ländlichen Entwicklung und
- Dezentralisierung mit dem Ziel der Verbesserung der Kommunalverwaltungen.

Der Fokus der Unterstützung lag mit zwei von drei Schwerpunkten eindeutig auf der Befriedigung von Grundbedürfnissen und auf der Armutsbekämpfung. Einen weiteren Schwerpunkt der deutsch-malischen Entwicklungszusammenarbeit bildete der Bereich Dezentralisierung. Aus Sicht des BMZ bestanden Defizite auf malischer Seite vor allem in mangelnden administrativen Kapazitäten, zentralistischen Verwaltungsstrukturen mit schwachen Kommunalverwaltungen sowie einem Defizit an qualifiziertem Personal. Die Kommunalverwaltungen zu reformieren, stand daher an erster Stelle. Denn die existierenden ineffizienten Strukturen behinderten die Umsetzung der tendenziell positiv bewerteten Reformanstrengungen. Deutschland zahlte in einen kommunalen Investitionsfonds ein und die damaligen Durchführungsorganisationen, die Gesellschaft für Technische Zusammenarbeit (GTZ) und der Deutsche Entwicklungsdienst (DED), unterstützten die malischen Ministerien durch umfangreiche Beratungsprogramme. Die politischen Stiftungen hingegen konzentrieren ihre Arbeit u.a. auf die Unterstützung des Aufbaus von Parteien und Medien.

Neben der Schwerpunktförderung der drei genannten Sektoren unterstützten die deutschen Entwicklungshilfeorganisationen auch Projekte zur Einkommenssteigerung durch Kleinkredite und zum Ressourcen- und Umweltschutz. Weiterhin förderte das BMZ die Arbeit von zahlreichen Nichtregierungs- und Durchführungsorganisationen, die zum einen Programme und Projekte in den Schwerpunktbereichen der staatlichen Entwicklungszusammenarbeit realisierten. Zum anderen waren sie im Bildungsbereich und bei Maßnahmen zur Bekämpfung der Genitalverstümmelung von Frauen aktiv.

Aus deutscher und internationaler Perspektive galt das »Programm Mali-Nord« als besonders erfolgreich, ja geradezu als Modell gelungener Konfliktbearbeitung. Mali-Nord ist ein seit 1993 bestehendes großangelegtes Hilfsprogramm für den Norden Malis in den Regionen Timbuktu, Gao und Kidal. Der Norden Malis gilt aufgrund der Autonomiebestrebungen der Tuareg als instabil (siehe Beitrag Klute/Lecocq). Bisher finanzierten und trugen das Projekt die GTZ (bzw. die heutige giz, Gesellschaft für internationale Zusammenarbeit) und phasenweise weitere internationale Geberorganisationen. Im Jahr 1995 gelang es unter

Beteiligung des Programmverantwortlichen, Henner Papendiek, den Konflikt der verfeindeten ethnischen Gruppen am Runden Tisch zu schlichten und Flüchtlinge in ihre Heimat zurückzuführen. Allerdings ließ sich in den folgenden Jahren das periodische Aufflammen des Tuareg-Konfliktes kaum verhindern, da klare Entwicklungsfortschritte in den betreffenden Regionen ausblieben und einzelne Tuareg-Fraktionen mit militanten Gruppen von Tuareg in den Nachbarländern kooperierten. Der grenzüberschreitende Aspekt des Tuareg-Problems wurde damals zu wenig beachtet.

Bis 2012 war Deutschland einer der wichtigsten Geberstaaten von Entwicklungsleistungen im Land. Das Auswärtige Amt gibt an, dass Mali zwischen 1960 und 2010 einen Gesamtbetrag von 1,1 Mrd. Euro erhielt. Deutschland ist traditionell einer der wichtigsten Geber für das westafrikanische Land. Nach Angaben der OECD lag Deutschland auf Platz acht der bi- und multilateralen Geber. Im Durchschnitt der Jahre 2011/12 betrugen die deutschen Leistungen allerdings lediglich 50 Mio. US-Dollar. Damit lag Deutschland deutlich hinter den USA (232 Mio.) und Frankreich (97 Mio.). Zur deutschen Hilfe kann aber noch der deutsche Anteil von ca. 25 Prozent an den relativ hohen EU-Mitteln von insgesamt 120 Mio. US-Dollar für das Land pro Jahr hinzu gerechnet werden. Die Mittel der ausländischen Geber, die 2006 ca. zwei Drittel des Staatshaushaltes ausmachten, flossen vor allem in die Bereiche Bildungs- und Ausbildungsförderung sowie in den Gesundheitssektor.

pa/dpa/Jörg Blank

Entwicklungsminister Dirk Niebel am 9. August 2012 im Gespräch mit dem malischen Ministerpräsidenten Scheich Modibo Diarra.

Die Reaktion auf den Militärputsch und der Bundeswehreinsatz

Im März 2012 setzte das BMZ aus Protest gegen den Militärputsch in Mali die Zusammenarbeit mit dem Land aus und stellte alle Zahlungen für Projekte ein. Allerdings liefen zahlreiche Projekte von den Durchführungs- und Hilfsorganisationen vor Ort weiter. Dazu gehörten Vorhaben in den Bereichen Wasserversorgung, lokale Regierungsführung (Dezentralisierung) sowie Bildung und Gesundheit (Aids-Prävention).

Die Bundesregierung unterstützte den Einsatz französischer Truppen, die seit Januar 2013 erfolgreich die islamistischen Kämpfer und mit ihnen verbündete Tuareg zurückdrängten. Die

Die Bundeswehr in Mali

Wenig bekannt ist, dass sich die Bundeswehr schon seit relativ langer Zeit in Mali engagiert. 1982 schlossen die Vertreter der Bundesregierung und Malis ein Abkommen über die Ausbildung der malischen Streitkräfte. Bereits seit Anfang der 1960er Jahre leistet die Bundesrepublik für Streitkräfte befreundeter Staaten militärische Ausbildungs- und Ausstattungshilfe. Federführung und Finanzierung obliegen dabei dem Auswärtigen Amt, während Beratergruppen der Bundeswehr die Hilfe vor Ort umsetzen. Die damalige Ausbildungshilfe ist im Zusammenhang mit dem Kalten Krieg zu sehen, in dem beide Blöcke um die afrikanischen Staaten warben.

In den 2000er Jahren unterstützte die Bundeswehr die malischen Streitkräfte auf vielfache Weise. Hierzu gehörte seit 2005 insbesondere Hilfe bei der Aufstellung einer Pionierkompanie. Gemessen an den Verhältnissen im Land gestaltete sich die Arbeit der deutschen Militärberater nach einigen Anlaufschwierigkeiten relativ unproblematisch. Nach Recherchen der Deutschen Welle beziffern sich die Gesamtkosten der Bundeswehr-Hilfe zwischen 2005 und 2012 auf 37 Mio. Euro. Mit dem Militärputsch vom 22. März 2012 beendete die Bundeswehr ihre Unterstützung vorerst, nahm sie jedoch mit der »European Union Training Mission Mali« (EUTM) rund ein Jahr später wieder auf. Hierfür sind insgesamt 40 deutsche Soldaten vorgesehen.

Nach Angaben von Beobachtern beteiligten sich zudem deutsche Kommandosoldaten an der halbjährlichen US-Operation »Flintlock« in Mali. Hierbei bilden US-amerikanische und verbündete Spezialkräfte malische Soldaten aus (siehe Beitrag Münch). Seit 2010 befindet sich zudem ein deutscher Stabsoffizier an der Peacekeeping-Schule der ECOWAS in Bamako (siehe Informationskasten auf S. 184 f.). In einer Antwort auf eine Anfrage der Bundestagsfraktion von Bündnis 90/Die Grünen gab die Bundesregierung an, dass zwischen 2007 und 2010 innerhalb Deutschlands insgesamt 60 malische Soldaten ihre Ausbildung an den Akademien, Schulen und Universitäten der Bundeswehr abschlossen. Sie erwarben dabei vor allem Kenntnisse im Bereich der Pioniertruppe und Logistik, wurden aber u.a. auch an der Führungsakademie der Bundeswehr im Internationalen Generalstabslehrgang ausgebildet.

Neben der genannten Unterstützung beim Aufstellen einer Pionierkompanie errichten und betreiben deutsche Soldaten im Rahmen der EUTM Mali ein Luftlanderettungszentrum in Koulikoro. Gemeinsam mit Österreichern und Ungarn stellen sie damit die sanitätsdienstliche Versorgung der Mission sicher. Außerdem bilden sie malische Soldaten im Sanitätsdienst aus. Ebenso befinden sich im Hauptquartier der EUTM Mali Angehörige der Bundeswehr. Die deutsche Luftwaffe unterstützt zudem die »African-led International Support Mission to Mali« (AFISMA) der ECOWAS, indem sie Teile ihres Lufttransportes aus den Nachbarländern und innerhalb Malis übernimmt. In diesem Rahmen betankt sie französische Militärflugzeuge in der Luft.   *PM*

pa/dpa/Oliver Lang/Pool

Bundesminister der Verteidigung Thomas de Maizière besuchte am 18. März 2013 deutsche Soldaten im malischen Koulikoro. Dort errichtete die Bundeswehr ein Luftlanderettungszentrum, um Angehörige der EUTM Mali zu versorgen, aber auch einheimische Sanitäter auszubilden.

Bundesregierung betonte, dass sie den französischen Militäreinsatz als völkerrechtskonform betrachte, da die malische Regierung um den Einsatz gebeten habe und die Vereinten Nationen wie auch andere Organisationen den Einsatz billigten. Für die deutsche Beteiligung an der Konfliktlösung waren zwei Bundestagsmandate erforderlich. Zum einen stimmte der Bundestag über die Beteiligung an einer EU-Ausbildungsmission für die malische Armee ab, zum anderen über den Einsatz von Transportflugzeugen, um afrikanische Truppen zu befördern und Flugzeuge zu betanken. Die deutsche Beteiligung ist mit dem im Mandat festgelegten maximal 330 Soldaten eher gering und der Einsatz lediglich auf 12 Monate befristet, wobei eine Verlängerung wahrscheinlich ist. Für beide Anträge der Bundesregierung erteilte der Bundestag mit großer Mehrheit seine Zustimmung: Jeweils über 490 Abgeordnete der Regierungsfraktionen und weiter Teile der Oppositionsparteien SPD und Bündnis 90/Die Grünen stimmten dafür, lediglich die Parte Die Linke stimmte geschlossen dagegen.

Die eindeutige Positionierung der Bundesregierung und die breite Zustimmung des Bundestages sind auch als Signal an die EU-Partner zu verstehen, die Deutschlands Zurückhaltung im Falle der Libyen-Intervention kritisiert hatten. Unterstützung für den Einsatz zeigte sich auch in den Medien und in der öffentlichen Diskussion, auch weil die Bundesregierung einen Kampfeinsatz von Anfang an ausgeschlossen hatte. Allerdings könnte der Ausbildungseinsatz doch Bundeswehrsoldaten dadurch gefährden, dass sie die Ausgebildeten bei Einsätzen begleiten. Insgesamt gilt der Einsatz aber als vergleichsweise risikolos. In markantem Gegensatz zu den üblicherweise überwiegend kritischen Diskussionen im Vorfeld einer deutschen Beteiligung an Militäreinsätzen wurden diesmal Stimmen laut, die den zu geringen Umfang der deutschen Beteiligung kritisierten. Der Fraktionsvorsitzende der FDP, Rainer Brüderle, ironisierte die Beteiligung Deutschlands mit zwei Transportmaschinen als »weltbewegend«. Kritik kam auch, wenngleich nicht öffentlich, von französischer Seite.

Die deutsche Mali-Politik fordert, eine afrikanische Friedenstruppe einzusetzen und für die Wiederherstellung der Demokratie als Vorbedingung für die Unterstützung beim Wiederaufbau einen »Fahrplan« aufzustellen. Zwar hat das malische

Ein Malier begrüßt Bundespräsident Johannes Rau bei seinem Besuch in Timbuktu am 26. Januar 2002. Romantisierte Vorstellungen von Mali in Deutschland werden durchaus von der örtlichen Bevölkerung aufgenommen.

pa/dpa-Fotoreport/Ralf Hirschberger

Parlament im Februar 2013 bereits eine »Roadmap« verabschiedet, doch ist bislang wenig geschehen. Sollten Wahlen in Mali wie geplant im Sommer 2013 abgehalten werden, so ist zu erwarten, dass Deutschland eine Schlüsselrolle beim Wiederaufbau übernehmen wird. Der zuständige Minister im BMZ, Dirk Niebel, sondierte bei einem medienwirksamen Besuch in Mali im März 2013 bereits die Möglichkeiten des deutschen Engagements in den traditionellen Bereichen der Entwicklungszusammenarbeit (Wasserversorgung). Sofern die Rückkehr zur Demokratie eingeleitet wird und es die Sicherheitslage erlaubt, ist ein deutlich stärkeres Engagement im Bereich Konfliktprävention zu erwarten, wobei hier sicher auf die Erfahrungen des Mali-Nord-Projektes zurückgegriffen werden dürfte.

Es bleibt abzuwarten, ob und inwieweit sich Deutschland aktiv an der Formulierung einer EU-Strategie für die Sahel-Region beteiligen wird. Der von der EU vor der Eskalation in Mali im März 2012 verabschiedete Sahel-Plan müsste revidiert bzw. konkretisiert werden. Ohne eine regionale Strategie wird Mali langfristig nicht dauerhaft zu befrieden sein.

Siegmar Schmidt

Im Oktober 2007 empfängt der damalige französische Präsident Nicolas Sarkozy den malischen Präsidenten Amadou Toumani Touré im Elysee-Palast in Paris.

Unverkennbar steht Frankreichs Afrikapolitik in Zusammenhang mit der eigenen Kolonialgeschichte auf diesem Kontinent. Denn auch nach der Unabhängigkeit dieser Länder versuchten die französischen Außenpolitiker, ihren dortigen Einfluss zu bewahren. Sie bezogen hierbei die ehemaligen belgischen Kolonien ein, mit denen sie ebenfalls die gemeinsame Sprache verband. Auch nachdem die anfangs noch bestehende wirtschaftliche und politische Bedeutung der ehemaligen afrikanischen Kolonien für Frankreich abgenommen hatte, verlief die französische Afrikapolitik in ähnlichen Bahnen. Die Verantwortlichen begründeten nun ihre Politik auf andere Weise mit humanitären Krisen oder zuletzt vor allem mit dem »Krieg gegen den Terror«. Auch versuchten sie, ihr Vorgehen multilateral einzubinden, indem sie mit der Europäischen Union, den Vereinten Nationen oder den afrikanischen Regionalorganisationen kooperierten. Da sie hierbei in der Regel mit der jeweiligen Regierung zusammenarbeiteten, stützten sie dadurch – auch wenn mitunter nicht beabsichtigt – die meist nicht-demokratischen Regime vor Ort. In seiner ehemaligen Kolonie Mali griff Frankreich 2013 zwar sehr verzögert und daher unerwartet ein, bestätigte hierbei jedoch nur, dass seine bisherige Politik fortlebt.

■■■■ Frankreichs Politik in Mali

Am 11. Januar 2013 entsandte der französische Präsident François Hollande Truppen nach Mali. Die »Operation Serval«, wie sie das französische Militär taufte, war zunächst lediglich als Noteinsatz gedacht, um den Vorstoß einer Allianz verschiedener radikal-islamistischer Gruppierungen in den Süden des Landes zu verhindern. Diese Gruppen hatten nach einem Militärputsch im März 2012, der zu einem Machtvakuum im Norden Malis geführt hatte, die Kontrolle über den nördlichen Landesteil übernommen. Relativ schnell weitete Frankreich den Militäreinsatz jedoch aus und begann gemeinsam mit der malischen Armee und Soldaten einiger afrikanischer Staaten eine Offensive, um die Islamisten aus dem Norden Malis zu vertreiben.

Das erneute Eingreifen Frankreichs in einer seiner ehemaligen Kolonien auf dem afrikanischen Kontinent hat die Frage nach den Zielen aufgeworfen, die Frankreich mit seinem militärischen Engagement in Mali verfolgt. Dieser Beitrag versucht zu verdeutlichen, warum Paris in Mali militärisch aktiv geworden ist und warum es den Weg einer losen Kooperation mit afrikanischen Akteuren statt eines multilateralen Einsatzes im Rahmen von EU oder NATO gewählt hat. Dabei wirft der Beitrag zunächst einen Blick auf den Kontext des militärischen Engagements Frankreichs in Afrika seit Beginn des 21. Jahrhunderts. In einem zweiten Abschnitt nimmt er den Einsatz in Mali unter die Lupe und erläutert, wie sich dieser in die französische Politik der letzten Jahre einordnen lässt.

Frankreichs militärisches Engagement in Afrika seit Anfang des 21. Jahrhunderts

Frankreich ist seit der Jahrtausendwende auf dem afrikanischen Kontinent militärisch aktiver als je zuvor. Insgesamt sechs Mal entsandte Paris seit 2002 Soldaten in afrikanische Staaten. Dazu gehörten die seit 2002 laufende Intervention in der Elfenbeinküste, zwei von der Europäischen Union (EU) durchgeführte

Militäreinsätze in der Demokratischen Republik (DR) Kongo (2003 und 2006) (siehe Wegweiser zur Geschichte – Kongo) sowie die ebenfalls unter dem Dach der EU stattfindenden Operationen im Tschad beziehungsweise in der Zentralafrikanischen Republik (ZAR, 2008/09) und vor der Küste Somalias (seit 2008). Letztere wird seit 2010 durch eine militärische EU-Trainingsmission (European Union Training Mission Somalia, EUTM Somalia) ergänzt, deren Ziel die Ausbildung somalischer Soldaten ist. Alle EU-Einsätze gingen maßgeblich auf Initiativen Frankreichs zurück und fanden (bzw. finden) mit Beteiligung großer französischer Truppenkontingente statt.

In diesem Zusammenhang lassen sich drei Trends identifizieren, welche die französische Politik der letzten Jahre charakterisieren. Diese Trends betreffen die Regionen, in denen Frankreich vor allem militärisch aktiv wird, die Ziele, denen das französische Engagement folgt, sowie die Art und Weise wie, d.h. mit welchen Partnern, Frankreich interveniert.

Historische Pfadabhängigkeit

In Bezug auf seine geografische Ausrichtung folgt das militärische Engagement Frankreichs in Afrika einer starken historischen Pfadabhängigkeit. Mit Ausnahme Somalias liegen alle Staaten, in die Paris seit 2002 Soldaten entsandt hat, im französischsprachigen Teil des Kontinents. Sie sind entweder ehemalige französische Kolonien (Elfenbeinküste, Tschad, Zentralafrikanische Republik) oder wie die DR Kongo Staaten, die aus dem belgischen Kolonialreich hervorgingen und in denen Frankreich nach dem Rückzug Belgiens aus Afrika die Rolle einer postkolonialen Schutzmacht übernahm. In seinem sogenannten französischsprachigen Hinterhof (pré-carré) intervenierte Frankreich zwischen der Unabhängigkeit der afrikanischen Staaten im Jahre 1960 und Mitte der 1990er Jahre mit großer Regelmäßigkeit militärisch, was ihm den zweifelhaften Spitznamen des »Gendarmen Afrikas« einbrachte.

Die Gründe für diesen fortwährenden Fokus des französischen Interventionismus auf das französischsprachige Afrika sind vielfältig. Erstens pflegt die französische Regierung zu

Französische Militärstützpunkte in Afrika (2012)

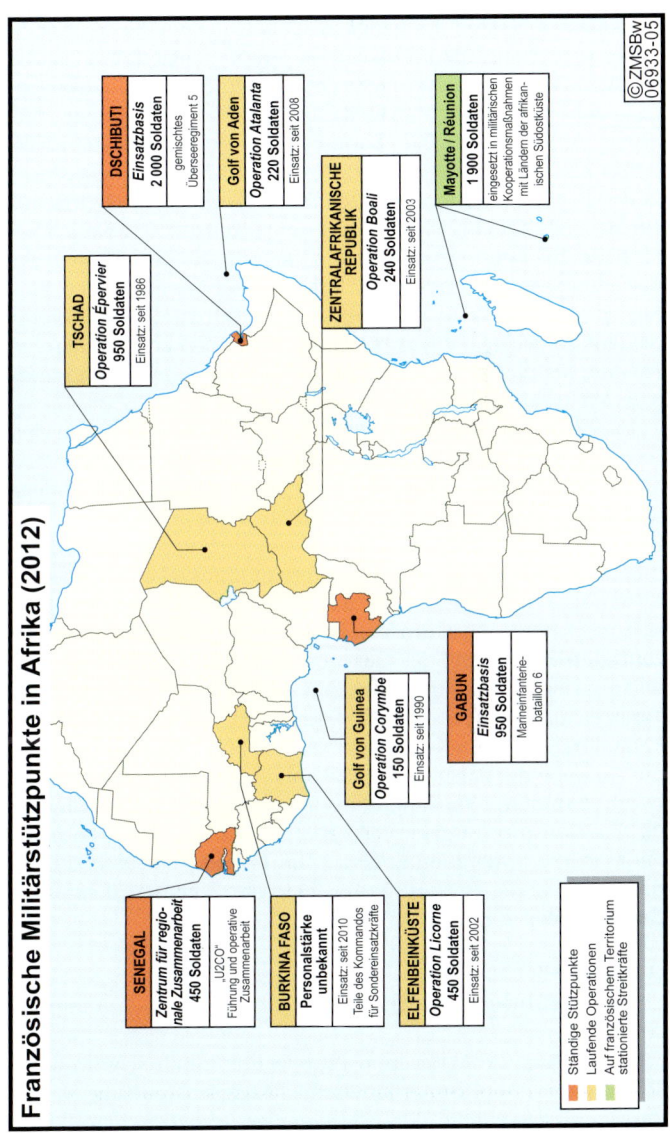

©ZMSBw
06933-05

DSCHIBUTI
Einsatzbasis
2 000 Soldaten
gemischtes
Überseeregiment 5

Golf von Aden
Operation Atalanta
220 Soldaten
Einsatz: seit 2008

Mayotte / Réunion
1 900 Soldaten
eingesetzt in militärischen
Kooperationsmaßnahmen
mit Ländern der afrikan-
ischen Südostküste

TSCHAD
Operation Épervier
950 Soldaten
Einsatz: seit 1986

**ZENTRALAFRIKANISCHE
REPUBLIK**
Operation Boali
240 Soldaten
Einsatz: seit 2003

SENEGAL
*Zentrum für regio-
nale Zusammenarbeit*
450 Soldaten
„UZCO"
Führung und operative
Zusammenarbeit

BURKINA FASO
*Personalstärke
unbekannt*
Einsatz: seit 2010
Teile des Kommandos
für Sondereinsatzkräfte

GABUN
Einsatzbasis
950 Soldaten
Marineinfanterie-
bataillon 6

Golf von Guinea
Operation Corymbe
150 Soldaten
Einsatz: seit 1990

ELFENBEINKÜSTE
Operation Licorne
450 Soldaten
Einsatz: seit 2002

Ständige Stützpunkte
Laufende Operationen
Auf französischem Territorium
stationierte Streitkräfte

195

den meisten Staaten des pré-carré weiterhin enge Beziehungen. Zwar verliert die Region schon seit den 1980er Jahren stetig an ökonomischer und strategischer Bedeutung für Frankreich. Dennoch haben die französischen Entscheidungsträger aufgrund der geschichtlichen Bande zu den dortigen Staaten weiterhin ein starkes Verantwortungsgefühl für die Geschehnisse in der Region. Zweitens ist auch der innenpolitische Druck auf ein Handeln Frankreichs nicht zu unterschätzen. Frankreich beherbergt bis heute große Gemeinschaften aus den Staaten der Region, die sich immer wieder lautstark Gehör verschaffen. Aus diesem Grund ist auch die öffentliche Debatte in Frankreich weitaus sensibler für Krisensituationen in den entsprechenden Staaten, als dies für andere Teile des afrikanischen Kontinents bzw. Weltregionen gilt.

Einen entscheidenden Beitrag dazu, dass Frankreich in den französischsprachigen Staaten Afrikas wesentlich schneller zu einem militärischen Eingreifen neigt als anderswo, trägt drittens das Vorhandensein einer militärischen Infrastruktur bei. Diese erlaubt es Paris, Militäreinsätze in dieser Region schneller zu initiieren als anderswo. Bis heute unterhält Frankreich dort mehrere ständige Militärbasen. Die wichtigsten Stützpunkte befinden sich in Djibouti am Horn von Afrika (2000 Soldaten) sowie im zentralafrikanischen Staat Gabun (950 Soldaten). Der lange Zeit wichtige Stützpunkt im Senegal hat seit 2011 zwar an Bedeutung verloren und wurde offiziell geschlossen. Weiterhin unterhält Paris dort jedoch ein Kontingent von 450 Soldaten, das vor allem die Aufgabe der Ausbildung afrikanischer Soldaten übernimmt. Dazu kommen zwei langfristig angelegte Militäroperationen, die faktisch die Aufgabe von zusätzlichen Stützpunkten übernehmen: die »Operation Epervier« im Tschad (seit 1986, 950 Soldaten) sowie die »Operation Boali« in der Zentralafrikanischen Republik (seit 2003, 240 Soldaten).

Veränderte Motive

Mit Blick auf die Motivationsgründe für Frankreichs militärisches Engagement in Afrika werden dagegen deutliche Veränderungen gegenüber der traditionellen französischen Politik sichtbar. Frankreichs Politik in Afrika folgte lange Zeit einer speziellen Agenda und sollte durch die systematische Stabilisierung befreundeter Regime zur Aufrechterhaltung einer exklusiven französischen Einflusszone auf dem Kontinent beitragen. Durch die umstrittene Rolle Frankreichs im Rahmen des Völkermordes in Ruanda im Jahre 1994 wurde diese Politik jedoch obsolet. Frankreich war zwar nicht direkt in den Völkermord involviert. Im Vorfeld hatte Paris jedoch das ruandische Hutu-Regime politisch und militärisch unterstützt, dessen Milizen maßgeblich für den Völkermord verantwortlich waren. Daher sah sich die französische Politik mit dem Vorwurf der Komplizenschaft mit den Völkermördern konfrontiert, was die französischen Entscheidungsträger dazu brachte, das Engagement Frankreichs in Afrika grundlegend zu überdenken.

Seitdem hat sich das militärische Engagement Frankreichs in Afrika südlich der Sahara größtenteils »normalisiert«. Konkret bedeutet dies, dass Frankreich zwar weiterhin ein militärisches Eingreifen in afrikanischen Konflikten als legitimes Mittel ansieht. Dabei unterliegen die Beweggründe für Interventionsentscheidungen auf dem Kontinent jedoch nicht mehr wie früher einer besonderen Logik, sondern ähneln stärker denjenigen französischer Militäreinsätze in anderen Weltregionen (z.B. auf dem Balkan, im Nahen und Mittleren Osten oder in Afghanistan).

Bei den Einsätzen in der Elfenbeinküste sowie bei den EU-Operationen in der DR Kongo, im Tschad und in der Zentralafrikanischen Republik (ZAR) standen demnach vor allem humanitäre Erwägungen bzw. das Ziel der langfristigen Friedenserhaltung durch die militärische Absicherung laufender Friedensprozesse im Vordergrund. In Somalia war der Hauptgrund für ein militärisches Eingreifen dagegen der Kampf gegen »neue« vom Kontinent ausgehende Sicherheitsrisiken, welche die Sicherheit Frankreichs bedrohen könnten. Im Mittelpunkt stand zunächst der Wille, die Gefahr für den Handelsschiffsverkehr vor der somalischen Küste durch von Somalia aus operierende Piraten einzudämmen. Vermehrt geriet jedoch auch der Kampf gegen den Terror auf somalischem Territorium in den Fokus des militärischen Engagements Frankreichs und der EU.

Allerdings gibt es Einschränkungen, was diesen Wandel in den Zielen der französischen Politik betrifft. Die Aufrechterhaltung von Militärbasen hat zur Folge, dass die französische Politik in den entsprechenden Ländern de facto regimestabilisierend wirkt, auch wenn dies nicht mehr wie in früheren Zeiten per se ihr Ziel ist. Angesichts schlecht ausgerüsteter nationaler Armeen stellt insbesondere die französische Militärpräsenz in Djibouti, Gabun und im Tschad weiterhin eine Art »Lebensversicherung« für die jeweiligen Staatschefs dar, die allesamt als wenig demokratisch bekannt sind.

In der Praxis kam es auch schon zu Kollisionen der »neuen« Politik mit den Überresten der traditionellen Politik Frankreichs. Dies war z.B. im Tschad 2008 der Fall. Dort unterminierte die Präsenz der »Operation Epervier« die Glaubwürdigkeit der humanitären EU-Operation. Kurz vor Beginn des EU-Militäreinsatzes unterstützten die Soldaten des Epervier-Kontingents die tschadische Armee beim Zurückschlagen eines Rebellenangriffs und hielten damit auch den umstrittenen Präsidenten des Landes, Idriss Déby, an der Macht.

Im Dezember 2005 sprechen der damalige französische Präsident Jacques Chirac und sein malischer Amtskollege Amadou Toumani Touré auf dem 23. Afrika-Frankreich-Treffen in Bamako zur Presse.

Unvollendete Multilateralisierung

Hinsichtlich der Art und Weise der Durchführung seiner Militäreinsätze auf dem afrikanischen Kontinent hat Paris in den letzten Jahren versucht, seine bis dato vor allem unilaterale Politik
zunehmend zu multilateralisieren. Insbesondere die EU entwickelte sich mit der Aktivierung der Gemeinsamen Sicherheits-
und Verteidigungspolitik (GSVP) Anfang 2003 zum bevorzugten Partner Frankreichs.

Allerdings hat dieser Trend in den letzten beiden Jahren
seine Grenzen gefunden. Die EU zeigt sich zunehmend zurück-
haltend gegenüber der Absicht Frankreichs, sein militärisches
Engagement in Afrika zu europäisieren. Hauptsächlich dafür
verantwortlich ist die zunehmende Zurückhaltung Deutschlands und Großbritanniens, das französische Drängen auf ein
verstärktes Aktivwerden der EU in Afrika zu unterstützen. Einerseits sehen sich Berlin und London aufgrund ihres Engagements in anderen Konfliktregionen und schrumpfender Vertei-
digungsbudgets infolge der Euro- und Finanzkrise nicht in der
Lage, weitere Ressourcen für umfangreichere Militäroperationen zu mobilisieren. Andererseits ist aber auch von Bedeutung,
dass beide Staaten in den meisten afrikanischen Staaten keine
zentralen Interessen verfolgen. Daher besteht die Furcht, von
Frankreich für dessen spezielle regionale Vorlieben und Ziele
eingespannt zu werden. Insbesondere die widersprüchliche
Politik Frankreichs im Tschad 2008 hat diese Wahrnehmung in
Berlin und London stark beeinflusst.

Frankreich hat aus dieser Zurückhaltung seiner europäischen Partner den Schluss gezogen, wieder stärker auf eigene
Faust in Afrika aktiv zu werden. Dabei kooperiert Paris zwar
im Rahmen von Ad-hoc-Koalitionen mit Friedenstruppen afrikanischer Regionalorganisationen bzw. der Vereinten Nationen (VN), wie dies seit 2002 in der Elfenbeinküste der Fall ist.
Allerdings behält Frankreich dabei die vollständige Kontrolle
über seine Truppen und agiert nicht unter einem gemeinsamen
Kommando mit den anderen Akteuren. Daher kann in diesem
Falle nicht von einem multilateralen Engagement gesprochen
werden.

Die »Operation Serval« in Mali

Als der französische Präsident François Hollande im Januar 2013 die Entscheidung zu einer direkten französischen Intervention in Mali traf, waren viele Beobachter überrascht. Was den Zeitpunkt des Eingreifens betrifft, ist dies durchaus nachvollziehbar. Nach fast einem Jahr französischer Zurückhaltung hatte kaum jemand mehr wirklich mit einer solchen Reaktion gerechnet. Wie im Folgenden gezeigt wird, fügt sich das Vorgehen Frankreichs in Mali dennoch in Bezug auf alle drei oben identifizierten Trends relativ gut in die französische Politik der letzten Jahre ein.

Frankreich im Fadenkreuz des Terrorismus

Die Entwicklungen in Mali waren bereits einige Jahre vor dem Beginn der Intervention ins öffentliche Interesse innerhalb Frankreichs geraten. Frankreich wurde nach Gründung der Terrorgruppe »al-Qaida au Maghreb Islamique« (al-Qaida im Islamischen Maghreb, AQIM) im Jahre 2007 zur Hauptzielscheibe der Aktivitäten der Gruppe sowie anderer, mit ihr verbündeter terroristischer Gruppierungen. Terrorkommandos nahmen in den drei Sahel-Staaten Mali, Mauretanien und Niger zwischen 2007 und 2012 insgesamt dreizehn Franzosen als Geiseln. Acht von ihnen werden bis heute von ihren Entführern festgehalten. Darüber hinaus verübte die Gruppe Anschläge auf mehrere französische Einrichtungen, darunter die Botschaften in Mali und Mauretanien. Dass gerade die ehemalige Kolonialmacht ins Fadenkreuz der radikalen Islamisten geriet, ist kein Zufall, denn weiterhin ist Frankreich sowohl politisch als auch wirtschaftlich und kulturell in allen Sahel-Staaten sehr präsent.

Der Norden Malis entwickelte sich schnell zum bevorzugten Rückzugsgebiet und Ausgangspunkt der Aktivitäten der AQIM und ihrer Verbündeten, denn die malische Regierung unter Präsident Amadou Toumani Touré (2002–2012) übte in diesem Landesteil kaum staatliche Kontrolle aus. Die französische Regierung versuchte bereits seit 2007 aktiv, zu einer Eindämmung des Einflusses der Terroristen in Nordmali beizutragen, und setzte dabei in erster Linie auf den Bereich der bilateralen Zusammenarbeit mit den lokalen Sicherheitskräften. Die französischen Unterstützungsversuche gingen allerdings ins Leere. Grund dafür war, dass die korruptionsanfällige politische und militärische Führungselite Malis kein wirkliches Interesse an einer effektiven Terrorismusbekämpfung zeigte und den Terroristen weitgehend freie Hand ließ.

Im Januar 2012 brachte eine Rebellion der für die Unabhängigkeit Nordmalis kämpfenden Volksgruppe der Tuareg die Touré-Regierung ins Wanken, bevor ein Militärputsch sie im März 2012 endgültig aus dem Amt beförderte. Paradoxerweise waren weder die Tuareg-Rebellen noch die Putschisten, sondern AQIM und ihre Verbündeten die großen Profiteure dieser Entwicklungen. Im Fahrwasser der Rebellion und des Putsches gelang es ihnen, die Kontrolle über den Norden Malis zu übernehmen. Frankreich übte sich nach der Machtübernahme der Islamisten in Nordmali zunächst in Zurückhaltung. Statt selbst einzugreifen, unterstützte Paris Pläne, eine afrikanische Friedenstruppe in den Norden Malis zu entsenden, um das Gebiet wiederzuerobern. Die Aufstellung der Truppe verzögerte sich

pa/abaca/Tack Julien

Französische Gefechtsfahrzeuge bei ihrem Vormarsch im Januar 2013 in Nordmali.

jedoch mehrmals. Als AQIM und deren Verbündete Anfang 2013 den Versuch unternahmen, ihre Macht weiter in den Süden auszudehnen, schwenkte Frankreich um und entschied sich zu einem direkten militärischen Eingreifen.

Primat der Sicherheitsinteressen

Im Mittelpunkt der Entscheidung zu einem Eingreifen Frankreichs in Mali standen maßgeblich Sicherheitsinteressen. Beträchtlich war in Frankreich die Angst, eine Ausweitung des Einflusses der radikalen Islamisten in Mali könne die Sicherheit der dort und in den Nachbarstaaten lebenden Franzosen noch stärker gefährden. Darüber hinaus fürchtete die französische Regierung, dass die terroristischen Gruppierungen in Mali auch auf französischem Boden Attentate ausführen könnten. Paris befürchtete vor allem, die Gruppen könnten Verbindungen zu den großen Gemeinschaften aus Mali (80 000 Angehörige) oder anderen Ländern mit muslimischer Bevölkerung in Frankreich herstellen. Diese Sorge erhielt im Laufe des Jahres 2012 dadurch Nahrung, dass sich die Hinweise auf in Frankreich lebende Personen (teils mit französischer oder mit doppelter Staatsbürgerschaft) mehrten, die in Kontakt mit AQIM und anderen terroristischen Gruppierungen in Mali standen. Französischen Sicherheitsquellen zufolge gab es zudem konkrete Pläne für Anschläge in Frankreich und Europa.

Humanitäre Erwägungen spielten bei der Mali-Intervention ebenfalls eine Rolle. Die radikalen Islamisten verübten auf ihrem Eroberungsfeldzug in Nordmali zahlreiche schwere Verbrechen an der Zivilbevölkerung. Wiederholt rechtfertigten französische Politiker das Eingreifen in Mali daher auch mit dem Ziel, die malische Bevölkerung vor weiteren Übergriffen der Terroristen zu schützen. Allerdings war dieses Motiv in Mali von weitaus geringerer Bedeutung als bei den Einsätzen in der Elfenbeinküste, der DR Kongo sowie im Tschad und in der Zentralafrikanischen Republik und wurde den Sicherheitsinteressen deutlich nachgeordnet.

Einige Beobachter haben Frankreich wirtschaftliche Interessen als Motivationsgrund für ein militärisches Eingreifen nachgesagt. Dies ist allein mit Bezug auf Mali wenig überzeugend. Das Land ist weder ein wichtiger Rohstoffzulieferer für Frankreich noch ein interessanter Absatzmarkt für Produkte französischer Unternehmen. Eine Rolle dürfte aber sicher die Furcht vor einer möglichen Ausdehnung der Terrorismus-Problematik auf das Nachbarland Niger gespielt haben, das für Frankreich ökonomisch wesentlich wichtiger ist. Frankreich erhält weiterhin ca. 40 Prozent seines Urans aus Niger, das für das Nuklearprogramm Frankreichs von zentraler Bedeutung ist.

Der unvermeidbare Alleingang

Wie in der Elfenbeinküste entschied sich Frankreich in Mali dazu, auf eigene Faust zu handeln. Zwar sind Einheiten der malischen Armee seit Beginn der Intervention an den Militäraktionen im Norden des Landes beteiligt. Darüber hinaus entsandten einige afrikanische Staaten Truppen nach Mali. Diese Truppen waren zunächst Teil einer afrikanischen Friedenstruppe und wurden Anfang Juli 2013 in eine neu geschaffene VN-Friedensoperation integriert. Letztere soll in naher Zukunft hauptsächlich die Aufgabe der Stabilisierung Nordmalis übernehmen. Den Großteil der Kämpfe mit den Islamisten bestritt die französische Armee jedoch bis dato alleine. Lediglich ein 2000 Soldaten starkes Kontingent der tschadischen Armee, das über Erfahrungen mit Operationen in Wüstengebieten verfügt, leistete Frankreich substanzielle Unterstützung.

Die Operation im Rahmen der EU oder anderer multilateraler Bündnisse wie der NATO durchzuführen, stand nie wirklich zur Debatte. Im Falle der EU war der französischen Regierung bewusst, dass sie wenig Unterstützung für einen Kampfeinsatz im Norden Malis im Rahmen der GSVP gefunden hätte. Allerdings unterstützen einige europäische Staaten die französische Armee und die afrikanischen Soldaten bei ihrem Einsatz logistisch. Darüber hinaus hat Anfang April 2013 eine militärische EU-Trainingsmission ihre Arbeit aufgenommen. Sie soll ähnlich wie dies Aufgabe der Mission in Somalia ist, die malische Armee dazu befähigen, auf lange Sicht alleine für Sicherheit im Norden Malis zu sorgen.

Französische und malische Soldaten stehen im Zuge der »Operation Serval« am 23. Januar 2013 bei Sevare, das sie gemeinsam sichern.

Eine Kooperation mit der NATO, wie z.B. in Libyen im Jahre 2011, stellte ebenfalls keine Option dar. Die USA zeigten sich lange Zeit skeptisch gegenüber einer militärischen Lösung des Terrorismus-Problems in Nordmali. Seit dem Beginn der »Operation Serval« unterstützt zwar auch Washington die französische Armee und die afrikanischen Staaten logistisch. Die Entsendung eigener Soldaten nach Mali lehnt die US-Regierung jedoch bis heute ab. Zu groß ist die Furcht, nach der Entscheidung aus dem Irak und Afghanistan abzuziehen, in ein neues Anti-Terror-Abenteuer hineingezogen zu werden.

Fazit

Frankreichs militärische Intervention in Mali steht somit in vielerlei Hinsicht in der Kontinuität des militärischen Engagements Frankreichs in Afrika der letzten Jahre. Erstens findet sie in einem Staat des französischsprachigen Afrika statt, für dessen Schicksal innerhalb Frankreichs weiterhin ein besonderes Interesse besteht. Zweitens verfolgt sie maßgeblich das Ziel, die von den in Mali aktiven terroristischen Gruppierungen ausgehenden Gefahren für französische Staatsbürger, vor allem aber auch für Frankreich selbst einzudämmen. Damit führt Frankreich zum ersten Mal im französischsprachigen Afrika einen Militäreinsatz zum Schutz seiner eigenen Sicherheitsinteressen durch, wie es dies bereits seit einigen Jahren in Somalia und anderen Weltregionen tut. Drittens spiegelt die Intervention den jüngsten Trend wider, dass Frankreich sich trotz des Versuches, seine Politik zu multilateralisieren, wieder verstärkt unilateral auf dem afrikanischen Kontinent militärisch engagiert.

Tobias Koepf

Fahrzeuge der französischen und malischen Streitkräfte beim Vormarsch in Nordmali Anfang 2013.

Im Laufe des 2012 begonnenen Krieges in Mali ergaben sich bereits nach kürzerer Zeit mehrere Seitenwechsel und Machtverschiebungen, die das Konfliktgeschehen bestimmten. Kurz nach Beginn der Rebellion spaltete sich das Regierungslager, indem eine Gruppe von Soldaten putschte und die Macht übernahm. Seitdem konkurrieren die Anhänger der Putschisten mit denen des alten Regimes innerhalb des Staatsapparates. Nachdem die Rebellen der »Mouvement National pour la Libération de l'Azawad« (MNLA) und der islamistischen Ansar Dine den Norden Malis erobert hatten, begannen sie, sich gegenseitig zu bekämpfen. Da Letztere siegreich aus den Kämpfen hervorging, näherte sich die MNLA der Regierung an. Doch auch die islamistischen bewaffneten Gruppen trennten unterschiedliche Interessen, so etwa zwischen der lokal orientierten »Ansar Dine« und der »al-Qaida au Maghreb Islamique« (AQIM), die regionale Ziele verfolgt. Infolgedessen spaltete sich mit der »Mouvement Islamique de l'Azawad« (MIA) eine Gruppe von Ansar Dine ab. Interessenunterschiede prägen jedoch auch die Politik der wichtigsten mit dem Konflikt befassten internationalen Akteure. So soll das östliche Nachbarland Burkina Faso eine eher rebellenfreundliche Politik betreiben, während das Gegenteil auf Algerien und Nigeria zutrifft. Im Gegensatz zu Frankreich waren die USA anfangs gegen eine zu frühe Intervention und forderten zuerst demokratische Wahlen.

■■■ Konfliktlinien 2012/13: Zwischen Militärputsch, Tuareg-Rebellion, islamistischem Aufstand und ausländischer Intervention

Der Konflikt in Mali seit Januar 2012 zeichnet sich nicht nur durch seine Akteursvielfalt, sondern auch durch zahlreiche Konfliktlinien aus. Zum ursprünglichen Konflikt zwischen den Rebellen in Nordmali und der malischen Regierung kam mit dem Putsch vom 22. März eine Spaltung des »Akteurs Mali« hinzu. Wenig später verdrängten im Norden die islamistischen Gruppen die nationalistischen Rebellen der Tuareg. Aber auch die islamistischen Gruppierungen stellten keinen einheitlichen Block dar. Zudem verfolgten die internationalen Akteure selbst innerhalb der Regionalorganisation »Economic Community of West African States« (ECOWAS) unterschiedliche Interessen, die eine Einigung auf eine gemeinsame politische Linie erschwerten.

Konfliktlinien innerhalb des malischen Staates und der Streitkräfte

Die anfängliche Politik der malischen Regierung unter Präsident Amadou Toumani Touré gegen die Rebellen im Norden umfasste sowohl ein militärisches Vorgehen gegen die Aufständischen als auch die Bereitschaft, Gespräche mit ihnen zu führen. Vor dem Hintergrund, dass viele Armeeangehörige eine bessere Ausrüstung forderten, um die Rebellion bekämpfen zu können, putschte eine Gruppe von Soldaten unter Hauptmann Amadou Haya Sanogo gegen die Regierung. Unter internationalem Druck gaben die Putschisten zwar im April 2012 formal die Macht an eine zivile Regierung unter dem Übergangspräsidenten Dioncounda Traoré ab, spielten jedoch weiterhin eine wichtige politische Rolle.

Im Hinblick auf die Rückeroberung der von den Rebellen besetzten Gebiete im Norden vertraten die Putschisten den Standpunkt, dies sei alleinige Aufgabe der malischen Streitkräfte, die aus dem Ausland lediglich mit Ausrüstung unterstützt werden müssten. Dagegen befürwortete die Regierung eine internationale Militärintervention. Das malische Militär ist bis heute gespalten: Teile stehen loyal zur Regierung, Teile zu den Putschisten um Sanogo, wobei es noch im Februar 2013 zu Schusswechseln zwischen verschiedenen Armeeeinheiten kam.

Gegen die islamistischen und die Tuareg-Rebellen im Norden hat sich eine Reihe von Milizen gebildet. Diese – wie die »Ganda Koy« (Herren des Bodens) und die »Ganda Izo« (Söhne des Landes) – sind zwar gegen die Rebellion, bestehen aber auch auf ihrer Autonomie gegenüber dem malischen Staat und verweigern insbesondere eine Integration in die malischen Sicherheitskräfte. Ein Sonderfall ist darüber hinaus die Tuareg-Miliz »Mouvement Républicain pour la Restauration de l'Azawad« (MRRA), die in personaler Loyalität zu General El Hajj ag Gamou, dem ranghöchsten Tuareg innerhalb der malischen Armee, steht und ebenfalls nicht in die Befehlskette der Streitkräfte eingebunden ist.

pa/dpa/Tanya Bindra

Der Anführer des Militärputsches, Hauptmann Amadou Haya Sanogo, (Mitte) nach einem Treffen mit dem malischen Parlamentssprecher Dioncounda Traoré im April 2012.

Konflikte zwischen der MNLA und den islamistischen Gruppen

Zunächst kämpften die »Mouvement National pour la Libération de l'Azawad« (MNLA) und Ansar Dine (Verteidiger des Glaubens) gemeinsam gegen die malische Armee, vor allem in den Regionen Kidal und Timbuktu. Diese Zusammenarbeit war eigentlich nicht selbstverständlich. Nicht nur, dass Iyad ag Ghali (siehe Informationskasten auf S. 156 f.), der Führer von Ansar Dine, gerne selbst die Führung der erst im Herbst 2011 gegründeten MNLA übernommen hätte. Auch bestand eine persönliche Abneigung zwischen ag Ghali und Mohamed ag Najem, dem Militärchef der MNLA, die noch aus gemeinsamen Zeiten in der Islamischen Legion von Libyens ehemaligem Staatschef Muammar al-Gaddafi herrührte.

Ende Mai verkündete Ansar Dine die Fusion beider Gruppen im Rahmen eines Übergangsrats des Islamischen Staats Azawad, was die MNLA fünf Tage später dementierte. Bereits kurz darauf begannen Kämpfe zwischen den beiden Gruppen. Dabei gelang es Ansar Dine relativ schnell, die MNLA sowohl aus Kidal als auch aus Timbuktu zu vertreiben.

Über die Zusammenarbeit zwischen der MNLA und der »Mouvement pour l'Unicité et le Jihad en Afrique de l'Ouest« (MUJAO) ist weit weniger bekannt. Sicher ist nur, dass die beiden Gruppen zunächst gemeinsam in der Region Gao operierten. Nach dem Bruch gelang es der MUJAO, die MNLA in Kämpfen von Ende Juni bis Mitte Juli 2012 aus der Regionalhauptstadt Gao zu vertreiben. Mitte November verlor die MNLA auch noch ihren letzten größeren Stützpunkt in Ménaka nahe der Grenze zu Niger an die MUJAO. Noch weniger ist über eine direkte Zusammenarbeit zwischen MNLA und »al-Qaida au Maghreb Islamique« (AQIM) bekannt.

Die Niederlage im Kampf gegen ihre vormaligen islamistischen Verbündeten machte die MNLA zum potenziellen Verbündeten der malischen Regierung. Zugleich wäre dieses Bündnis aber auch problematisch, da die MNLA zwar nicht mehr auf der Unabhängigkeit des Nordens, aber doch auf einer Autonomie besteht. Ein autonomer Norden würde die Präsenz der malischen Armee dort allerdings weitgehend ausschließen.

Konflikte zwischen den islamistischen Gruppen

Auch das Verhältnis der drei islamistischen Gruppen war nicht frei von Konflikten. Im Hinblick auf die Ansar Dine und AQIM gab es zunächst einmal alte Verbindungen zwischen Iyad ag Ghali und AQIM. Bei Entführungen durch AQIM war ag Ghali häufig als Vermittler aufgetreten und soll dafür an den Lösegeldern beteiligt worden sein. Diese Geschäftsbeziehungen könnten auch während des aktuellen Krieges eine Rolle gespielt haben, da die AQIM zwar über große finanzielle Mittel, aber nur wenige Kämpfer verfügte. Trotz der Zerstörungen in der Weltkulturerbestadt Timbuktu, an denen sowohl Ansar Dine als auch AQIM beteiligt waren, teilte Ansar Dine die Ideologie von AQIM in zweierlei Hinsicht nicht: Zum einen lehnte Ansar Dine dschihadistische Gewalt ab. Zum anderen verfolgte sie ein auf Mali begrenztes islamistisches Projekt.

Zwischen der MUJAO und AQIM bestand allein schon aufgrund der Entstehung der MUJAO als Abspaltung der AQIM ein gewisses Konkurrenzverhältnis, auch wenn die MUJAO in ihrer Gründungserklärung mitteilte, nicht in Gegnerschaft zu AQIM zu stehen. Gemeinsam mit AQIM ist der MUJAO eine über Mali hinausreichende Agenda. Obwohl islamistische Rekruten der MUJAO hauptsächlich aus anderen Ländern Westafrikas stammten, war die Zielscheibe vor allem Algerien, woher AQIM ursprünglich stammt.

Selbst innerhalb von AQIM bestanden Konflikte: Den beiden in Mali operierenden Anführern Abd al-Hamid Abu Zeid und Mokhtar Bel Mokhtar wurde lange ein eher konkurrierendes Verhältnis nachgesagt. Bel Mokhtar, dem nach der französischen Intervention 2013 der Angriff auf das Gasfeld In Amenas in Algerien zugeschrieben wird, soll dazu eine AQIM-Abspaltung namens »Al-Muwaqiun bi-l Dam« (Die mit Blut unterzeichnen) gegründet haben. Es ist aber auch nicht auszuschließen, dass es sich hierbei weniger um eine Abspaltung als um die Bezeichnung einer Kommandoeinheit innerhalb der AQIM handelte. Zumindest stand die Aktion nicht im Gegensatz zur Politik von AQIM.

Nicht eindeutig zu beurteilen sind die personellen Verflechtungen zwischen Ansar Dine, MUJAO und AQIM, wie sie zum Beispiel in der Person Oumar Ould Hamaha anzutreffen sind. Dieser wurde 2012 sowohl als Stellvertreter des AQIM-Führers Abu Zeid als auch als Sprecher von Ansar Dine erwähnt. Später wurde er als Militärchef der MUJAO bezeichnet. Dies kann entweder auf eine in Teilen enge personelle Verflechtung der drei islamistischen Gruppen oder auf einen Konkurrenzkampf hindeuten, in dem Ould Hamaha Ansar Dine nach Unstimmigkeiten verließ und sich der MUJAO anschloss. Mittlerweile soll Ould Hamaha mit der »Ansar Al-Sharia« eine eigene Gruppe gegründet haben.

Solche Unstimmigkeiten könnten insbesondere darauf beruhen, dass Ansar Dine im Gegensatz zu den beiden anderen islamistischen Gruppen in regionale Gespräche eingebunden war. Der Angriff von Ansar Dine, der im Januar 2013 letztlich die französische Militärintervention auslöste, soll mit dadurch begründet gewesen sein, dass Ansar Dine glaubte, aufgrund ihrer Verhandlungsbereitschaft Kämpfer an AQIM und MUJAO verloren zu haben. Ebenso möglich ist, dass die anderen Gruppen Ansar Dine unter Druck setzten, die Gespräche zu beenden.

Aufgrund der französischen Intervention spalteten sich Fraktionen von der Ansar Dine ab. Die in doppelter Hinsicht bedeutendste war die »Mouvement Islamique de l'Azawad« (MIA) unter Führung von Alghabass ag Intallah. Zum einen symbolisierte ag Intallah als Sohn und designierter Nachfolger des wichtigsten traditionellen Tuareg-Führers die Verbindung von Ansar Dine zu den Tuareg. Zum anderen vertrieb die MIA nach Beginn der französischen Intervention die Ansar Dine aus ihrer bisherigen Hochburg Kidal. Zugleich machte sie aber auch deutlich, dass malische Truppen dort unerwünscht seien.

Auf die Mauer dieses Gebäudekomplexes in Gao malte jemand die Fahnen der an der internationalen Intervention teilnehmenden Staaten und Hochrufe auf diese. Das Foto entstand im Februar 2013.

Konflikte zwischen internationalen Akteuren

Im Gegensatz zu den Konflikten zwischen den Akteuren in Mali eskalierten die Konflikte der mit Mali befassten internationalen Akteure natürlich nicht gewaltsam, waren aber trotzdem politisch bedeutsam. Mit dem Krieg, aber auch der politischen Krise in Mali waren unter den internationalen Organisationen vor allem die westafrikanische Regionalorganisation ECOWAS, die Afrikanische Union (AU) und die Vereinten Nationen (VN) befasst. Wichtige Staaten in der Region mit speziellen Interessen an den Konflikten in Mali sind einzelne Mitgliedsländer der ECO-WAS, insbesondere Niger und Burkina Faso, sowie Algerien außerhalb der ECOWAS. Darüber hinaus haben vor allem Frankreich und die USA ein Interesse an der Lösung der Konflikte in Mali.

Insbesondere für die internationalen Organisationen bestand lange Zeit das Problem, dass nach dem Putsch vom 22. März ein legitimer Ansprechpartner in Mali fehlte. Dies führte zu zeitweiligen Sanktionen und Suspendierungen der Mitgliedschaften Malis in der ECOWAS und der AU. Auf dieser Grundlage verhinderte zum Beispiel Guinea den Transit einer für Mali bestimmten Waffenlieferung bis Mitte Oktober 2012.

Innerhalb der ECOWAS drängte Niger, der östliche Nachbar Malis, am stärksten auf eine militärische Intervention. Dabei dürfte weniger die Befürchtung eine Rolle gespielt haben, dass die Tuareg-Rebellion auch Niger erfassen könnte – wie es bei den Aufständen der 1990er und 2000er Jahre jeweils der Fall gewesen war. Niger hat gegenüber den Tuareg zu einer recht erfolgreichen Integrationspolitik gefunden, deren sichtbarer Ausdruck die Ernennung eines Tuareg zum Premierminister im Jahr 2011 war. Zwei mögliche Gefahren aus dem Krieg in Mali mögen für Niger eher im Vordergrund gestanden haben: Zum einen könnten bewaffnete Gruppen aus Nordmali versuchen, Niger als Rückzugsgebiet zu nutzen. Zum anderen könnte Niger Transitraum für Kämpfer der »Boko Haram« aus Nordnigeria werden, die sich der MUJAO anschließen wollen.

Auf der anderen Seite war Burkina Faso, dem südlichen Nachbarn Malis, eher an Verhandlungen gelegen. Im Einklang mit diesem Interesse agierte Burkina Fasos Präsident Blaise

Compaoré für die ECOWAS als Vermittler in Mali. Allerdings wurde Compaoré in Mali eine gewisse Parteilichkeit zugunsten der Rebellen in Nordmali vorgeworfen, was die Gespräche naturgemäß erschwerte. Mit der Zeit bestand aber auch die Gefahr, dass Burkina Faso schrittweise in den Konflikt hineingezogen werden könnte. Von dort sollen Waffenlieferungen und islamistische Kämpfer nach Mali gelangt sein. Daher stationierte Burkina Faso Anfang Oktober 2012 etwa 1000 Soldaten im nördlichen Teil des Landes, um Entführungen oder ein Übergreifen des Konflikts von Mali aus zu verhindern.

Die ECOWAS als Regionalorganisation fuhr aufgrund dieser unterschiedlichen Interessenlagen zweigleisig: Einerseits entsandte sie den burkinischen Präsidenten Compaoré als Vermittler und andererseits plante sie eine Interventiontruppe, die etwa 3300 Soldaten umfassen sollte. Als die wesentlichen Truppensteller einer Eingreiftruppe, die im Herbst 2013 einsatzbereit sein sollte, wurden dabei Nigeria, Niger, Senegal und Togo sowie später auch Burkina Faso genannt. Dabei sollte Nigeria als militärisch wichtigster Akteur innerhalb der ECOWAS zwar mit etwa 1000 Soldaten das größte Kontingent stellen, obwohl Nigeria bisher keine größeren eigenen Interessen artikuliert zu haben scheint; denkbar ist aber auch, dass Nigeria in den Konflikt eingreifen will, weil seine Regierung annimmt, dass sich »Boko Haram« am malischen Konflikt beteiligen könnte.

Der wichtigste regionale Akteur außerhalb der ECOWAS ist Algerien. Dieses Land ist nicht nur der militärisch stärkste Akteur in der Region mit der größten Armee und dem in absoluten Zahlen höchsten Militäretat. Über AQIM besteht auch ein direktes Interesse Algeriens am Ausgang des Kriegs im Norden Malis. Algerien hatte Mali in der Vergangenheit mehrfach vorgeworfen, nicht effektiv gegen AQIM vorzugehen. Zur Verbesserung der regionalen Zusammenarbeit richteten im April 2010 Algerien, Mali, Mauretanien und Niger im südalgerischen Tamanrasset ein »Joint Headquarter for Major Operations in the Sahara« ein. Außerdem unterstützten algerische Truppen Mali Ende 2011 bei der Bekämpfung von al-Qaida-nahen Gruppen.

Neben diese verstärkte regionale Zusammenarbeit, in der Algerien eine führende Rolle zukam, traten algerische Sorgen vor einem wachsenden fremden Einfluss in der Region. Diese

Befürchtungen bezogen sich in erster Linie auf Frankreich, dessen Kolonialgeschichte das Verhältnis der beiden Staaten immer noch belastet. In geringerem Maße galt dies auch für die USA. Obwohl Algerien an der »Trans-Sahara Counter-Terrorism Partnership« (TSCTP) beteiligt ist, teilt Algerien zum Beispiel nicht alle Geheimdienstergebnisse über AQIM mit den USA (siehe Beitrag Münch). Mit Bezug auf den aktuellen Konflikt in Mali war Algerien gegen eine nicht-regionale und insbesondere gegen jede voreilige Militärintervention. Dabei sah sich das Land im Einklang mit der Politik der USA.

Die USA zeigen bereits ein länger währendes Interesse an der Region, das sich in einer Unterstützung für die malischen Streitkräfte seit den 1990er Jahren ausdrückt. Noch stärker galt dies nach dem 11. September 2001, als aus Sicht der USA die gesamte Sahara- bzw. Sahel-Region wie ein mögliches Rückzugsgebiet islamistischer Terroristen erschien. Entsprechend wurde Mali ein Schwerpunktland der US-amerikanischen Unterstützung, zunächst im Rahmen der »Pan-Sahel Initiative« (PSI) und später der TSCTP.

pa/AP images/Pascal Gyot

Französische und malische Soldaten beim Vormarsch während der »Operation Serval« Anfang 2013.

Aufgrund des begonnenen Putsches bzw. Krieges in Nordmali sagten die USA im Februar die seither regelmäßig stattfindende regionale Übung »Operation Flintlock« für 2012 ab (siehe Beitrag Münch). Ursprünglich bevorzugten sie eine Militärintervention der ECOWAS, um den Süden Malis zu stabilisieren, und lehnten eine solche zur Rückeroberung Nordmalis ab. Die USA forderten, vor einer militärischen Intervention eine aus Wahlen hervorgegangene legitime malische Regierung.

Frankreich dagegen befürwortete bereits früher eine militärische Intervention. Ein Grund dafür könnte sein, dass Mali die drittgrößte Gemeinschaft an französischen Staatsbürgern (nach Senegal und Elfenbeinküste) beherbergt. Dazu kommen für Frankreich sicherlich wirtschaftliche und geopolitische Interessen, die sich nicht zuletzt auch auf die Uranförderung im Nachbarland Niger beziehen. Mit diesem Votum für eine Intervention gingen offenbar generelle Vorbereitungen einher, die das rasche militärische Eingreifen Frankreichs mit der »Operation Serval« am 11. Januar 2013 ermöglichten (siehe Beitrag Koepf).

Wolfgang Schreiber

Bamako ist nicht nur die Hauptstadt von Mali, sondern auch die mit Abstand einwohnerreichste Stadt des Landes. So ergab eine Zählung von 2009 rund 1,8 Mio. Einwohner. Seit der Unabhängigkeit Malis 1960 stieg die Einwohnerzahl geradezu explosionsartig und erfuhr im letzten halben Jahrhundert mehr als eine Verzehnfachung. Die Tendenz zeigt auch für die kommenden Jahre nach oben. Damit ist Bamako eine der weltweit am schnellsten wachsenden Städte.

Obwohl mehr als 10 Prozent der malischen Bevölkerung mittlerweile in der Hauptstadt wohnen, wird das Stadtbild nach wie vor weitgehend von lediglich ein- und zweistöckigen Häusern, oftmals in traditioneller Bauweise errichtet, geprägt. Moderne Hochhausbauten oder gar Wolkenkratzer bleiben die Ausnahme. Das vorliegende Bild bietet einen Überblick über die Hauptstadt Bamako und wurde am 18. März 2013 aufgenommen.

Neben Bamako gibt es zahlreiche weitere Städte im Land. Mit Koulikoro und Ségou werden zwei weitere Beispiele kurz vorgestellt.

■■■ Städteporträts Bamako, Koulikoro, Ségou

Die Hauptstadt Malis, Bamako, liegt in einer Senke zu Füßen eines erloschenen Vulkans. Nach Westen hin erstrecken sich die Mandingo-Berge mit einer Höhe von bis zu 500 Metern bis zur Grenze des Nachbarstaats Guinea. Dort liegt der Ursprung des Niger, der sich in der Regenzeit zu einem riesigen Binnendelta verzweigt, bis er im Osten, weit hinter Timbuktu, einen großen Bogen schlägt und sich dann, nachdem er mehrere westafrikanische Länder berührt hat, in Nigeria in den Atlantischen Ozean ergießt.

Bamako ist die erste große Stadt, durch die der Niger fließt. Die Ansiedlung, die Jäger gegen Ende des 16. Jahrhunderts gründeten, lag nördlich des Flusses, doch heute hat sich die Stadt in alle Himmelsrichtungen ausgebreitet und ist weit über das südliche Ufer hinaus gewachsen. Als der schottische Reisende Mungo Park die Stadt 1805 als erster Europäer zu Gesicht bekam, hatte sie ungefähr 6000 Einwohner; 1883, zur Zeit der französischen Eroberung, war ihre Zahl auf 1000 geschrumpft. Den entscheidenden Anstoß für das Entstehen einer Großstadt gab die Eisenbahnlinie, deren Bau 1904 begonnen und 1923 bis zur Hafenstadt Dakar in Senegal fortgeführt wurde. Im Jahr der staatlichen Unabhängigkeit 1960 besaß die neue Hauptstadt Malis 160 000 Einwohner, beim letzten Zensus von 2009 wurden 1 809 106 Einwohner gezählt, was Bamako zu der am schnellsten wachsenden Stadt Afrikas machte. Weltweit steht die Stadt in dieser Hinsicht an sechster Stelle; gleichzeitig ist Bamako nach Lagos, Abidjan, Kano, Ibadan, Dakar und Accra die siebtgrößte Metropole Westafrikas.

Bevölkerung und Stadtbild

Bamako ist ein Brennpunkt der Kulturen, Sprachen und Traditionen. Da die Staatsgrenzen von der Willkür der Kolonialherren bestimmt wurden, stellt Mali nur einen Ausschnitt aus dem alten Kulturraum dar, der einst ganz Westafrika umfasste. Die wichtigsten der zahlreichen Ethnien, die sich in Sprache und Lebensart unterscheiden, sind die Bambara, Malinke, Dogon und Songhay, dazu kommen die nomadischen Peul und Tuareg. Keines dieser Völker ist ausschließlich in Mali zu finden; Beziehungen über die Grenzen zu den Nachbarstaaten hinweg sind deshalb weitaus selbstverständlicher als in Europa. Mehrsprachigkeit ist die Norm. Immer noch wird Französisch gesprochen, außerdem gibt es ebenso viele indigene Sprachen wie Ethnien.

pa/Godong/Pascal Deloche

Eine der mittlerweile drei Brücken über den Niger in Bamako. Sie sind in ganz Mali die einzigen Brücken, die über den Niger führen. Ansonsten muss auf Fährverbindungen zurückgegriffen werden.

»Bama« bedeutet in Bambara Krokodil, »Ko« bezeichnet einen Fluss. Eine der vielen Legenden über den Ursprung von Bamako besagt, dass die Menschen hier den Niger auf den Rücken von Krokodilen überschreiten konnten. Heute erreichen die Bewohner von Bamako das andere Ufer über eine der drei großen Brücken. Die ältere, die das Zentrum mit den südlichen Stadtteilen verbindet, ist die Pont des Martyrs; die jüngere Pont du Roi Fahd wurde mit saudi-arabischer Hilfe erbaut, um den Verkehr zu entlasten. Im Volksmund werden sie immer noch die »alte« und die »neue« Brücke genannt. Seit 2011 gibt es eine dritte Brücke über den Niger in Bamako, die mit Hilfe der VR China errichtet wurde. Bis auf den einige Kilometer östlich gelegenen und nur in der trockenen Jahreszeit befahrbaren Soutaba-Damm bieten diese Brücken in ganz Mali die einzige Möglichkeit, den Niger mit Fahrzeugen zu überqueren. Bedingt durch die Überschwemmungen der Regenzeiten ändert der Fluss immer wieder seinen Lauf, so dass Fähren eingesetzt werden müssen.

Das nördliche Ufer wird vom Regierungssitz auf der Colline du Pouvoir überragt, dem »Hügel der Macht«. Von der gegenüber liegenden Seite grüßt die Colline du Savoir herüber, der »Hügel des Wissens«, auf dem die Universität angesiedelt ist. Das explosive Wachstum stellt die Stadt vor große Probleme bei der Strom- und Wasserversorgung. In den heißen Sommern stöhnen die Bewohner unter einem Schleier von Staub und Abgasen, in den Regenzeiten verwandeln sich die Lehmwege, die von den wenigen asphaltierten Hauptstraßen abzweigen, in schwer passierbare Schlammbäche.

Obwohl mehr als ein Zehntel der Einwohner Malis in der Hauptstadt leben, bestimmen immer noch ein- und zweistöckige Häuser in traditioneller Bauweise das Stadtbild. Im ehemaligen Regierungsviertel trifft man noch auf Bauten der Kolonialzeit, die Skyline wird von den Minaretten der Großen Moschee und zwei imposanten Wolkenkratzern dominiert – dem »Hotel de L'Amitié« und dem Gebäude der westafrikanischen Zentralbank BCEAO, das von traditioneller Lehmarchitektur inspiriert ist.

pa/Robert Harding World Imagery/ Jenny Pate

Trotz einer Einwohnerzahl, die sich langsam der Grenze von zwei Millionen nähert, sind die meisten Gebäude bis heute ein- oder zweistöckig. Eines der wenigen Hochhäuser ist das Gebäude der westafrikanischen Zentralbank BCEAO.

Märkte und Verkehr

Märkte sind in Mali nicht nur Handelsplätze, sondern auch Treffpunkte, an denen man Freunden begegnet, Neuigkeiten austauscht, miteinander ins Gespräch kommt oder einen Imbiss einnimmt. Ein großer Teil des Lebens spielt sich unter freiem Himmel ab. Obst- und Gemüsehändler, die ihre Waren auf dem Erdboden ausbreiten, findet man in allen Stadtvierteln, die großen Märkte im Stadtzentrum bieten ausgewählte Sortimente von Waren an. Im Labyrinth rund um den zentralen Markt, den Marché Rose, gibt es Gassen, in denen Händler Töpferwaren und Schnitzereien feil bieten, in anderen bieten sie Aluminiumtöpfe, Pfannen und Emailleschüsseln aus China oder gebrauchte Möbel an. In einer Gasse werden Mobiltelefone verkauft und repariert, in der nächsten findet man alle Arten von Elektrogeräten, dann Ersatzteile für Autos, Fahrräder und Mofas; danach kommen Transistorradios, Sonnenbrillen, Taschenlampen, Spiegel, Musikkassetten, Plastiksandalen und Ledertaschen.

Den meisten Platz nehmen Kleiderstände ein: Nylonunterwäsche, Herrensocken und Baseballkappen findet man neben traditionellen, mit leuchtenden Mustern bedruckten Boubou-Gewändern. Die Schneider sitzen mit ihren Nähmaschinen gleich nebenan und nehmen Aufträge entgegen. Die Secondhand-

Kleider, die in Deutschland für angeblich karitative Zwecke in Container am Straßenrand geworfen werden, um auf dem Kleidermarkt von Bamako wieder aufzutauchen, stellen für Mali ein großes Problem dar. Das Land ist zwar für die Qualität seiner Baumwolle berühmt, aber mit der Billigware aus Europa können die einheimischen Produzenten nicht konkurrieren.

Überall in der Hauptstadt bieten Obst- und Gemüsehändler ihre Waren an.

Meist ist bereits an den Gerüchen zu erkennen, wo man sich befindet. Schon von Weitem kündigen sich die Stände der Gewürzhändler an, die Kräuter, Samen, Wurzeln und alle möglichen Pulver anbieten. Am intensivsten ist der Duft bei den Händlern, die Zutaten für die Herstellung von Wusulan anpreisen, das traditionelle Räucherwerk, das bei jeder feierlichen Gelegenheit verwendet wird: von der Geburt über die Hochzeit bis zum Tod. Hausfrauen mixen es aus einer Fülle duftender Essenzen. Die Herstellung von Wusulan ist eine Wissenschaft für sich. Erotische Geheimnisse schwingen darin mit, aber auch die Erinnerung an die Worte des Propheten Mohammed, von dem die Aussage überliefert ist, er liebe Wohlgerüche und Frauen mehr als alles andere auf dieser Welt.

Der Islam, der im 13. Jahrhundert eingeführt wurde, führt eine Koexistenz mit traditionellen afrikanischen Bräuchen. Auf dem Fetischmarkt im Schatten der Großen Moschee im Stadtzentrum werden Gris-Gris genannte Zauberarzneien wie Affenköpfe und getrocknete Krokodilhäute angeboten; unweit davon findet man Gebetsketten und Koranständer.

Abgesehen von den großen Boulevards, die die kaum jemals abreißenden Verkehrsströme durch die Stadt leiten, haben die Straßen keine Namen, sodass man beim Suchen nach einer Adresse auf seinen Spürsinn angewiesen ist. Zwei der wichtigsten Straßen beginnen am Square Lumumba: Der Boulevard du Peuple verläuft in nord-südlicher Richtung durch das Herz der Stadt, die Avenue du Fleuve endet am Bahnhof und wird dann zur Avenue de la Liberté, die zu dem auf einer Anhöhe gelegenen Viertel Koulouba mit dem Palast des Präsidenten und zum Point G, dem größten Hospital von Bamako, führt. Zum 15 Kilometer außerhalb der Stadt gelegenen Flughafen gelangt man über die Pont du Roi Fahd, in östlicher Richtung führt die Route de Koulikoro zu dem gleichnamigen Hafen. Eine zweite große Ausfallstraße führt über die Pont des Martyrs zum Busbahnhof. Beim Turm von Afrika, im Volksmund »Eiffelturm« genannt, gabelt sich die Straße – in östlicher Richtung führt sie nach Ségou, Mopti und Gao, in westlicher nach Sikasso und zur Elfenbeinküste.

Der Bahnhof von Bamako ist die Endstation der Dakar–Niger-Linie, mit der die Franzosen 1908 eine Verbindung zwischen der Hauptstadt des damaligen Französisch-Sudan und der Küste

palafrica media online/David Larsen

Straßenszene
in Bamako.

schufen. Nachdem der Zugverkehr auf den morbiden Schienen-
strängen vorrübergehend ganz zum Erliegen kam, wurde die
Bahnlinie 1995 privatisiert. Doch das französisch-kanadische Unternehmen, das die die Strecke reparierte, rationalisierte auch den
Betrieb. Viele der kleinen Bahnhöfe, die oft die einzige Verbindung
der Dörfer im Landesinnern zur Außenwelt darstellten, wurden
geschlossen, die Einwohner, die vom Verkauf ihrer Waren an die
Reisenden lebten, wurden arbeitslos. Mittlerweile verkehrt nur
noch etwa zweimal in der Woche ein Passagierzug auf der Strecke.

Kultur, Musik, Sport

Das sehenswerte, in traditionell westafrikanischem Stil von dem
Architekten Jean-Loup Pivin entworfene Nationalmuseum birgt
einige der bedeutendsten archäologischen und ethnologischen
Sammlungen Westafrikas. Hier wird die Kultur und Geschichte des Landes vom alten Großreich von Mali bis zur Gegenwart
durch Wandteppiche, Tongefäße, Statuen, Masken, Musikinstru-
mente und Grabbeigaben ausführlich vorgestellt. Ein Restaurant
und der weitläufige Park, der das Museum umgibt, laden zum
Verweilen ein. In unmittelbarer Nachbarschaft liegen auch der
Botanische Garten und der Zoo.

Dass seit 1998 in Bamako alle zwei Jahre die Fotoausstellung
»Rencontres de la Photographie Africaine« stattfindet, ist auch
eine Verbeugung vor den großen Porträtisten Bamakos. Seydou

Keita war der erste afrikanische Fotograf, der zu Weltruhm gelangte, Malick Sidibé wurde 2006 für sein Lebenswerk in Cannes eine Goldene Palme verliehen. Den fast achtzigjährigen Meister kann man immer noch täglich in seinem Studio im Viertel Bagadadji antreffen, gleich hinter der Großen Moschee im Zentrum der Stadt. Hier repariert er die zahlreichen Leica-Kameras seiner Sammlung und hier bewahrt er in alten Fotokartons auch die unzähligen Negative der Bilder auf, die er seit mehr als 50 Jahren aufgenommen hat.

Das wichtigste Kommunikationsmedium Malis ist immer noch das Radio. Etwa 200 lokale Sender, von denen die meisten in Bamako angesiedelt sind, bieten ihren Hörern Nachrichten, Musik und Fußballreportagen, aber auch für Europäer unerhörte Sendungen, wie Features, in denen die Träume der Anrufer gedeutet werden.

Der Klang Malis wird von Kalebassen bestimmt. Für Afrikaner symbolisiert die Kalebasse die Gebärmutter und ihre Kerne verkörpern die weibliche Fruchtbarkeit. Kalebassen sind in Mali allgegenwärtig. Sie dienen als Behälter für Milch, Wasser und als Schüssel für Hirsebrei, Couscous und das Nationalgericht Fonio. In den Händen der Griots, der traditionellen Sänger und Geschichtenerzähler, dienen die ausgehöhlten und getrockneten Kürbisse, halbiert und mit Kuhfell bespannt, als Kora-Harfe. Die Jäger der Wassulu im Süden Malis stellen aus ihr die sechssaitige Ndoso Ngoni her, die auch als Trommel dient, wenn die beringten Finger der Musiker auf den Klangkörper klopfen. Mit Steinen gefüllt oder mit Kaurimuscheln bekleidet, wird sie zur Rassel; unter den hölzernen Klangplatten eines Balafons dienen nach Größe abgestimmte Kalebassen als Resonanzkörper. Hier und da kann man immer noch den geheimnisvollen, tiefen Klang der Wassertrommel hören. Um ihn zu erzeugen, wird die größere Hälfte einer Kalebasse mit Wasser gefüllt, die kleinere umgedreht, darauf gesetzt und mit stoffumwickelten Holzschlegeln bearbeitet.

So viele Ethnien es in Mali gibt, so viele Musikstile gibt es auch. Achtundsiebzig verschiedene Arten von Musik listet der Sänger Salif Keita auf, der in den 1990er Jahren weltweit berühmt wurde. »Wir exportieren Musik wie Saudi-Arabien Erdöl exportiert«, fügt er hinzu. »Nur verschmutzen wir damit nicht die Umwelt!«

palabaca/Januario Helder

Der malische Sänger Salif Keita, aufgenommen während eines Konzerts in Frankreich am 23. Juli 2010.

Der Transfer funktionierte auch in umgekehrter Richtung. In den letzten Jahren wurde Bamako zur Anlaufstelle von Musikern aus aller Welt, die mit ihren malischen Kollegen spielen und ihre Stücke aufnehmen. Der Bluesbarde Taj Mahal, der Gitarrist Ray Cooder und die Jazzsängerin Dee Dee Bridgewater sind nur einige von vielen, die aus Amerika anreisten. Aus Island schwebte Björn ein, um mit Toumani Diabaté ins Studio zu gehen; der englische Led Zeppelin-Rockstar Robert Plant und die französische Musikerkommune Lo'Jo stellten zusammen mit der Tuareg-Band »Tinariwen« das »Festival au Desert« in der Oase Essakane, eine halbe Tagesreise hinter Timbuktu, auf die Beine, das Besucher aus aller Welt anzog.

Noch immer ist Malis wichtigster kultureller Exportartikel die Musik, doch im Inland haben es die Künstler mittlerweile schwer. In den 1970er und 1980er Jahren war in Bamako Musik zu jeder Tages- und Nachtzeit zu hören, die Jugend strömte an den Wochenenden in die zahlreichen Clubs, in den Open-Air-Restaurants wiegten sich seriöse ältere Paare im Rhythmus nostalgischer Rumbas. Der Einfluss Kubas hatte die einheimische Musikszene schon vor Jahrzehnten inspiriert, als, noch zu sozialistischen Zeiten, die Regierung eine Kapelle zur Ausbildung auf die Zuckerinsel sendete, die das klassische Rumba-Repertoire notengetreu nachspielte. Salsa, Reggae, Jazz und HipHop waren zu hören, einheimische Musikerinnen und Musiker brachten die neuesten Klänge von ihren Tourneen mit. Die Stadt swingte, in den Hotels warteten malische Troubadoure mit einer musikalischen Mischung auf, in der sich der Mississippi und der

Niger begegneten, während vor der Tür zum Verdruss der Musiker Kassetten mit Raubkopien verkauft wurden. Obwohl der Zugverkehr weitgehend eingeschränkt wurde, war der Bahnhof von Bamako für Weltmusikfans weiterhin ein mythischer Ort – von hier aus machte die legendäre »Super Rail Band«, die in der Bahnhofsgaststätte »Buffet de la Gare« aufspielte, die Musik Malis weltweit bekannt. In den 1990er Jahren entstand ein neuer Typ von Open-Air-Clubs, der »Espace Culturel« genannt wurde.

Das erste Anzeichen einer Änderung war 2005 die Schließung des »Hogon«, des Clubs des Grammy-Preisträgers Toumani Diabaté, an dessen Stelle eine Moschee errichtet wurde. Bedingt durch die Unruhen der letzten Jahre bleiben mittlerweile nicht nur die ausländischen Touristen aus, auch die Einheimischen ziehen es meist vor, abends zuhause zu bleiben. Zwar werden traditionelle Feste immer noch mit Musik begangen, aber die Clubs und Hotels sind leer.

Die Gruppe »Afro-cubism« mit den malischen Musikern Kasse Mady Diabate (links) und den Ngoni-Spieler Bassekou Kouyaté (rechts) während des 46. Jazz Festivals am 30. Juni 2012 in Montreux, Schweiz.

picture alliance/dpa/epa/Sandro Campardo

»Es ist unendlich traurig, was hier passiert ist,« sagt Toumani Diabaté, »doch dieses Problem betrifft nicht nur Mali, sondern die ganze Welt. Wir sind ein friedliches Volk mit einer großen Kultur. Sie stellt unser Öl dar, unsere Diamanten und unsere Mineralien. Wir werden es niemals akzeptieren, dass unsere Geschichte und unser Erbe zerstört werden.«

Der Fußball stellt die zweite große Leidenschaft der Malier dar – abzulesen etwa daran, dass auf der Wikipedia-Seite von

Bamako unter den größten Söhnen der Stadt sieben Politiker und Künstler 17 Fußballern gegenüberstehen. Fußballvereine wie Djoliba AC, Stade Malien und AS Real Bamako zählen zu den erfolgreichsten Teams des Landes; als Spielstätten dienen unter anderem das 2001 eröffnete und 50 000 Zuschauer fassende »Stade du 26-Mars« sowie das »Stade Modibo Keïta« mit 35 000 Plätzen.

Städteporträt Koulikoro

Koulikoro, das ca. 60 km östlich von Bamako am Ufer des Niger liegt, hat etwa 50 000 Einwohner. Weil der Fluss erst ab hier schiffbar ist, dient Koulikoro der Hauptstadt als Hafen. Wenn der Niger nach der Regenzeit anschwillt, transportieren Pirogen von hier aus Güter und Menschen nach Ségou, Mopti, Timbuktu und Gao. Bis der Zugverkehr vor etwa 15 Jahren eingestellt wurde, stellte die Stadt den Endpunkt der Dakar–Niger-Eisenbahnlinie dar. Wie andere Städte Malis ist auch Koulikoro für seine Lehmbauten bekannt, die aus einer Mischung von Lehm, gehacktem Stroh und Dung errichtet und alljährlich erneuert werden.

pa/dpa/Christoph Sator

Das Bild zeigt den Eingang eines Militärgeländes in Koulikoro, aufgenommen am 18. März 2013. Hier begann im April 2013 eine Ausbildungsmission der Europäischen Union für die Streitkräfte des westafrikanischen Krisenlandes. Hierfür werden auch Soldaten der Bundeswehr eingesetzt.

Städteporträt Ségou

Mit 130 690 Einwohnern ist Ségou die fünftgrößte Stadt Malis. Sie liegt 235 Kilometer nordöstlich von Bamako am Niger. Ihr Wahrzeichen sind die riesigen Balanzans, die die Uferstraße säumen – eine Art Akazie, die in der ganzen Sahelzone als Wunderbaum verehrt wird. Blätter und Früchte dienen als Viehfutter, die Rinde als Gerbstoff, aus Wurzeln, Rinde und Harz werden traditionelle Arzneimittel hergestellt. Der mächtige Baum ist das Wahrzeichen von Ségou, der »Stadt der 4444 Balanzans«.

Bis heute ist der Stadt der Stolz auf ihre Vergangenheit anzumerken. Ursprünglich von Fischern vom Stamm der Bozo gegründet, wurde sie 1712 zur Hauptstadt des Bambara-Reichs. In der zweiten Hälfte des 18. Jahrhunderts wurde der Herrscher Biton Mamary Coulibaly von einem Tonjon, einem Ritter seiner mysteriösen Sklaven-Armee, entthront. Die Prachtentfaltung der alten Königsstadt war legendär. Als der schottische Abenteurer Mungo Park 1796 in Ségou auf den Niger stieß, überraschte ihn die Stadt mit »einem Anblick von üppiger Vielfalt und Kultur«. In der Mitte des 19. Jahrhunderts stürzte Djallon El Hadj Umar Tall das Königtum der Bambara und errichtete das Imperium der Tukulor. 1890 marschierten die Franzosen ein. Bauten der Kolonialzeit wie das »Office du Niger« erinnern daran, dass Ségou einmal die Hauptstadt Französisch-Sudans war.

Die alten Paläste, die Mungo Park bewunderte, sind freilich längst zerfallen, weil sie aus in der Sonne getrockneten Lehmziegeln errichtet waren. Nur in den Worten der Griot-Sänger, im Klang ihrer Instrumente, in den mit Nigerschlamm gefärbten Bogolan-Stoffen und in den Marionetten der Initiationsgesellschaften, die in dieser Gegend immer noch aktiv sind, lebt die Geschichte des Bambara-Reichs weiter. Und noch immer ist Ségou ein Zentrum traditioneller Künste. Das »Festival sur le Niger« ist das Pendant zum »Festival au Désert«, das seit 2001 in der Oase Essakane nördlich von Timbuktu einmal im Jahr stattfand, bis es aus Sicherheitsgründen eingestellt wurde.

Peter Pannke

Historisch-politische Entwicklung Malis

▼ Zeitstrahl

Vorgeschichte	
ca. 33 000 v.Chr.	Erste Spuren der Besiedelung der Region.
ca. 4000 v.Chr.	Erste Spuren einer Viehzüchterkultur.
Ab ca. 2000 v.Chr.	Beginn des Ackerbaus.
800–400 v.Chr.	Anbau von Reis im Nigergebiet.
um 300 v.Chr.	Herausbildung erster Städte (Djenné-Djeno).
um 300	Unter den Mandinka-Völkern wird an der Kreuzung der Handelsstraßen von Nordafrika zur Guinea-Küste und vom Atlantik zum Tschadsee und zum Nil der Staat Ghana gegründet.
7. Jhdt	Schaffung eines zweiten Machtzentrums neben Ghana durch Gründung einer Herrschaft in Kukia, ehemals südostwärts von Gao, von nordafrikanischen Einwanderern.
um 800	Gründung der Dynastie der Cisse Tunkara unter Kaya Maghan Cisse aus der Ethnie der Soninke. Aufstieg Ghanas zum wichtigen Handelszentrum durch Kontrolle des transsaharischen Handels von Gold, Salz und Sklaven.
1010/11	Verlegung der Hauptstadt durch Dia Kossoi (Songhay) von Kukia nach Gao. Sein Übertritt zum Islam ist erster Ausgangspunkt dieser Religion im westlichen Sudan.
ab 1050	Beginn eines »Heiligen Krieges« gegen Ghana durch muslimische Berberarmeen (Almoraviden) aus Mauretanien und Marokko.
1076	Eroberung von Koumbi Saleh, im Südosten des heutigen Mauretanien gelegen, durch Abu Bakr und Zwangsislamisierung von Ghana. Die Almoraviden können die Herrschaft jedoch nicht konsolidieren, was eine Schwächung und den Niedergang der Region bewirkt.

Das Mali-Reich

1235–1255	Der Herrscher des Malinke-Volks, Sundjata Keita, erobert Koumbi Saleh, unterwirft weitere Gebiete und schafft das islamische Großreich Mali.
1312–1337	Unter König Mansa Musa erreicht Mali den Höhepunkt seiner Macht. Die Städte Djenné, Timbuktu und Gao sind bedeutende Handelszentren der islamischen Welt.
1325	Eroberung von Gao und Unterwerfung des Songhay-Staates: Mali erreicht seine größte territoriale Ausdehnung (vom Atlantik bis an die Grenze des heutigen Nigeria).
14./16. Jhdt	Nach dem Tode König Mansa Musas beginnt der Abstieg Malis in die politische Bedeutungslosigkeit. Neue politische Kräfte in der Region sind ab 1400 die »Ful-Staaten« Fuuta Jaalo (Senegal) und Maasina (nordwestlich des Niger).

Die Herrschaft der Songhay

1337	Eroberung der Stadt Gao durch Ali Kolen, den Begründer der Sonni-Dynastie.
1464–1492	Sonni Ali erobert Timbuktu und weitere Territorien im Sahel-Gebiet.
1493–1528	Askia Mohammed Touré festigt den Songhay-Staat mit einer neuen Verwaltungsstruktur und stehendem Heer.

Die marokkannische Herrschaft

1558–1612	Eroberungskrieg von Sultan Mulai Ahmed al-Mansur gegen die Songhay.
1591	Eroberung von Timbuktu und Gao.
1612	Rückzug der Marokkaner. Noch Mitte des 20. Jhdts. leiten politische Kräfte in Marokko Ansprüche auf das Gebiet Malis aus der vorkolonialen Zeit her.
17. Jhdt	Errichtung der Staaten Kaarat und Segu durch die Bambara sowie Einsetzung des von Marokko abhängigen Paschas von Timbuktu als Nachfolger von Mali.

Die marokkannische Herrschaft

1670	Eroberung Timbuktus durch Segu.
1848–1884	Errichtung eines Reiches von Senegal bis Timbuktu durch El Hadsch Omar; Zusammenbruch des Reiches nach seiner Ermordung.

Französische Kolonie

ab 1830	Beginn der Kolonisierung Algeriens und später der Gebiete am Senegal durch Frankreich.
ab 1879	Vordringen französischer Kolonialtruppen auf das Gebiet des heutigen Mali (1883 Eroberung Bamakos).
1894	Unterwerfung der Stadt Timbuktu.
1898	Ende der Widerstandsbewegung gegen die französische Fremdherrschaft.
1904	Frankreich gliedert das Gebiet an die Kolonie Französisch-Sudan an. Umstellung der Landwirtschaft auf export- anstelle nahrungsmittelorientierter Produkte.
1956	Modibo Keita erringt bei Wahlen mit der Partei »Union Soudanaise-Rassemblement Démocratique Africain« (US-RDA) einen Sitz in der französischen Nationalversammlung und wird als erster Afrikaner Vizepräsident der Versammlung.
1958	24. November: Französisch-Sudan wird autonome Republik innerhalb der Französischen Communauté.
1959	25. März: Französisch-Sudan schließt sich mit Senegal zur Mali-Föderation zusammen; Keita wird Präsident der Föderation.

Dekolonialisierung und Unabhängigkeit

1960	20. Juni: Die Mali-Föderation wird unabhängig. Die Verfassung behält gegen den Willen Französisch-Sudans einen bundesstaatlichen Charakter.
	19. August: Differenzen über die Verfassung führen zu Konflikten und zur Ausrufung des Notstandes.
	20. August: Senegal proklamiert seine Unabhängigkeit und erklärt das Ende der Mali-Föderation.

22. September: Mali erhält seine Unabhängigkeit als Republik unter Präsident Keita.

1961   Annäherung und Vertragsabschluss mit der Ghana-Guinea-Union.

1962   Unter Präsident Keita verfolgt Mali einen sozialistischen Kurs, tritt aus dem Franc-Verbund aus und führt eine eigene Währung ein.

1963   Aussöhnung mit Senegal.

1964   Zusammenbruch der seit 1961 schwelenden Tuareg-Rebellion in der Region Gao nach Militäreinsatz.

1967   Verhandlungen mit Frankreich über Wiedereintritt in die Franc-Zone ab 1968.

22. August: »Kulturrevolution« zur ideologischen »Säuberung« des Apparats von frankophilen Einflüssen.

1968   **19. Januar:** Auflösung der Nationalversammlung und Übertragung der gesetzgebenden Gewalt auf den Präsidenten.

19. November: Verhaftung Keitas durch eine »gegenrevolutionäre« Koalition aus Militärs und frankophilen Parteiführern; Übernahme der Regierung durch das »Militärkomitee für nationale Befreiung« unter Moussa Traoré und Yoro Diakité.

1969   **19. September:** Traoré wird Staats- und Regierungschef.

1971   **26. März:** Verhaftung Diakités (1968/69 Premierminister Malis) nach Umsturzversuch.

1973–1974   Saheldürre bewirkt Flucht von 80 000 Menschen in die Gao-Region.

1974   Referendum über neue Verfassung; Rückkehr zur Zivilregierung.

1979   **27.–31. März:** Erster Kongress der Einheitspartei »Union Démocratique du Peuple Malien« (UDPM).

19. Juni: Wahl Traorés zum Präsidenten.

1983   Erste Tagung eines Koordinationsausschusses zur Wiederherstellung des alten Mali-Reiches.

1985   Grenzkrieg mit Burkina Faso um den Agacher-Streifen.

1986   Urteilsspruch des Internationalen Gerichtshofs (IGH) über den Agacher-Streifen wird von beiden Seiten akzeptiert.

1988   Aufnahme der historischen Stätten von Djenné und Timbuktu in das UNESCO-Weltkulturerbe. Bei Parlamentswahlen erhält die UDPM 98,5 Prozent der Stimmen.

ab 1989   Anhaltende Dürre und bewaffnete Konflikte mit den für mehr Autonomie kämpfenden Tuareg im Norden des Landes führen zu Flüchtlingsbewegungen und zum Einsatz des Militärs.

1990   Nach einer Volkszählung leben in Mali 9,21 Mio. Menschen (1950: 3,52 Mio.).

1991   6. Januar: Friedensabkommen zwischen der Regierung und den Tuareg in Tamanrasset (Algerien).

26. März: Nach Unruhen in Bamako Sturz von Präsident Traoré und Übernahme der Regierung durch den Nationalen Versöhnungsrat unter Amadou Toumani Touré (ATT).

15. Juli: Scheitern eines Putschversuches von Anhängern Traorés.

9. August: Annahme eines an demokratischen Prinzipien orientierten Verfassungsentwurfes.

Demokratisierungsprozess

1992   26. April: Alpha Oumar Konaré wird zum ersten demokratisch legitimierten Staatspräsidenten von Mali gewählt.

8. Juni: Berufung von Younoussi Touré zum Premierminister.

1993   April: Rücktritt der Regierung Touré nach Unruhen in Bamako und Ernennung von Verteidigungsminister Abdoulaye Sékou Sow zum neuen Premierminister.

1994   **4. Februar:** Außenminister Ibrahim Boubacar Keita wird nach Rücktritt von Sow neuer Regierungschef.

1997   **11. Mai:** Wiederwahl von Präsident Konaré mit 84 Prozent der Stimmen.

2000/01   Mali ist nicht-ständiges Mitglied im VN-Sicherheitsrat.

2002   **12. Mai:** Wahl von Amadou Toumani Touré zum Präsidenten.

2003   **Mitte Februar bis Ende März:** 32 europäische Touristen, darunter 16 Deutsche werden in Algerien entführt. Nachdem im Mai 17 Geiseln, darunter sechs Deutsche, befreit worden sind, werden die restlichen Geiseln, darunter 10 Deutsche, in den Norden von Mali verschleppt. Im Juli stirbt eine deutsche Geisel an den Strapazen der Entführung.

2005   **August:** Agrarkrise nach anhaltender Dürre; hohe Jugendarbeitslosigkeit.

2007   **Februar:** Nach unbestätigten Presseberichten soll al-Qaida im Norden Malis über mehrere Ausbildungslager und Unterschlupfmöglichkeiten für Terroristen verfügen.

           7. bis 9. Februar: »Gipfel der Armen« in Sikasso als Gegenveranstaltung zum G8-Gipfel in Heiligendamm mit rd. 1000 Delegierten aus Afrika und Europa.

           20. Februar: Unterzeichnung eines Versöhnungsabkommens mit den Tuareg-Rebellen im Norden des Landes; Aufnahme zahlreicher entwaffneter Rebellen in die reguläre Armee.

           29. April: Wiederwahl von Präsident Touré; mit Sidibé Aminata Diallo erstmalige Kandidatur einer Frau für das Präsidentenamt.

           Juli: Klarer Sieg des Präsident Touré unterstützenden Koalitionsbündnisses »Alliance pour la Démocracie et le Progrès« (ADP) bei den Parlamentswahlen.

           August: Erneute Übergriffe von Tuareg-Rebellen und Zusammenstöße mit malischen Sicherheitskräften.

20. September: Vereinbarung einer Waffenruhe mit den Rebellen.

2008   22. Februar: Zwei in Tunesien durch die »al-Qaida au Mahgreb Islamique« (AQIM) entführte Touristen aus Österreich werden in den Norden Malis verschleppt.

3. April: Abkommen von Tripolis zur Beendigung der Kämpfe.

21. Mai: Überfall der Tuareg auf einen Militärposten in Abeibara.

21. Juli: Waffenstillstand unter algerischer Vermittlung; Friedensgespräche zwischen der Regierung und den Rebellen in Algier; Gefangenenaustausch mit Freilassung von Rebellenführer Ibrahim ag Bahanga.

31. Oktober: Freilassung der beiden entführten Österreicher nach monatelangen Verhandlungen.

20. Dezember: Rebellenüberfall auf einen Militärstützpunkt in Nampala.

2009   2. Januar: Anschläge auf zwei Regierungspolitiker; Beginn einer Militäroffensive gegen die Rebellen.

21. Januar: Zerstörung des Hauptquartiers von Bahanga und Eroberung weiterer Rebellenstützpunkte; Friedensinitiative der Tuareg.

22. Januar: Entführung von vier europäischen Touristen in der Grenzregion zu Niger und »Verkauf« an AQIM.

17. Februar: Waffenabgabe durch rd. 700 Rebellen in einer offiziellen Zeremonie.

22. April: Freilassung von zwei der entführten Touristen sowie zwei weiteren in Niger entführten Diplomaten.

3. Juni: Bekanntgabe der Ermordung des dritten Entführungsopfers vom Januar 2009 durch AQIM.

4. Juli: Anschlag auf einen Militärkonvoi.

12. Juli: Freilassung des vierten Entführungsopfers vom Januar 2009.

20. Juli: Unterzeichnung eines Abkommens mit der wichtigsten Tuareg-Gruppierung »Alliance Démocratique du 23 mai 2006 pour le Changement« (ADC) zur Kooperation im Kampf gegen AQIM.

25. Juli: 1,5 Mio. € werden gemeinsam mit Algerien für ein Reintegrationsprogramm für 10 000 Kämpfer aus dem Norden zur Verfügung gestellt.

23. August: Landesweite Proteste gegen einen Gesetzesentwurf zur Stärkung der Rechte von Frauen und Kindern führen zu dessen Rücknahme durch Präsident Touré.

21. Oktober: Nach einem Bericht des Senders Al Dschasira unterstützen die USA Mali im Kampf gegen den Terror mit Fahrzeugen und Kommunikationsausstattung im Wert von rd. 5 Mio. US-$.

2010

22. Februar: Freilassung eines 2009 durch die AQIM entführten Franzosen im Austausch gegen vier Islamisten führt zu Spannungen mit Algerien und Mauretanien.

16. April: Übergabe eines im Dezember 2009 entführten italienischen Ehepaares an das Militär.

23. Juli: Der Versuch, eine französische Geisel durch französische und mauretanische Einheiten aus einem al-Qaida-Lager bei Tassalit im Norden Malis zu befreien, misslingt. Am 25. Juli verkündet die al-Qaida die Ermordung der Geisel als Racheakt für die bei der Befreiungsaktion getöteten AQIM-Mitglieder.

17.–19. September: Präventive Boden- und Luftschläge gegen AQIM-Milizen nahe Timbuktu durch Mali und Mauretanien.

22. Oktober: Freilassung von zwei im November 2009 entführten spanischen Entwicklungshelfern gegen Lösegeldzahlungen.

Demokratisierungsprozess

2011   **5. Januar:** Anschlag eines mutmaßlichen AQIM-Mitgliedes auf die französische Botschaft in Bamako.

30. März: Cissé M. Sidibé wird als erste Frau Ministerpräsidentin von Mali.

Ab 21. Juni: Präventive Boden- und Luftschläge gegen AQIM-Milizen bei Wagadu durch Mali und Mauretanien.

Aufstand der Tuareg

2011   **Oktober:** Tuareg-Söldner aus Libyen kommen nach der Niederlage der Armee Muammar al-Gaddafis nach Mali und gründen die Unabhängigkeitsbewegung »Mouvement National de Libération de l'Azawad« (MNLA). Die MNLA erklärt einen unabhängigen Staat Azawad im Norden Malis zum Ziel ihrer Aktionen.

26. Oktober: Der Anführer der Tuareg-Rebellion von 2009, Ibrahim ag Bahanga, kommt unter ungeklärten Umständen ums Leben.

Der Konflikt in Mali 2012/13

2012   **Ab 17. Januar:** Offensive der MNLA im Grenzbereich zu Niger, Algerien und Mauretanien mit Massenhinrichtungen; Eroberung mehrerer Städte in der Grenzregion.

Februar: Präsident Touré sondiert nach Protesten gegen die Untätigkeit der Regierung Möglichkeiten einer Friedensmission mit Burkina Faso und Algerien sowie Möglichkeiten, mit den Aufständischen zu verhandeln.

21. März: Militärputsch und Sturz von Staatspräsident Touré; Machtübernahme durch eine Junta (Comité national pour le redressement de la démocratie et la restauration de l'État, Nationalkomitee für die Wiederbelebung der Demokratie und die Wiederherstellung des Staates, CNRDR) unter Hauptmann Amadou Haya Sanogo; Unruhen in der Hauptstadt Bamako; Verhängung von Sanktionen durch die Afrikanische Union (AU) und die USA.

2. April: Nach einer Spaltung innerhalb der MNLA vertreibt die islamistische Gruppierung Ansar Dine die nicht-islamistischen Tuareg aus dem eroberten Timbuktu. Es kommt zu Plünderungen und Entführungen. Seit Ausbruch der Kämpfe sind 320 000 Menschen auf der Flucht.

6. April: Nach weiteren Eroberungen im Norden Malis proklamiert die MNLA den unabhängigen Staat Azawad; die Autonomieerklärung wird international zurückgewiesen. Rahmenabkommen zwischen der Militärjunta und der Westafrikanischen Wirtschaftsgemeinschaft (ECOWAS) für die Rückkehr zur Demokratie.

8. April: Offizielle Rücktrittserklärung von Präsident Touré; Bildung einer Übergangsregierung unter Scheich Modibo Diarra und Interimspräsident Dioncounda Traoré.

19. April: Ex-Präsident Touré geht ins Exil nach Senegal.

26. April: ECOWAS beschließt die Entsendung von 3000 Soldaten zur Stabilisierung von Mali; die Militärjunta lehnt die militärische Intervention jedoch ab.

30. April: Gegenputsch von Anhängern Präsident Tourés; Gefechte in der Hauptstadt Bamako mit den Soldaten der Junta; Androhung von Sanktionen durch die ECOWAS.

20. Mai: Auf Druck der ECOWAS wird das Mandat von Präsident Traoré um ein Jahr verlängert.

21. Mai: Bei den Unruhen in der Hauptstadt kommt es zu einem tätlichen Übergriff auf Präsident Traoré.

1. Juni: Der beabsichtigte Zusammenschluss von MNLA und Ansar Dine wird durch die MNLA annulliert. Nach Protesten gegen die Einführung der Scharia kommt es zu Zusammenstößen zwischen beiden Gruppierungen, in deren Verlauf auch Weltkulturerbestätten in Timbuktu zerstört werden.

2. Juli: Die Chefanklägerin des Internationalen Strafgerichtshofes, Fatou Bensouda, verurteilt die Aktionen der Ansar Dine als Kriegsverbrechen.

2012   **Oktober:** Die Vereinten Nationen ernennen Romano Prodi zum Sonderbeauftragten für den Sahel. Der VN-Sicherheitsrat verabschiedet eine Resolution zum Erhalt der staatlichen Einheit Malis. Ein militärischer Einsatz der ECOWAS und der EU deutet sich an.

10./11. Dezember: Hauptmann Amadou Haya Sanogo setzt Premierminister Scheich Modibo Diarra fest und zwingt ihn zum Rücktritt. In seiner Rücktrittserklärung kündigt Diarra auch den Rücktritt der gesamten Regierung an. Diarra war erst im März desselben Jahres von Sanogo ins Amt gebracht worden, verlor aber wenig später dessen Unterstützung, da er u.a. zur Bekämpfung der Islamisten im Norden des Landes einen internationalen Militäreinsatz befürwortet hatte. Sanogo, Präsident Traoré und das Militär setzen im Gegensatz dazu auf eine innerstaatliche Lösung. Im Zuge dieser innenpolitischen Umwälzungen fehlt der EU nun für ihren geplanten Militäreinsatz in Mali ein Ansprechpartner der dortigen Regierung.

11. Dezember: Noch nicht einmal einen Tag nach dem erzwungenen Rücktritt Diarras ernennt Staatspräsident Traoré am Dienstagabend mit Django Sissoko einen neuen Regierungschef. Der Beamte war seit den 1970er Jahren im Staatsapparat tätig, in den letzten Jahren bis 2011 Generalsekretär des damaligen Präsidenten Touré und zuletzt Ombudsmann der Republik. Nach einem Interview mit der Nachrichtenagentur Agence France Press (AFP) verfolgt er nun zwei Ziele: zum ersten die Abhaltung von Neuwahlen, zum zweiten die Rückeroberung von Malis Norden. Ob dies seiner Ansicht nach mit oder ohne internationale Unterstützung geschehen soll, ist zu diesem Zeitpunkt noch ungeklärt.

Mitte Dezember: Die ECOWAS bereitet einen Militäreinsatz mit rund 3300 Soldaten vor. Ziel dieses Einsatzes ist die Vertreibung der Islamisten aus dem Norden des Landes. Die EU will ebenfalls Mali militärisch unterstützen. So sollen rund 200 bis 250 Militärausbilder in die Hauptstadt Bamako entsandt werden.

2013

11. Januar: Frankreich greift aktiv in den Kampf gegen die vorrückenden islamistischen Rebellen im Norden von Mali ein.

14. Januar: Frankreich beabsichtigt, seine Einsatzkräfte in Mali von 750 auf 2500 zu verstärken. Unterdessen intensiviert die französische Luftwaffe ihre Angriffe auf Ziele im Norden des Landes. Trotzdem gelingt es der Gegenseite, eine weitere Stadt in ihre Gewalt zu bringen. Aufgrund der militärischen Auseinandersetzung sind nach Angaben der Vereinten Nationen bereits rund 30 000 Menschen auf der Flucht.

Inzwischen hat der Sicherheitsrat der Vereinten Nationen den Militäreinsatz Frankreichs in Mali gebilligt. Nach einer Sondersitzung des Sicherheitsrates begrüßte VN-Generalsekretär Ban Ki-moon die von der Regierung in Mali erbetene militärische Hilfe.

Zur selben Zeit prüfen die USA eine begrenzte logistische Unterstützung für die französischen Kräfte. Auch Deutschland erwägt logistische Hilfe für den Nachbarn.

15. Januar: Frankreich setzt erstmals Bodentruppen ein. Hunderte von französischen und malischen Soldaten rücken nach Diabali vor, um die Stadt rund 400 km nördlich von Bamako zurückzuerobern.

16. Januar: Deutschland kündigt an, zwei Transportflugzeuge der Bundeswehr vom Typ Transall nach Mali zu entsenden. Nach Aussage des Verteidigungsministers Thomas de Maizière könne diese Maßnahme sofort erfolgen, da der Einsatz kein Mandat des Bundestages erfordere. Mit diesen Maschinen sollen Truppen der ECOWAS in die malische Hauptstadt Bamako verlegt werden. Die Entsendung von Kampftruppen der Bundeswehr nach Mali schließt die Bundesregierung aus.

17./18. Januar: In der Nacht zum Freitag beginnt die Bundeswehr ihren Mali-Einsatz. Zwei Transall-Maschinen vom Lufttransportgeschwader 63 starten vom Flugplatz Hohn in Schleswig-Holstein.

2013

26. Januar: Die französischen und malischen Truppen erzielen rasch Erfolge und können Gao, die erste der drei strategisch wichtigen Städte im Norden des Landes, einnehmen.

27. Januar: Französische und malische Truppen marschieren gemeinsam in die historisch bedeutsame Wüstenstadt Timbuktu ein.

29. Januar: In der äthiopischen Hauptstadt Addis Abeba findet eine große Geberkonferenz für Mali statt, bei der von den Geberländern Zusagen über 337 Mio. € gemacht werden. Deutschland beteiligt sich mit rund 15 Mio. € und gehört damit zu den größeren Geberstaaten. Außerdem will die Bundesregierung den Einsatz in Mali mit bis zu 75 Soldaten logistisch unterstützen. Dazu gehören 50 Techniker, Versorger und Sanitäter für einen Versorgungsstützpunkt in der Hauptstadt des Senegal, Dakar. Die weiteren Soldaten sind die Besatzungen der Transall-Maschinen. Außerdem will Deutschland eine dritte Transall zur Verfügung stellen.

29./30. Januar: In der Nacht rücken die französischen Truppen in die Stadt Kidal im Nordosten des Landes ein. Damit ist nach Timbuktu und Gao die dritte strategisch wichtige Stadt eingenommen.

30. Januar: Nach Medienberichten prüft das US-Militär ein verstärktes Engagement in Nordwestafrika. Geprüft wird der Einsatz von Drohnen von einem Nachbarland Malis aus. Damit könnten nicht nur der Konflikt in Mali, sondern auch die Krisenherde in Algerien, Libyen und Ägypten beobachtet werden.

31. Januar: Der französische Verteidigungsminister Jean-Yves Le Drian beziffert die bisherigen Kosten des französischen Einsatzes in Mali (Operation »Serval«), der vor 20 Tagen am 11. Januar begonnen hat, mit etwa 50 Mio. €. Ein Großteil der Kosten sei auf die notwendige Logistik zurückzuführen. Weitere 47 Mio. € hatte Frankreich in derselben Woche auf der Geberkonferenz in Addis Abeba zugesagt. Damit sollte der Auf- und Ausbau der afrikanischen Einsatztruppe unterstützt werden.

Derzeit sind in Mali 3500 französische Soldaten eingesetzt. In Kidal, einer strategisch wichtigen Stadt im Nordosten des Landes, kontrollieren französische Truppen den Flughafen. Die Stadt selbst wird von der MNLA überwacht.

8./9. Februar: In Bamako kommt es innerhalb der malischen Armee zu Kämpfen zwischen Anhängern und Gegnern des gestürzten früheren Präsidenten Touré.

13. Februar: Ein Erkundungskommando der Bundeswehr fliegt nach Mali, um innerhalb von einer Woche die notwendigen Erkundungen und Vorbereitungen durchzuführen.

14. Februar: Die Übergangsregierung von Mali kündigt an, dass am 7. Juli 2013 die Präsidentenwahl und am 21. Juli die Parlamentswahl erfolgen sollen.

18. Februar: Die Außenminister der EU beschließen förmlich die Mali-Mission EUTM. 20 der 27 EU-Staaten beteiligen sich daran. Die Truppe soll rund 500 Soldaten umfassen und wird vom französischen General François Lecointre geführt.

Französische Truppen beginnen ihre Bodenoffensive in Richtung der nordöstlichsten Landesteile in der Nähe zu Algerien. Sie werden dabei von Soldaten aus dem Tschad unterstützt.

19. Februar: Ein französischer Fremdenlegionär fällt bei einem Gefecht. Damit erhöht sich die Gesamtzahl der gefallenen Franzosen auf zwei Soldaten.

Das Bundeskabinett unter Leitung von Bundeskanzlerin Angela Merkel beschließt zwei Mandate für den Einsatz der Bundeswehr in Mali. Damit sollen bis zu 330 Bundeswehrsoldaten nach Mali entsandt werden können mit dem Ziel, einen Beitrag zur Stabilisierung des Landes zu leisten. Konkret sollen malische Pioniere ausgebildet und ein Feldlazarett (zusammen 180 Soldaten) betrieben sowie der internationale Kampfeinsatz gegen die Aufständischen mit Transport- und Tankflugzeugen (weitere 150 Soldaten) unterstützt werden.

2013   **20. Februar:** Die Bundesregierung bringt die zuvor vom Kabinett gebilligten zwei Mali-Mandate in den Bundestag zur ersten Beratung ein. Bundesverteidigungsminister Thomas de Maizière erklärt, dass er von einem langen Bundeswehreinsatz in Mali ausgeht, denn erfahrungsgemäß dauere der Aufbau von Sicherheitsstrukturen gewisse Zeit.

21. bis 25. Februar: In diesem Zeitraum fliegt nach Angaben des französischen Verteidigungsministeriums die französische Luftwaffe rund 100 Luftangriffe. Ziele sind vor allem logistische Basen und Fahrzeuge der Aufständischen. Unterstützung erhalten die Franzosen von US-amerikanischen Aufklärungsmitteln. Seit Mitte Februar werden Drohnen vom Typ Predator eingesetzt, die im Niger stationiert sind.

26. Februar: Nach Einschätzung des französischen Verteidigungsministers Jean-Yves Le Drian wird der Abzug der gegenwärtig rund 4000 französischen Soldaten aus Mali für längere Zeit nicht möglich sein.

Ende Februar: Im Nordosten des Landes, an der Grenze zu Algerien, stehen die französischen Kräfte in heftigen Gefechten mit den Aufständischen. AQIM hatte sich mit Beginn der französischen Luftschläge in diese unwegsame Region zurückgezogen und weite Teile des Landes den vorrückenden Franzosen weitgehend kampflos überlassen.

Außerdem stehen die französischen Truppen allgemein in den nördlichen Landesteilen Malis in einem Guerillakrieg, wobei die Stadt Gao als eine Hochburg der Aufständischen gilt. Wenige Tage zuvor war es hier am 21. Februar zu heftigen Kämpfen gekommen. Als Gegenmaßnahme arbeiten die Franzosen mit kooperationsbereiten Tuareg zusammen mit dem Ziel, islamistische Untergrundkämpfer aufzufinden.

Bis zu diesem Zeitpunkt werden die Kosten Frankreichs für die Operation »Serval« mit etwas mehr als 100 Mio. € angegeben.

28. Februar: Der Deutsche Bundestag beschließt mit großer Mehrheit zwei Mandate, nämlich zur Ausbildung der malischen Armee und zur logistischen Unterstützung des Kampfeinsatzes. Die Zustimmung liegt bei 87,5 Prozent bzw. 86,9 Prozent. Lediglich die Fraktion der Partei Die Linke stimmt dagegen. Die Mandate gelten für jeweils ein Jahr. Mit diesem Abstimmungsergebnis ist der Rückhalt für den Einsatz der Bundeswehr in Mali größer als bei anderen Auslandseinsätzen der Bundeswehr gegenwärtig. So waren bei der letzten Abstimmung zum Afghanistan-Einsatz nur 74,4 Prozent der Abgeordneten für eine Verlängerung des Mandats.

An der EUTM beteiligt sich die Bundeswehr mit bis zu 180 Soldaten, darunter 40 Pionier-Ausbilder, 40 Ärzte, Sanitäter und Unterstützungspersonal für den Betrieb des Feldlazaretts sowie 100 Soldaten für die Unterstützung des Einsatzes.

An der ECOWAS-geführten internationalen Unterstützungsmission für Mali (African-led International Support Mission to Mali, AFISMA) beteiligt sich die Bundeswehr mit bis zu 150 Soldaten. Dabei sind für den Transport afrikanischer Kampftruppen drei Maschinen vom Typ Transall vorgesehen. Unter diesen Teil der Mission fällt auch die Luftbetankung französischer Kampfflugzeuge, wofür die Bundeswehr einen Airbus vom Typ A310 MRTT bereitstellt. Dieser wird am 1. März in den Senegal verlegt.

Die Gesamtkosten für Deutschland werden bis zum Ende des Mandatszeitraums auf 55 Mio. € veranschlagt. Diese verteilen sich auf 13,5 Mio. € für die Ausbildungsmission sowie rund 42 Mio. € für Lufttransport und Luftbetankung.

1. März: Der Tschad meldet den Tod von Abd al-Hamid Abu Zeid, einem hochrangigen Führer der Extremistengruppe AQIM.

3. März: AQIM bestätigt den Tod ihres ranghohen Anführers Abu Zeid. Demnach sei Abu Zeid aber bei einem französischen Luftangriff im Nordosten Malis getötet worden.

2013   **4. März:** Die deutsche Unterstützung für die französische Militärmission in Mali beginnt. Ein Flugzeug der Bundeswehr vom Typ A310 MRTT betankt erstmalig einen französischen Kampfjet auf seinem Flug ins Einsatzgebiet über Mali. Zu diesem Zeitpunkt führen die französischen Streitkräfte vor allem gezielte Luftschläge auf Verstecke der islamistischen Kämpfer, die sich aus den größeren Städten im Norden Malis abgesetzt haben.

7. März: Nach Einschätzung des Antiterrorismuskoordinators der EU, Gilles de Kerchove, erhöht das militärische Eingreifen der EU in Mali die Gefahr von Terroranschlägen insbesondere von Einzeltätern in Europa.

17./18. März: Verteidigungsminister de Maiziére besucht den Senegal und Mali und informiert sich dabei unter anderem über den Stand der Vorbereitungen der Ausbildungsmission in Koulikoro, rund 60 km von der Hauptstadt Bamako entfernt.

20./21. März: Islamistische Kämpfer versuchen, den Flughafen von Timbuktu zu nehmen, und geraten dabei in heftige Gefechte mit französischen sowie malischen Soldaten. Bei den Kämpfen werden etwa zehn Rebellen und ein malischer Soldat getötet.

22. März: Rund 40 Sanitätssoldaten der Bundeswehr treffen in Koulikoro ein. Damit beginnt die Ausbildungsmission der Bundeswehr in Mali. In einer früheren Offizierschule der malischen Armee richten die Bundeswehrsoldaten ein Truppenlazarett ein, das später allen Soldaten der EUTM zur Verfügung stehen soll.

23. März: Frankreich bestätigt den Tod von Abd al-Hamid Abu Zeid, der als Anführer von AQIM als einer der wichtigsten Terroristen in der Region gilt.

26. März: Der Generalssekretär der Vereinten Nationen, Ban Ki-moon, schlägt vor, in den folgenden Monaten eine 11 000–12 000 Mann starke VN-Friedenstruppe in Mali einzusetzen. Daneben könne auch eine spezielle Truppe für den Anti-Terror-Kampf zum Einsatz kommen.

30. März: Erneut kommt es in Timbuktu zu heftigen Gefechten, die über mehrere Tage anhalten. Islamistische Rebellen greifen die Stadt an. Bei den Kämpfen kommen mindestens 21 Aufständische sowie ein malischer Soldat ums Leben.

2. April: Die EUTM beginnt mit rund 550 Soldaten aus Europa, worunter auch 71 deutsche Bundeswehrsoldaten sind. Zu diesem Zeitpunkt befinden sich unter den deutschen Soldaten Unterstützungspersonal und Sanitäter, noch keine Ausbilder. Diese folgen in den nächsten Wochen. Vorerst ist die Ausbildungsmission auf 15 Monate ausgelegt.

8. April: Französische Einheiten starten mit rund 1000 Soldaten die Großoffensive »Gustave« nördlich der Stadt Gao im Kampf gegen islamistische Kräfte. In den vergangenen Wochen war es hier zu mehreren Selbstmordanschlägen sowie zu Gefechten zwischen islamistischen Rebellen und französischen sowie malischen Soldaten gekommen.

15. April: Der Präsident des Tschad kündigt an, mit dem Abzug seiner 2000 Soldaten aus Mali zu beginnen. Rund 30 Soldaten waren in den vergangenen drei Monaten während ihres Einsatzes in Mali gefallen. In dieser Zeit waren die Truppen aus dem Tschad die wichtigsten Verbündeten der französischen Streitkräfte.

25. April: Der Sicherheitsrat der VN beschließt mit der Resolution 2100 (2013) die Einrichtung der »Multidimensionalen Integretierten Stabilisierungsmission der VN in Mali« (MINUSMA).

28. April: Frankreich zieht die Masse seiner Soldaten aus Timbuktu ab und führt sie nach Gao zurück. Die Verantwortung für die Sicherheit der Stadt übernehmen Soldaten aus Burkina Faso.

29. April: Die Bundeswehr startet mit rund 30 Soldaten die Ausbildung malischer Soldaten in Koulikoro. Der Schwerpunkt liegt auf der Ausbildung von Sanitätern und Pionieren. Die deutsche Pionierausbildung umfasst vor allem die Beseitigung von Sprengkörpern, die Errichtung von Straßensperren, Minensuchen und -beseitigung sowie die Sprengausbildung. Innerhalb eines Jahres sollen 2600 malische Soldaten ausgebildet werden.

2013 Ein französischer Soldat wird durch die Explosion eine am Straßenrand versteckten Bombe getötet. Damit erhöht sich die Gesamtzahl der französischen Gefallenen auf sechs.

6. Mai: Der Staatssekretär im Bundesministerium der Verteidigung, Thomas Kossendey, äußert in einem Zeitungsinterview, dass sich die Bundeswehr auf einen langen Einsatz in Mali einstellen muss.

15. Mai: In Brüssel findet eine internationale Geberkonferenz statt. Insgesamt nehmen mehr als 100 Staaten und internationale Organisationen an dieser Konferenz teil. Nach Aussage von EU-Ratspräsident Herman van Rompuy wird Mali eine Finanzhilfe von bis zu 3 Mrd. € angeboten. Deutschlands direkter Beitrag liegt bei 100 Mio. €. Die EU gibt 580 Mio. €. Dies bedeutet indirekt eine weitere Beteiligung von rund 100 Mio. €, da Deutschland rund 20 Prozent der EU-Ausgaben trägt.

Mitte Mai: Zu diesem Zeitpunkt sind rund 5000 französische Soldaten in Mali stationiert. Bis zum Ende des Jahres soll diese Zahl auf 1000 reduziert werden.

Die Vereinten Nationen planen von Juli an eine bis zu 12 600 Mann starke Friedenstruppe in Mali einzusetzen, die die AFISMA-Kräfte integriert.

27. Juni: Der Bundestag beschließt die von der Bundesregierung beabsichtigte Überführung der deutschen Unterstützung von AFISMA in die Unterstützung von MINUSMA.

3. Juli: Zu diesem Zeitpunkt befinden sich 91 Bundeswehrsoldaten bei EUTM Mali und 87 bei MINUSMA.

Martin Hofbauer und Markus von Salisch

Soweit vorhanden, sind bei Buchtiteln die deutschen Übersetzungen aufgeführt. Die genannten Werke sind zum Teil im Buchhandel vergriffen. Bitte wenden Sie sich in diesem Fall an Bibliotheken oder suchen Sie nach antiquarischen Ausgaben (z.B. bei www.zvab.com).

Wissenschaftliche Literatur

Abdalla, Muna Ahmed, Understanding of the Natural Resource Conflict Dynamics. The Case of Tuareg in North Africa and the Sahel, Pretoria 2009 (= Institute for Security Studies Papers, 194) Onlinepublikation unter http://www.iss.co.za/uploads/PAPER194.PDF

Arieff, Alexis, Crisis in Mali, Washington D.C. 14.01.2013 (= CRS Report for Congress, R42664). Onlinepublikation unter http://fpc.state.gov/documents/organization/203726.pdf

Ayissi, Anatole, and Nouhoum Sangaré, Mali. In: Wuyi Omitoogun et al. (Eds.), Budgeting for the Military Sector in Africa. The Processes and Mechanisms of Control, Oxford 2006

Barth, Hans Karl, Mali. Eine geographische Landeskunde, Darmstadt 1986 (= Wissenschaftliche Länderkunden, 25)

Basedau, Matthias, und Benjamin Werner, Neue Tuareg-Rebellion. Der Niger in der »Konfliktfalle«?, Hamburg 2007 (= German Institute of Global and Area Studies Focus Afrika, [2007], 12). Onlinepublikation unter http://www.giga-hamburg.de/dl/download.php?d=/content/publikationen/pdf/gf_afrika_0712.pdf

Becher, Ernst, Die Republik Mali als Wirtschaftspartner, Köln: Bundesstelle für Außenhandelsinformation 1963

Beeler-Stücklin, Sabrina, Institutioneller Wandel und Ressourcenkonflikte. Fischerei, Viehzucht und Landwirtschaft im Nigerbinnendelta von Mali, Köln 2009 (= Topics in African Studies, 11)

Benjaminsen, Tor A., Does Supply-Induced Scarcity Drive Violent Conflicts in the African Sahel? The Case of the Tuareg Rebellion in Northern Mali. In: Journal of Peace Research (London), 45 (2008), 6, S. 819–836. Onlinepublikation unter http://jpr.sagepub.com/content/45/6/819.full.pdf+html

Benetti, Thomas, Entwicklung des Verhältnisses zwischen Tuareg und staatlichen Strukturen in Mali, Diplomarbeit, Universität Wien 2008. Onlinepublikation unter http://othes.univie.ac.at/2030/1/2008-11-02_9807842.pdf

Bennett, Valerie Plave, Military Government in Mali. In: The Journal of Modern African Studies, 13 (1975), 2, S. 249–266

Berge, Gunvor, In Defense of Pastoralism. Form and Flux among Tuaregs in Northern Mali, Dissertation, Universität Oslo 2000

Bingen, R. James [et al.] (Eds.), Democracy and Development in Mali, East Lansing 2000

Blöhm, Wolfgang, Angepaßte Agrarentwicklung in der Republik Mali. Die Songhay im Spannungsfeld gesellschaftlichen Wandels, München 1996

Boko, Sylvain H., Decentralization and Reform in Africa [u.a. am Fall Mali], Boston 2002

Boukhars, Anouar, The Paranoid Neighbor. Algeria and the Conflict in Mali, Washington D.C. 2012 (= Papers Carnegie Endowment for International Peace, CP 164). Onlinepublikation unter http://www.carnegieendowment.org/files/paranoid_neighbor.pdf

Bourdet, Yves, Economic Reforms and the Malian Economy. In: Africa Development, 27 (2002), 1/2, S. 25–61

Bratton, Michael, Massa Coulibaly and Fabiana Machado. Popular Views of the Legitimacy of the State of Mali. In: Canadian Journal of African Studies, 36 (2002), 2, S. 197–238

Braun, Annette, NROs und lokale Entwicklungszusammenarbeit im Vorfeld der Dezentralisierung. Das Beispiel Mali, Westafrika, Frankfurt a.M. 2002

Brenner, Louis, West African Sufi. The Religious Heritage and Spiritual Search of Cerno Bokar, London 2005

Brinkerhoff, Derick W., African State-Society Linkages in Transition. The case of forestry in Mali. In: Revue canadienne d'études du développement (Ottawa), 16 (1995), 2, S. 201–228

Bruijn, Mirjam de, and Han van Dijk, Insecurity and Pastoral Development in the Sahel. In: Development and Change (Oxford), 30 (1999), 1, S. 115–139

Campbell, Bonnie K. (Ed.), Mining in Africa. Regulation and Development, London 2009

Cissé, Fatoumata, Stéphanie Diakité, and Hallassy Sidibe, Mali. Public Perceptions as a Barometer of Local Governance, Bamako 2007. Onlinepublikation unter http://www.ecdpm.org/Web_ECDPM/Web/Content/Download.nsf/0/062E713 F15C056E6C125755100553797/$FILE/SNV%20MALI%20Public%20perception. pdf

Cissé, Ibrahima, Que veulent les Maliens? Meinungsumfrage für die Friedrich-Ebert-Stiftung, Bamako Dezember 2012

Cisse, Salmana, Land Tenure and Development Problems in Mali. The Case of the Niger Delta. In: Allan G. Hill (Ed.), Population, Health and Nutrition in the Sahel. Issues in the Welfare of Selected West African Communities, London [et al.] 1985

Cline, Lawrence, Counterterrorism Strategy in the Sahel. In: Studies in Conflict and Terrorism, 30 (2007), S. 889–899

Cristiani, Dario, West Africa's MOJWA Militants. Competition for al-Qaeda in the Islamic Maghreb? In: Terrorism Monitor, 10 (2012), 7, S. 6 f.

Dama, Aly, Preventing and Managing Natural Resource Conflicts in the Sahel. Experiences from Helvetas Mali. In: Didier Péclard (Ed.), Environmental Peacebuilding. Managing Natural Resource Conflicts in a Changing World, Bern 2009 (= Conference Paper Schweizerische Friedensstiftung, 1/2009)

Degnbol, Tove, Changing Patterns of State-Society Interactions in Mali, Roskilde 1996 (= Working Paper, International Development Studies, 5)

Djiré, Moussa, Land Registration in Mali. No Land Ownership for Farmers?, London 2007 (= Drylands Issue Papers, 144). Onlinepublikation unter http://www.iied.org/pubs/pdfs/12538IIED.pdf

Drouard, Jean-Pierre, Stellung und Funktionen der Streitkräfte in Ländern der Dritten Welt. Dargestellt am Beispiel von Tschad und Mali, Hamburg: Lehrgangsarbeit Führungsakademie der Bundeswehr 1979

Dunning, Thad, and Lauren Harrison, Cross-Cutting Cleavages and Ethnic Voting. An Experimental Study of Cousinage in Mali. In: American Political Science Review, 104 (2010), 1, S. 21–39

Ernst, Klaus, Tradition und Fortschritt im afrikanischen Dorf. Soziologische Probleme der nichtkapitalistischen Umgestaltung der Dorfgemeinde in Mali, Berlin [Ost] 1973 (= Zentraler Rat für Asien-, Afrika- und Lateinamerikawissenschaften in der DDR; Studien über Asien, Afrika und Lateinamerika, 6)

Eser, Albin, und Jörg Arnold (Hrsg.), Strafrecht in Reaktion auf Systemunrecht. Vergleichende Einblicke in Transitionsprozesse, Freiburg i.Br. 2002 (= Beiträge und Materialien aus dem Max-Planck-Institut für ausländisches und internationales Strafrecht, S 82.6)

Fischer, Anja [et al.] (Eds.), The Tuareg Society within a Globalized World. Saharan Life in Transition, London [et al.] 2010 (= Library of Modern Middle East Studies, 91)

Fischer, Rudolf, Gold, Salz und Sklaven. Die Geschichte der grossen Sudanreiche Gana, Mali, Songhai, 2., überarb. und erg. Aufl., Oberdorf / Schweiz 1991

Fletcher, Henry, Development Aid for Infrastructure Investment in Africa. Malian Relations with China, the European Commission and the World Bank, Johannesburg 2010 (= Occasional Paper South African Institute of International Affairs, 58). Onlinepublikation unter http://www.saiia.org.za/images/stories/pubs/occasional_papers/saia_sop_58_fletcher_20100428.pdf

Flood, Derek Henry, Between Islamization and Secession. The Contest for Northern Mali. In: Combating Terrorism Center Sentinel, 5 (2012), 7, S. 1–6. Onlinepublikation unter: http://www.ctc.usma.edu/posts/between-islamization-and-secession-the-contest-for-northern-mali

Florquin, Nicolas, and Stéphanie Pézard, Insurgency, Disarmament, and Insecurity in Northern Mali, 1990–2004. In: Nicolas Florquin and Eric G. Berman (Eds.), Armed and Aimless. Armed Groups, Guns, and Human Security in the ECOWAS Region, Genf 2005, S. 46–77. Onlinepublikation unter: http://www.smallarmssurvey.org/fileadmin/docs/D-Book-series/book-01-Armed-and-Aimless/SAS-Armed-Aimless-1-Full-manuscript.pdf

Florquin, Nicolas, and Stephanie Pézard, Small-Arms Trafficking Threatens the Stability of Northern Mali. In: Jane's Intelligence Review (Coulsdon), 17 (2005), 9, S. 42–45

Foltz, William, From French West Africa to the Mali Federation, New Haven, London 1965

François, Pierre, Class Struggles in Mali. In: Review of African Political Economy, (1982), 24, S. 22–38

Frémeaux, Jacques, Le Sahara et la France, Paris 2010

Gellermann, Claudia, Die Entwicklungszusammenarbeit zwischen der Bundesrepublik Deutschland und der Republik Mali unter Berücksichtigung ihrer Wirtschaftsbeziehungen, Diplomarbeit, Ilmenau 2008

Grätz, Tilo, Goldgräber in Westafrika, Berlin 2010

Graham, Franklin Charles IV, Abductions, Kidnappings and Killings in the Sahel and Sahara. In: Review of African Political Economy, 38 (2011), S. 587–604

Gubert, Flore, Thomas Lassourd and Sandrine Mesplé-Somps, Do Remittances Affect Poverty and Inequality? Evidence from Mali, Paris 2010 (= Document de travail; Développement, Institutions et Analyses de Long Terme, 2010-08). Onlinepublikation unter http://www.dial.prd.fr/dial_publications/PDF/Doc_travail/2010-08.pdf

Gutelius, David, Islam in Northern Mali and the War on Terror. In: Journal of Contemporary African Studies, 25 (2007), 1, S. 59–76

Hagberg, Sten, and Gabriella Körling, Socio-Political Turmoil in Mali. The Public Debate Following the Coup d'état on 22 March 2012. In: Africa-Spectrum, 47 (2012), 2/3, S. 111–125

Hall, Bruce S., A History of Race in Muslim West Africa, 1600–1960, Cambridge [et al.] 2011 (= African Studies Series, 115)

Hanke, Stefanie, Systemwechsel in Mali. Bedingungen und Perspektiven der Demokratisierung eines neopatrimonialen Systems, Hamburg 2001 (= Hamburger Beiträge zur Afrika-Kunde, 64)

Hanke, Stefanie, und Siegmar Schmidt, Mali. In: Werner Weidenfeld (Hrsg.), Den Wandel gestalten – Strategien der Transformation, Bd 1: Ergebnisse der internationalen Recherche, Gütersloh 2001, S. 188–204

Hetland, Oivind, Decentralisation and Territorial Reorganisation in Mali. Power and the Institutionalisation of Local Politics. In: Norsk Geografisk Tidsskrift, 62 (2008), 1, S. 3–35

Heyl, Charlotte, und Julia Leininger, Mali – hinter den Kulissen der ehemaligen Musterdemokratie, Hamburg 2012 (GIGA Focus Afrika, [2012] 10). Onlinepublikation unter http://www.giga-hamburg.de/dl/download.php?d=/content/publikationen/pdf/gf_afrika_1210.pdf

Hock, Carsten, Fliegen die Seelen der Heiligen? Muslimische Reform und staatliche Autorität in der Republik Mali seit 1960, Berlin 1999 (= Islamkundliche Untersuchungen, 225)

Human Rights Watch (HRW), Mali: War Crimes by Northern Rebels. Armed Groups Commit Rape, Use Child Soldiers, 2012. Online unter: http://www.hrw.org/news/2012/04/30/mali-war-crimes-northern-rebels

Idelman, Eric, Decentralisation and Boundary Setting in Mali, London 2009 (= Drylands Issue Papers, 151). Onlinepublikation unter http://www.iied.org/pubs/pdfs/12558IIED.pdf

Imperato, Pascal James, Historical Dictionary of Mali, 4th ed., Lanham, MD 2008 (= Historical Dictionaries of Africa, 107)

International Crisis Group, Mali. Avoiding Escalation, Dakar [et al.] 2012 (= Africa Report, 189). Onlinepublikation unter http://www.crisisgroup.org/~/media/Files/africa/west-africa/mali/189-mali-avoiding-escalation-english.pdf

Jul-Larsen, Eyolf, Socio-Economic Effects of Gold Mining in Mali. A Study of the Sadiola and Morila Mining Operations, Bergen 2006 (= Chr. Michelsen Institute Report, R 2006:4). Onlinepublikation unter http://www.cmi.no/pdf/?file=/publications/2006/rep/r2006-4.pdf

Keenan, Jeremy, Uranium Goes Critical in Niger. Tuareg Rebellions Threaten Sahelian Conflagration. In: Review of African Political Economy, 35 (2008), 117, S. 449–466

Keita, Kalifa Basile, Conflict and Conflict Resolution in the Sahel. The Tuareg Insurgency in Mali, Carlisle Barracks, PA 1998 (= Strategic Studies Institute). Onlinepublikation unter http://www.strategicstudiesinstitute.army.mil/pdffiles/PUB200.pdf

Keita, Oulie, and Chukwuemeka Eze, Mali. Managing the Damage of a Complex Context, Accra 2012 (= West Africa Network for Peacebuilding, WARN Policy Brief). Onlinepublikation unter http://www.wanep.org/wanep/files/pub/pb/pb_mali_june_2012.pdf

Kétouré, Philippe S., Demokratisierung und Ethnizität. Ein Widerspruch? Gewaltsame Konflikte und ihre friedliche Regelung in politischen Wandlungsprozessen. Beispiele Côte d'Ivoire und Mali, Hamburg 2009 (= Demokratie und Demokratisierungsprozesse, 7)

Klute, Georg, From Friends to Enemies. Negotiating Nationalism, Tribal Identities, and Kinship in the Fratricidal war of the Malian Tuareg. In: L'Année du Maghreb, 7 (2011), S. 163–175

Klute, Georg, Kleinkrieg in der Wüste. Nomadische Kriegsführung und die »Kultur des Krieges« bei den Tuareg. In: Thomas Jäger (Hrsg.), Die Komplexität der Kriege, Wiesbaden 2010, S. 188–220

Klute, Georg, Post-Gaddafi Repercussions, Global Islam or Local Logics? Anthropological Perspectives on the Recent Events in Northern Mali, Basel 2012 (in Vorb.) (= Basel Papers on Political Transformations)

Klute, Georg, Die Rebellionen der Tuareg in Mali und Niger, Habilitationsschrift, Universität Siegen 2001

Klute, Georg, Die schwerste Arbeit der Welt. Alltag von Tuareg-Nomaden, München 1992 (= Rites de passage, 6)

Klute, Georg, The Technique of Modern Chariots. About Speed and Mobility in Contemporary Small Wars in the Sahara. In: Jan Bart, Sabine Luning and Klaas van Walraven (Eds.), The Speed of Change. Motor Vehicles and People in Africa, 1890–2000, Leiden 2009, S. 192–211. Onlinepublikation unter https://openaccess.leidenuniv.nl/bitstream/handle/1887/20392/ASC-075287668-716-01.pdf?sequence=2

Klute, Georg, and Baz Lecocq, Tuareg Separatism in Mali and Niger. In: Wolfgang Zeller and Jordi Tomás (Eds.), Secessionism in Africa, London (in Vorb.)

Klute, Georg, und Trutz von Trotha, Wege zum Frieden. Vom Kleinkrieg zum parastaatlichen Frieden im Norden von Mali. In: Sociologus, 50 (2000), 1, S. 1–36

Koepf, Tobias, The Problems of French-Led Peace Operations in Francophone Sub-Saharan Africa. In: International Peacekeeping, 19 (2012), 3, S. 333–347

Krings, Thomas, Baumwollproduktion für den Weltmarkt. Verzerrter Wettbewerb und die Folgen für Mali (Westafrika). In: Geographische Rundschau, 56 (2004), 11, S. 26–33

Krings, Thomas, Sahelländer. Mauretanien, Senegal, Gambia, Mali, Burkina Faso, Niger, Darmstadt 2006 (= Wissenschaftliche Buchgesellschaft, Wissenschaftliche Länderkunden)

Krings, Thomas, Viehhalter contra Ackerbauern. Eine Fallstudie aus dem Nigerbinnendelta (Republik Mali). In: Die Erde, 116 (1985), 2/3, S. 197–206

Lachenmann, Gudrun, Rural Development in Mali. Destabilisation and Social Organisation. In: Quarterly Journal of International Agriculture, 25 (1986), 3, S. 217–233

Lacher, Wolfram, and Denis Michael Tull, Mali. Jenseits von Terrorismusbekämpfung, Berlin 2013 (= Stiftung Wissenschaft und Politik SWP-aktuell, 09/2013). Onlinepublikation unter http://www.swp-berlin.org/fileadmin/contents/products/aktuell/2013A09_lac_tll.pdf

Lacher, Wolfram, Organized Crime and Conflict in the Sahel-Sahara Region, Washington D.C. 2012 (Papers Carnegie Endowment for International Peace, CP 159). Onlinepublikation unter http://carnegieendowment.org/files/sahel_sahara.pdf

Langmann, Andreas, Entwicklungspolitik der Bundesrepublik Deutschland [Beispiel Mali]. In: Informationen zur politischen Bildung, (1996), 252, Quartal 3, S. 45–51

Larémont, Ricardo René, Al Qaeda in the Islamic Maghreb: Terrorism and Counterterrorism in the Sahel. In: African Security, 4 (2011), S. 242–268

Lecaillon, Jacques, and Christian Morrisson, Economic Policies and Agricultural Performance. The Case of Mali 1960–1983, Paris: Development Centre of the Organisation for Economic Co-operation and Development 1986

Lecocq, Baz, The Bellah Question. Slave Emancipation, Race, and Social Categories in late Twentieth-Century Northern Mali. In: Canadian Journal of African Studies, 39 (2005), 1, S. 42–68

Lecocq, Baz, Disputed Desert. Decolonisation, Competing Nationalisms and Tuareg Rebellions in Northern Mali, Leiden 2010 (= Afrika-Studiecentrum Series, 19)

Leininger, Julia, Die ambivalente Rolle islamischer Akteure im Demokratisierungsprozess in Mali. In: Julia Leininger und Mirjam Künkler (Hrsg.), Konstruktiv, destruktiv oder obstruktiv? Religiöse Akteure in Demokratisierungsprozessen, Wiesbaden 2013, S. 163–188

Leininger, Julia, »Bringing the Outside in«. Illustrations from Haiti and Mali for the Re-Conceptualization of Democracy Promotion. In: Peter J. Burnell and Oliver Schlumberger (Eds.), International Politics and National Political Regimes. Promoting Democracy – Promoting Autocracy, London 2012, S. 63–80

Leisinger, Klaus M. (Hrsg.), Überleben im Sahel. Eine ökologische und entwicklungspolitische Herausforderung, Basel 1992

Le Vine, Victor, Mali. Accomodation or Coexistence. In: William F. S. Miles (Ed.), Political Islam in West Africa. State-Society Relations Transformed, Boulder CO 2007

Lohmann, Annette, Who Owns the Sahara? Old Conflicts, New Menaces. Mali and the Central Sahara between the Tuareg, Al Qaida and Organized Crime, Abuja: Friedrich-Ebert-Stiftung 2011. Onlinepublikation unter http://library.fes.de/pdf-files/bueros/nigeria/08181.pdf

Magassa, Hamidou, Islam und Demokratie in Westafrika. Der Fall Mali. In: Michael Bröning und Holger Weiss (Hrsg.), Politischer Islam in Westafrika. Eine Bestandsaufnahme, Berlin 2006, S. 116–151

Marchal, Roland, Is a Military Intervention in Mali Unavoidable?, Oslo 2012 (= Norwegian Peacebuilding Resource Centre; Noref Report, October 2012). Onlinepublikation unter http://www.peacebuilding.no/var/ezflow_site/storage/original/application/97321fcedd23fefcd657530a8d6ccb3a.pdf

Marfaing, Laurence, Mali. Die andere chinesische Migration, Hamburg 2010 (= German Institute of Global and Area Studies Focus Afrika, (2010) 12). Onlinepublikation unter http://www.giga-hamburg.de/dl/download.php?d=/content/publikationen/pdf/gf_afrika_1012.pdf

Marret, Jean-Luc, Al-Qaeda in Islamic Maghreb. A »Glocal« Organization. In: Studies in Conflict & Terrorism, 31 (2008), S. 541–552

Mauxion, Aurélien, Rice Farming Intensification and Political Enterprise in Northern Mali. In: Politique africaine, (2008), 110, S. 153–169

Moestrup, Sophia, The Role of Actors and Institutions. The Difficulties of Democratic Survival in Mali and Niger. In: Democratization (London), 6 (1999), 2, S. 171–186

Müller, Franz-Volker, Flexibel aus Tradition. Strategien wirtschaftlichen und sozialen Handelns im mittleren Nigertal (Mali), München 1990 (= Rites de passage, 4)

Mugumya, Geofrey, Exchanging Weapons for Development in Mali. Weapon Collection Programmes Assessed by Local People, Geneva 2004 (= United Nations Publication, UNIDIR/2004/16)

Niezen, R.W., The »Community of Helpers of the Sunna«. Islamic Reform among the Songhay of Gao (Mali). In: Africa, 60 (1990), 3, S. 399–424

Nijenhuis, Karin, Does Decentralisation Serve Everyone? The Struggle for Power in a Malian Village. In: The European Journal of Development Research, 15 (2003), 2, S. 67–92

Pelckmans, Lotte, Travelling Hierachies. Roads in and out of Slave Status in a Central Malian Fulbe Network, Leiden 2011 (= African Studies Collection, 34). Onlinepublikation unter http://hdl.handle.net/1887/17911

Porch, Douglas, The Conquest of the Sahara, Oxford 1986

Poulton, Robin Edward, and Ibrahim ag Youssouf, A Peace of Timbuktu. Democratic Governance, Development and African Peacemaking, New York 1998

Pringle, Robert, Democratiziation in Mali. Putting History to Work, Washington D.C. 2006 (= United States Institute of Peace, Peaceworks, No. 58). Onlinepublikation unter http://www.usip.org/files/resources/PWOct2006.pdf

Reeve, Richard, Filling the Vacuum. Mystery of AQIM in the Southern Sahara. In: Jane's Intelligence Review, 21 (2009), 9, S. 20–23

Robert, David, und Corinna Heuer, Es ist nicht alles Gold, was glänzt. Präsidentschafts- und Parlamentswahlen in Mali. In: KAS-Auslandsinformationen, 23 (2007), 6, S. 99–118. Onlinepublikation unter http://www.kas.de/wf/doc/kas_11377-544-1-30.pdf

Rocksloh-Papendieck, Barbara, und Henner Papendieck, Die Krise im Norden Malis. Aktuelle Lage, Ursachen, Akteure und politische Optionen, Berlin 2012 (= Friedrich-Ebert-Stiftung; Studie). Onlinepublikation unter http://library.fes.de/pdf-files/iez/09526.pdf

Roy, Alexis, Peasant Struggles in Mali. From Defending Cotton Producers' Interests to Becoming Part of the Malian Power Structure. In: Review of African Political Economy, 37, (2010), 125, S. 299–314

Schlichte, Klaus, La Françafrique. Postkolonialer Habitus und Klientelismus in der französischen Afrikapolitik. In: Zeitschrift für Internationale Beziehungen, 5 (1998), 2, S. 309–343

Schlichte, Klaus, In the Shadow of Violence. The Politics of Armed Groups, Frankfurt a.M. 2009

Schlichte, Klaus, Krieg und Vergesellschaftung in Afrika. Ein Beitrag zur Theorie des Krieges, Münster [u.a.] 1996 (= Kriege und militante Konflikte, 7) [enthält u.a.: Der Krieg der Tuareg in Nordmali]

Schmidt, Siegmar, Afrikapolitik. In: Siegmar Schmidt, Reinhard Wolf und Gunther Hellmann (Hrsg.), Handbuch der deutschen Außenpolitik, Wiesbaden 2007, S. 532–544

Schulz, Dorothea E., Culture and Customs of Mali, Santa Barbara [et al.] 2012 (= Culture and Customs in Africa)

Schulz, Dorothea E., Sharia and National Law in Mali. In: Jan Michiel Otto (Ed.), Sharia Incorporated. A Comparative Overview of the Legal Systems of twelve Muslim Countries in Past and Present, Leiden 2010 (= Law, Governance, and Development), S. 529–552. Onlinepublikation unter http://dare.uva.nl/document/221087

Seely, Jennifer C., A Political Analysis of Decentralisation. Coopting the Tuareg Threat in Mali. In: The Journal of Modern African Studies, 39 (2001), 3, S. 499–524

Seemann, Heinrich [u.a.], Dokumentation über die deutsche Technische Zusammenarbeit mit Mali. In: Aus der Arbeit der GTZ, (1986) 1, S. 1–28

Seiler-Dietrich, Almut, Afrika interpretieren, Heidelberg 2007

Sidibé, Kalilou, Security Management in Northern Mali. Criminal Networks and Conflict Resolution Mechanisms, Brighton 2012 (= Institute of Development Studies Research Reports, 77). Onlinepublikation unter http://www.ids.ac.uk/files/dmfile/RR77.pdf

Simpson, Brent M., The Roots of Change. Human Behaviour and Agricultural Evolution in Mali, London 1999

Smith, Zeric Kay, »From Demons to Democrats.« Mali's Student Movement 1991–1996. In: Review of African Political Economy (Sheffield), 24 (1997), 72, S. 249–263

Soares, Benjamin F. [et al.] (Eds.), Islam and Muslim politics in Africa, New York, N.Y. [et al.] 2007

Soares, Benjamin F. , Islam and Public Piety in Mali. In: Armando Salvatore (Ed.), Public Islam and the Common Good, Leiden 2004 (= Social, Economic and Political Studies of the Middle East and Asia, 95), S. 205–226

Sow, Alioune, Nervous Confessions. Military Memoirs and National Reconciliation in Mali. In: Cahiers d'études africaines, 50 (2010) 197, S. 69–93

Steinberg, Guido, und Isabelle Werenfels, Al-Qaida im Maghreb. Trittbrettfahrer oder neue Bedrohung?, Berlin Februar 2007 (= Stiftung Wissenschaft und Politik-Aktuell, 2007/A 11). Onlinepublikation unter http://www.swp-berlin.org/fileadmin/contents/products/aktuell/2007A11_sbg_wrf_ks.pdf

Steuer, Noemi, Krankheit und Ehre. Über HIV und soziale Anerkennung in Mali, Bielefeld 2012 (= Kultur und soziale Praxis)

Sylla, Djoumé, and Hamidou Ongoïba, Mali. Evaluating the Impact of Decentralisation, Bamako 2007

Théroux-Bénoni, Lori-Anne Mali [et al.], Making Peace while Preparing for War, Pretoria 2012 (= Institute for Security Studies; ECOWAS Peace and Security Report, 1). Onlinepublikation unter http://www.issafrica.org/uploads/1November2012.pdf.pdf

Toulmin, Camilla, Cattle, Women, and Wells. Managing Household Survival in the Sahel, Oxford 1992

Treydte, Klaus-Peter, Abdourhamane Dicko und Salabary Doumbia, Politische Parteien und Parteiensysteme in Mali, Berlin 2005 (= Berichte der Friedrich-Ebert-Stiftung; Parteien und Parteiensysteme in Afrika). Onlinepublikation unter http://library.fes.de/pdf-files/iez/03289.pdf

Van Vliet, Martin, The Challenges of Retaking Northern Mali. In: Combating Terrorism Center Sentinel, 5 (2012), 11/12, S. 1–4

Van Vliet, Martin, Mali. In: Andreas Mehler, Henning Melber, and Klaas van Walraven (Eds.) Africa Yearbook. Politics, Economy and Society South of the Sahara in 2011, Vol. 8, Leiden 2012, S. 129–136

Villalón, Leonardo A., and Abdourahmane Idrissa, The Tribulations of a Successful Transition: Institutional Dynamics and Elite Rivalry in Mali. In: Leonardo A. Villalón and Peter Von Doepp (Eds.), The Fate of Africa's Democratic Experiments, Elites and Institutions, Bloomington 2005, S. 49–74

Waldmann, Peter [u.a.] (Hrsg.), Ethnizität im Wandel, Saarbrücken 1989 (= Spektrum, 21)

Wegemund, Regina, Die Tuareg in Mali und Niger. Rebellion einer Ethnie, vergleichbare Konfliktursachen, unterschiedlicher Verlauf. In: Internationales Afrikaforum, 36 (2000), 4, S. 379–387.

Whitehouse, Bruce, The Force of Action. Legitimizing the Coup in Bamako, Mali. In: Africa Spectrum, 47 (2012), 2/3, S. 93–110. Onlinepublikation unter http://hup.sub.uni-hamburg.de/giga/afsp/article/view/552/550

Wiedemann, Charlotte, Die Krise in Mali. Demokratie für wen? Krieg gegen wen? Die Rolle der Zivilgesellschaft, die Verursacher der Krise und die Bedeutung religiöser Akteure, Berlin: Heinrich-Böll-Stiftung 2012. Onlinepublikation unter http://www.boell.de/downloads/201212_Krise_in_Mali_Wiedemann.pdf

Wing, Susanna D., Constructing Democracy in Transitioning Societies of Africa. Constitutionalism and Deliberation in Mali, New York [et al.] 2008

Wolpin, Miles D., Legitimising State Capitalism. Malian Militarism in Third-World Perspective. In: The Journal of Modern African Studies, 18 (1980), 2, S. 281–295

Dokumente

Assembly of Heads of State and Government of the African Union, Solemn Declaration on the Situation in Mali, Addis Ababa, Ethiopia, 15–16 July 2012. Online unter http://www.au.int/en/sites/default/files/ahg%20decl%20mali-16-07-2012%20eng.pdf

Bundesministerium für wirtschaftliche Zusammenarbeit und Entwicklung, Länderkonzept Mali, Bonn 2007

The Constitution of the Republic of Mali. Übersetzt von Jeffrey Craver. Online unter http://confinder.richmond.edu/admin/docs/Mali.pdf

Deutsche Welthungerhilfe, Landeskonzept Mali. Perspektive für die Entwicklungszusammenarbeit 2000–2002, Bonn 2000

Deutscher Bundestag, Drucksache 17/12367, 19. Februar 2013 [angenommener Antrag Bundestagsmandat EUTM Mali]. Online unter http://dip21.bundestag.de/dip21/btd/17/123/1712367.pdf

Deutscher Bundestag, Drucksache 17/12368, 19. Februar 2013 [angenommener Antrag Bundestagsmandat AFISMA]. Online unter http://dipbt.bundestag.de/dip21/btd/17/123/1712368.pdf

Final Communique. Extraordinary Session of the Authority of ECOWAS Heads of State and Government, Abuja, Federal Republic of Nigeria, 11 November 2012. Online unter http://www.ecowas.int/publications/en/communique_final/session_extra/comfinal11112012.pdf

Framework Agreement for the Implementation of the Solemn Commitment of 1 April 2012, 6 April 2012. Abgedruckt in: International Crisis Group, Mali. Avoiding Escalation, Dakar [et al.] 2012 (= Africa Report, No 189). Online unter http://www.crisisgroup.org/~/media/Files/africa/west-africa/mali/189-mali-avoiding-escalation-english.pdf

United Nations Security Council, Report of the Secretary-General on the situation in Mali, New York/N.Y. 2012. Online unter http://www.un.org/ga/search/view_doc.asp?symbol=S/2012/894

Vereinte Nationen. Sicherheitsrat, Resolution 2085 (2012) verabschiedet auf der 6898. Sitzung des Sicherheitsrats am 20. Dezember 2012. Online unter http://www.un.org/Depts/german/sr/sr_12/sr2085.pdf

Belletristik, Erinnerungsliteratur, Reiseberichte, Bildbände

Ba, Amadou Hampaté, Jäger des Wortes, Wuppertal 1993

Ba, Amadou Hampaté, Oui, mon commandant, Wuppertal 1997

Ba, Amadou Hampaté, Wangrins seltsames Schicksal, Frankfurt am Main 1986

Condé, Maryse, Segu, Wie Spreu im Wind, Frankfurt a.M. 2004

Cropp, Wolf-Ulrich, Magisches Afrika – Mali. Faszinierendes Land am Niger, Niederwerrn 2011

Dayak, Mano, Geboren mit Sand in den Augen. Die Autobiografie des Führers der Tuareg-Rebellen. In Zusammenarbeit mit Louis Valentin. Aus dem Franz. von Sigrid Köppen, Zürich 2011 (= Unionsverlag-Taschenbuch, 543)

Dayak, Mano, Die Tuareg-Tragödie. Aus dem Franz. von Sigrid Köppen. Mit einem Nachw. von Michael Stührenberg, Bad Honnef 1996

Ibn-Battuta, Muhammad Ibn Abdallah, Timbuktu. In der Stadt von Kankan Musa. In: Georg Brunold (Hrsg.), Nichts als die Welt. Reportagen und Augenzeugenberichte aus 2500 Jahren, 2009, S. 78–80

Keita, Modibo Sounkalo, Bogenschütze, München 1991

Nagel, Hauke Olaf, Trommler in der Nacht. Reportagen aus Mali, Kiel 2005

Obert, Michael, Regenzauber. Auf dem Fluss der Götter, München 2004

Ouologuem Yambo, Das Gebot der Gewalt, München 1969

Pannke, Peter, und Horst A. Friedrichs, Mali. Reise durch ein magisches Land, München 2008

Park, Mungo, Reisen in das Innere von Afrika. Auf Veranstaltung [sic!] der Afrikanischen Gesellschaft in den Jahren 1795–1797 unternommen von Mungo Park, Wundarzt. Hrsg. von Ursula Schinkel, Leipzig 1984

Rosshaupter, Erich, und Ekkehard Rudolph, Die Kinder der Sonne. Reise zu den Dogon in Westafrika. Nachwort von Ellis Kaut, München 1996

Selby, Bettina, Timbuktu! Eine Frau in Schwarzafrika allein mit dem Fahrrad unterwegs, München [u.a.] 1999

Stührenberg, Michael, und Pascal Maitre, Sahara-Expedition. In: Geo, (2002), 1–3; 1: Unter den Söhnen des Windes. Von Timbuktu nach Taoudenni, (März 2002), 3, S. 24–52; 2: Im Reich der blauen Reiter. Von Kidal bis ins Air-Gebirge (April 2002), 4, S. 156–191; 3: Im Treibsand des Wandels. Von Arlit bis auf das Djado-Plateau (Mai 2002), 5, S. 30–60

Trillo, Richard, and Jim Hudgens, The Rough Guide to West Africa, New York 2008

Trotha, Désirée von, Wo sich Himmel und Erde berühren. Tuareg in der Weite der Wüste, München 2003

Walter, Ralf, Mali. Eine Reise nach Timbuktu, Hamburg 2011

Filme

Budapest to Bamako, Ungarn 2007–2009 [mehrteilige Dokumentation über Autorallye nach Mali]

Dambé. The Mali Project, Regie: Dearbhla Glynn, Irland 2008 [Dokumentation über ein Musikfestival in Mali]

Je chanterai pour toi, Regie: Jacques Sarasin, Frankreich, Mali 2001 [musikalische Reise durch Malis Geschichte seit 1960]

Mali und die Kunst des Teilens, Regie: Walter Größbauer und Claudia Pöchlauer, Österreich 2009 [Dokumentation über die Herausforderung humanitärer Hilfe]

This African Life, Regie: Lisa Thompson, USA 2008 [Dokumentation über Leben in malischem Dorf]

With the Nomads, Regie: Julian Richards, Großbritannien 2006 [Dokumentation über das Leben der Tuareg]

Woodstock in Timbuktu. Die Kunst des Widerstandes, Regie: Désirée von Trotha, Deutschland 2013 [Dokumentation über das 11. internationale »Festival au Désert« und Musiker der Tuareg/Kel Tamaschek]

Internet

Bitte nutzen Sie für Ihre Internetrecherche die Webtipps des Zentrums für Militärgeschichte und Sozialwissenschaften der Bundeswehr (ZMSBw) unter: http://zmsbw.de/html/einsatzunterstuetzung/.
Neben den Beiträgen der Reihe »Wegweiser zur Geschichte« finden Sie auf diesen Seiten auch Karten und Diagramme im PDF-Format.

Hinweis: Bitte beachten Sie, dass wir keinerlei Einfluss auf Gestaltung und Inhalte der Seiten haben, auf die wir verweisen bzw. verlinken. Trotz sorgfältiger Auswahl können wir nicht in allen Fällen eine Garantie für die Ausgewogenheit der dort angebotenen Inhalte übernehmen. Für Anregungen, Korrekturen und Ergänzungsvorschläge sind wir dankbar. Schreiben Sie bitte an zmsbwpressestelle@bundeswehr.org.

http://allafrica.com/mali/ [aktuelle Nachrichten zu Mali]

http://archnet.org/library/images/sites.jsp?select=collection&key=563 [Fotosammlung Lehmmoscheen in Mali]

http://ecollections.crl.edu/cdm4/index_timbuktu.php?CISOROOT=/timbuktu [Historische islamische Manuskripte aus Mali]

http://finances.worldbank.org/facet/countries/Mali [Länderinformation Mali der Weltbank]

http://international.loc.gov/intldl/malihtml/malihome.html [Historische islamische Manuskripte aus Mali]

http://liportal.giz.de/mali.html [Länderinformation Mali der Deutschen Gesellschaft für Internationale Zusammenarbeit (GIZ)]

http://uwdc.library.wisc.edu/collections/AfricaFocus/about [Digitale Quellensammlung zu Afrika, u.a. Mali]

http://www.cia.gov/library/publications/the-world-factbook/index.html [Central Intelligence Agency, CIA]

http://www.ethnologue.com/country/ML [Informationen zu Sprachen in Mali]

http://www.gesundes-reisen.de/laenderdaten_details?id=32 [Reiseinformationen zu Mali des Reisemedizinischen Zentrums am Bernhard-Nocht-Institut]

http://www.giga-hamburg.de [German Institute of Global and Area Studies. Leibniz-Institut für Globale und Regionale Studien]

http://www.h-net.org/~africa/ [Informationen zu wissenschaftlicher Literatur über Afrika]

http://www.hollaz.de/mali/frameset.htm [Reiseinformationen zu Mali mit Fotos]

http://www.imf.org/external/country/MLI/index.htm [Länderinformation Mali des International Monetary Fund, IMF]

http://www.keijser.worldtravelogue.com/mali/ [Fotos malischer Städte]

http://www.swp-berlin.org [Stiftung Wissenschaft und Politik. Deutsches Institut für Internationale Politik und Sicherheit]

http://www.ub.uni-frankfurt.de/webmania/lafrika.html#umfassend [Internetressourcen zu Afrika, zusammengestellt von der Goethe Universität Frankfurt a.M.]

http://www-sul.stanford.edu/depts/ssrg/africa/mali.html [Internetressourcen zu Mali, zusammengestellt von der Universität Stanford]

http://zmsbw.de/ [Zentrum für Militärgeschichte und Sozialwissenschaften der Bundeswehr]

https://www.cimicweb.org/cmo/ComplexCoverage/Pages/Mali.aspx [Daten, Analysen, Pressezusammenfassungen zur Krise in Mali durch das Civil-Military Fusion Center der NATO]

Nicht aufgenommen wurden Begriffe wie Mali. Die alphabetische Ordnung der aus dem islamischen Kulturkreis stammenden Personennamen richtet sich teilweise nicht nach dem in Deutschland üblichen Alphabetisierungsmuster.